# Reinhold Beckmann

und Sabine Paul

# Zufall!?

Eine Spurensuche
in außergewöhnlichen
Biographien

Fotos: Paul Ripke

| Hoffmann und Campe |

1. Auflage 2013
Copyright © 2013 by
Hoffmann und Campe Verlag, Hamburg
*www.hoca.de*
Foto S. 207: Robert Brembeck
Satz: Pinkuin Satz- und Datentechnik
Gesetzt aus der Georgia
Druck und Bindung: GGP Media GmbH, Pößneck
Printed in Germany
ISBN 978-3-455-50213-8

# Inhalt

9 **Vorwort**

17 **Mario Adorf,** Schauspieler
»*Fortuna ist zwar blind, aber nicht unsichtbar – also, man kann das Glück ergreifen, es kommt nicht unbedingt von selber.*«

27 **Peter Maffay,** Rocksänger
»*Ich bin nicht sicher, ob die Weichenstellungen in meinem Leben, die nach Zufall aussahen, wirklich zufällig waren.*«

39 **Sahra Wagenknecht,** stellv. Parteivorsitzende »Die Linke«
»*Ich will etwas, ich habe eine bestimmte Überzeugung, also muss ich etwas dafür tun.*«

49 **Angela Merkel,** Bundeskanzlerin
*Angela Merkel würde kein Gespräch über den Zufall in ihrem Leben führen, denn das würde einen falschen Eindruck vermitteln, sie in falschem Licht zeigen – ein Eingeständnis des Kontrollverlustes.*

**59** **Roman Herzog,** Bundespräsident a. D.

*»Ich hatte nie wirkliche Ziele, es haben sich immer wieder neue Möglichkeiten aufgetan.«*

**69** **Magdalena Neuner,** Biathletin

*»Mein Berufswunsch war Olympiasiegerin.«*

**79** **Jens Lehmann,** Profifußballer, Nationaltorwart

*»Zufall ist das, was der liebe Gott eigentlich wollte.«*

**87** **Matthias Steiner,** Gewichtheber

*»Ich glaube an das Glück der Tüchtigen – du fällst auf die Schnauze, aber wenn du dich wirklich bemühst, wieder aufzustehen, wird das auf Dauer belohnt.«*

**97** **Ursula von der Leyen,** Bundesministerin

*»Niemand ist seines Glückes alleiniger Schmied.«*

**107** **Rüdiger Grube,** Vorstandsvorsitzender Deutsche Bahn AG

*»In meinem Leben haben sich Zufälle dadurch ergeben, dass ich grundsätzlich mehr getan habe, als ich eigentlich musste – dadurch bin ich anderen aufgefallen.«*

**115** **Birgit Kober,** Leichtathletin

*»Unglückliche Zufälle passieren, ja, aber von meiner Großmutter habe ich gelernt: Aus jedem Mist kann Dünger werden!«*

**125** **Jürgen Großmann,** Unternehmer und Industriemanager

*»An Scheitern glaube ich nicht. Wenn ich etwas anfange, dann will ich damit Erfolg haben.«*

137 **Elīna Garanča,** Opernsängerin
»Ich glaube nicht, dass einem der Zufall einfach in die
Hände fällt, man muss die Hände schon aufhalten.«

145 **Campino,** Frontmann der Punkband »Die Toten Hosen«
»Man bildet sich oft ein, dass man sein Leben plant – mir
hat das Leben die Entscheidungen meistens aus der Hand
genommen.«

157 **Ina Müller,** Sängerin, Entertainerin und Moderatorin
»Alles ist immer zufällig passiert, Erfolg kann man sich
nicht vornehmen, das ist wie beim Verliebtsein.«

169 **Dieter Nuhr,** Kabarettist
»Man muss ja so tun, als gäbe es keinen Zufall, weil man
einen Zufall nicht einplanen kann, aber gerade zu Beginn
einer Karriere spielt er eine große Rolle.«

179 **Manfred Deix,** österreichischer Karikaturist
»Ehrgeiz hatte ich nicht eine Sekunde in meinem Leben.
Ich war einfach überzeugt davon, dass es nicht schief-
gehen kann, dass ich mit meinem Talent und a bisserl
Glück auf jeden Fall überleben tu.«

185 **Billy Wilder,** Regisseur
»Wie man so sagt: Zur rechten Zeit am richtigen Ort.«

195 **Carl Djerassi,** Chemiker, »Mutter der Pille«
»It's statistics, you know ... it's the chances ... it happened ...«

**207 Hildegard Hamm-Brücher,** Politikerin

*»Es gab viel Schwieriges, viel Trauriges, aber letztlich haben die glücklichen Zufälle mein Leben geprägt.«*

**217 Helmut Schmidt,** Bundeskanzler a. D.

*»Zufall oder Schicksal – ich würde nicht auf die Idee kommen, darüber zu philosophieren, entscheidend ist, sich den unerwarteten Ereignissen im Leben zu stellen.«*

**231 Reinhold Messner,** Bergsteiger

*»Die Natur besteht nur aus unbeherrschbarem Chaos, darin gibt es keine Zufälle, sondern nur Naturgesetze.«*

**243 Martin Walser,** Schriftsteller

*»Ich bin wirklich blind von Schritt zu Schritt geleitet von einer Notwendigkeit, die ich nicht kannte, die es aber sicher gab.«*

**255 Cornelia Funke,** Schriftstellerin

*»Es fällt mir bei vielen Ereignissen in meinem Leben schwer, sie als Zufälle zu bezeichnen. Ich habe so oft das Gefühl, für Momente die Fäden eines Gewebes zu sehen, wie ein verborgenes Muster der Welt, das ich ab und zu wahrnehme, ohne es zu verstehen.«*

**267 Ranga Yogeshwar,** Physiker und Wissenschaftsjournalist

*»Zufall ist im Grunde die Ohrfeige, die dir sagt: Du meinst, du hättest die Kontrolle in deinem Leben? Nein, hast du nicht.«*

**279 Biographien**

# Vorwort

Was ist eigentlich ein Zufall? Diese Frage ist schwieriger zu beantworten, als man denkt. Der Duden zeigt sich wenig hilfreich, verweist nur auf das, »was man nicht vorausgesehen hat, was nicht beabsichtigt war, was unerwartet geschah«. Das alles trifft auch auf das Schicksal zu, dennoch scheinen die beiden nichts gemein zu haben. Der Zufall begegnet uns meist als verspielter Luftikus, der uns tändelnd im Vorübergehen streift, ein bisschen Goldstaub auf unserem Weg verstreut und dann eilends wieder entschwindet. Das Schicksal hingegen, der existenzielle Zwilling des Zufalls, ist eine weitaus härtere Nuss. Es waltet bedrohlich als strenge, unbeugsame Macht, dringt strafend mit »Schlägen« in die menschliche Existenz ein. Es kann bestenfalls »gemeistert werden«, nimmt aber meistens unbeirrbar »seinen Lauf«. »Das Schicksal ist«, wie es Peter Ustinov formulierte, »zu ernst, als dass man es dem Zufall überlassen kann.«

Neugierig geworden durch viele außergewöhnliche Biographien, mit denen wir uns über die Jahre journalistisch beschäftigt haben, wollten wir wissen, welche Rolle der Zufall für den einen oder anderen erfolgreichen und bemerkenswerten Lebensweg gespielt hat. Lagen dem Erfolg immer Genie oder

Wahnsinn zugrunde? Steckt in jedem erfolgreichen Menschen zumindest immer ein Nanogramm Galilei, ein Quäntchen Bismarck oder eine Prise Beethoven? Reichen ein klares Ziel vor Augen und der brennende Wunsch, es zu schaffen? Oder bedarf es zusätzlich doch der Gunst der Stunde, der Laune eines Augenblicks, des richtigen Moments am richtigen Ort?

Wenn ich diese Fragen mir selbst stelle, fällt mir auf: In meinem Leben hat sich der Zufall oft als kein schlechtes Ziel erwiesen. Weder Sportreporter noch Fernsehmoderator standen für mich auf dem Lebensplan. Ich wollte am liebsten Filme machen. Diesem Ziel war ich schon recht nahe, als ich Anfang der achtziger Jahre in der Kölner Filmproduktion Tag/Traum arbeitete. Aber weil ein Redakteur sich ausgedacht hatte, die zahlreichen in der Stadt gastierenden Künstler kurz vor ihrem Auftritt mit einem Interview live in der Garderobe zu überraschen, stand ich eines Tages, mit einem Mikrophon bewaffnet, vor einem nahezu nackten Udo Jürgens, der gerade von einem Masseur traktiert wurde. Startschuss für die Serie »Backstage« und meinen Einstieg beim Fernsehen. Und mit meinem Weg in den Sportjournalismus lief es nicht viel anders.

In unseren Gesprächen zeigte sich, dass jeder der Begegnung mit dem Unerwarteten eine andere Bedeutung zumisst, mancher eine größere, mancher gar keine, die meisten halten es mit einem entschiedenen Mal-so-mal-so. Was macht die Einschätzung so schwierig? »An den Zufall zu glauben, entspricht der Entmündigung der Willensfreiheit«, sagt Ranga Yogeshwar. Deshalb mögen einige den Zufall gar nicht und versuchen, ihn in Schach zu halten, soweit es nur geht – wie beispielsweise Bundeskanzlerin Angela Merkel –, andere sind der unerschütterlichen Überzeugung: Es gibt keine Zufälle! Stattdessen schwören sie auf den Einfluss des Schicksals, einen höheren Plan, die Macht der Naturgesetze. Seit zweitausend Jahren versuchen viele große

Geister, diese Frage zu klären, sogar die moderne Physik müht sich um eine eindeutige Antwort, aber bisher Fehlanzeige.

»Gott würfelt nicht«, entschied Albert Einstein, als die Quantenphysik jeder inneren Ordnung eine Absage erteilte. Er behauptete, dass die Welt im Innersten keinen Prinzipien gehorcht, aber beweisen konnte Einstein das nicht. Auch die Mathematik hilft nicht weiter. Sie kann zwar mit riesigen Datenmengen Wahrscheinlichkeiten berechnen – die Gewinnchancen eines Lottospielers, die Lebenserwartung aller vegetarisch lebenden Dackelbesitzer oder die Wahrscheinlichkeit, an einer seltenen Art von Zeckenbissen zu sterben. Auch dass in einer Gruppe von 23 Menschen die Wahrscheinlichkeit mehr als 50 Prozent beträgt, dass zwei von ihnen am selben Tag Geburtstag haben. (Wir waren trotzdem amüsiert, dass Carl Djerassi und Dieter Nuhr beide am 29. Oktober geboren sind!) Doch wer wissen will, ob es ein Zufall ist oder nicht, einen verschollen geglaubten Freund genau in dem Augenblick zu treffen, in dem man nach Jahren mal wieder an ihn denkt, dem kann auch die höhere Mathematik nicht helfen.

Die Hirnforschung liefert immerhin einen wichtigen Hinweis: Die Mechanismen unserer Wahrnehmung sind evolutionären Ursprungs. Unser Gehirn ist darauf programmiert, nicht an Zufälle zu glauben, sondern aus geringsten Bruchstücken Zusammenhänge und Ursachen zu erkennen. So kann sich das Individuum in der Welt orientieren. Es kann lebensrettend sein, aus dem Rascheln im Gebüsch auf das Nahen des Tigers zu schließen. Wenn es nur eine Maus war, hat man sich halt umsonst erschreckt, ist aber immerhin nicht als Abendessen verspeist worden. Für jegliches Ereignis schnell eine Erklärung parat zu haben, gibt uns außerdem das angenehme Gefühl, die Kontrolle zu behalten und selbstbestimmt handeln zu können. Doch ist das nun alles eine Illusion?

Die Bandbreite von Erklärungen für den Ausgang eines Fußballspiels beispielsweise ist beeindruckend. Der Trainer der Siegermannschaft kann en détail erläutern, mit welcher Taktik er seine Elf zum unausweichlichen Erfolg geführt hat. Ganz anders hört sich das beim Trainer der unterlegenen Mannschaft an. Der Misserfolg ist oft auf unglückliche, nicht vorhersehbare Ereignisse wie parteiische Schiedsrichter, unverhältnismäßig viele Latten- und Pfostenschüsse oder ein überraschendes Formtief zurückzuführen. Kurzum, die Niederlage wird erklärt als ein dummer, ärgerlicher Zufall. »Sieger« hingegen, das hat schon Nietzsche festgestellt, »kennen keinen Zufall.«

Und was folgt daraus als Handlungsanweisung fürs eigene Leben: Fatalismus oder Detailplanung? Beides falsch, sagen die Psychologen, sinnvoll sei es vielmehr, dem Zufall eine Chance zu geben. Das bedeute nicht, erwartungsvoll auf dem Sofa auszuharren und auf eine glückliche Fügung zu warten, sondern aktiv die Wahrscheinlichkeit für freundliche Zufälle zu erhöhen. Ein Meister in diesem Fach scheint zum Beispiel Mario Adorf zu sein. Von ihm haben wir erfahren, wie man die eigene Sichtbarkeit für Fortuna steigern kann, indem man etwa höllische Schmerzen aushält und dafür dann am Ende eine wegweisende satanische Charakterrolle ergattert. Roman Herzog hingegen hat uns erzählt, wie man es als wachsames, flexibles Geißeltierchen zum Bundespräsidenten bringen kann und als verliebter Türmer auf einer schwäbischen Raubritterburg landet. Sahra Wagenknecht berichtet, wie sie der teuflische Thomas-Mann-Held Adrian Leverkühn zum politischen Engagement animierte. Bundesarbeitsministerin Ursula von der Leyen spricht über einen ordinären Plattfuß, dem sie Eheglück und Kindersegen verdankt. Der Unternehmer Jürgen Großmann schuckelt im VW Cabrio der Mutter zwei australische Manager durch den

Ruhrpott und rettet die Klöckner-Werke. Reinhold Messner macht auf seiner Gartenmauer Bekanntschaft mit der Tücke des unbedachten Moments, die fast seine einzigartige Bergsteigerkarriere beendet. Der Aufstieg des Kabarettisten Dieter Nuhr beginnt mit einer halb abgetrennten Hand, und die »Tintenherz«-Autorin Cornelia Funke offenbart, welche Rolle ein kleiner, amerikanischer Junge für ihre Weltkarriere spielte.

Wir tun oft so, als sei Erfolg ausschließlich eine Frage der persönlichen Leistung. Doch die Geschichten, die wir gehört haben, lassen vermuten, dass die Dinge nicht ganz so einfach liegen. Sie erzählen stattdessen von Menschen, die etwa eine außergewöhnliche Chance bekamen, großen Einsatz zu zeigen, die diese Chance ergriffen und dies zufällig zu einem Zeitpunkt, an dem die Gesellschaft diesen spontanen Einsatz belohnte. So bezeichnet Helmut Schmidt zwar überraschend, aber nicht ohne Grund die Hamburger Sturmflut als einen der entscheidenden Zufälle in seinem Leben. Carl Djerassi ist überzeugt, wäre er mit seinem entscheidenden Coup, der Entwicklung der chemischen Formel für die Antibabypille, 15 Jahre später dran gewesen, wir hätten bis heute keine Pille! Oder Hildegard Hamm-Brücher: Ihre liberale Stimme, ihr Einsatz für eine aufgeklärte Bürgergesellschaft prägten das Gesicht ihrer Partei in den Bonner Jahrzehnten, heute ist sie nicht einmal mehr Mitglied der FDP.

Und noch etwas anderes zeigt sich in den Geschichten: Niemand, kein Musikstar, kein Profisportler, kein Spitzenpolitiker, nicht einmal ein Wissenschaftsgenie, schafft es ganz allein. Der Zufall oder was man dafür hält, muss schon ein bisschen zu Hilfe kommen, bei dem einen mehr, bei dem anderen weniger. Zufällig hatte ein WDR-Redakteur mitgehört, wie ich Kollegen damit unterhielt, prominente Fußballreporter zu imitieren. Ich hatte damit wohl bei ihm den Eindruck erweckt, Fußballspiele kommentieren zu können. Vielleicht hätte ich ohne diese

Begegnung nie den Anruf bekommen, ich solle am nächsten Wochenende über das Spiel Bad Honnef gegen Schwarz-Weiß Essen aus der Amateur-Oberliga Nordrhein berichten. Ich hatte so etwas noch nie gemacht, lediglich mit meinen Brüdern in Kindertagen jeden Sonnabend vor dem Radio die Fußballberichte verfolgt und Reporterstimmen imitiert. Und nun sollte ich selber ran?

Das Spiel damals endete übrigens 1:0 für den Außenseiter Bad Honnef gegen den bis dahin ungeschlagenen Tabellenführer Schwarz-Weiß Essen.

Das Urteil von einem der Wortführer der europäischen Aufklärung mutet schon sehr streng an: »Zufall ist ein Wort ohne Sinn; nichts kann ohne Ursache existieren.« Hat Voltaire recht? Martin Walser ist überzeugt davon. Ist also alles durch Ursache und Wirkung miteinander verbunden? Wissen wir vielleicht einfach noch nicht genug? Wer wollte behaupten, dass die Menschheit die höchste Stufe der Erkenntnis bereits erreicht hat? Wer könnte ausschließen, dass zwischen Ereignissen, die uns zufällig erscheinen, nicht doch erklärbare Zusammenhänge existieren, wir diese aber einfach noch nicht sehen können? Nur – ist das eigentlich wirklich wichtig?

Nach unseren Gesprächen haben wir festgestellt, dass jeder Mensch seinen eigenen Zufallsgenerator hat. Er sieht sich in seinem Leben irgendwann mit Ereignissen konfrontiert, die für ihn nicht vorhersehbar waren. Dabei spielt es keine Rolle, ob diese Ereignisse einen festen Platz im Universum haben, für manche eine Art Fingerabdruck Gottes sind oder einfach mal so geschehen. Entscheidend ist, wie man mit überraschenden Erfahrungen umgeht. Was die Geschichten der Menschen in diesem Buch verbindet, ist die Haltung, im Unerwarteten eher die Chancen als die Schwierigkeiten zu sehen. So wird Zufall zu einer sympathischen Begegnung mit dem Leben. Eine Weichenstellung, die uns das Schicksal für einen Moment anbietet, damit wir was daraus machen. Mal für den Augenblick oder manchmal sogar für ein ganzes Leben.

*Reinhold Beckmann*

»*Fortuna ist zwar blind, aber nicht unsichtbar – also, man kann das Glück ergreifen, es kommt nicht unbedingt von selber.*«

Mario Adorf

# Mario Adorf

## Schauspieler

Wie zufällig ist Wahrnehmung? Wenn man sich gerade ein rotes Auto gekauft hat, sieht man plötzlich überall rote Autos. Wenn man sich den Arm gebrochen hat, sieht man erstaunt, wer noch alles den Arm in der Schlinge hat. Und wenn man gerade entdeckt hat, dass man gerne Schauspieler würde, dann fällt einem auch eher ein unscheinbares Schild ins Auge, das man unter anderen Umständen vielleicht übersehen hätte.

Mit 22 Jahren ist der Student Mario Adorf von Zürich an die Isar gereist, er ist auf Zimmersuche, um im nächsten Semester beim berühmten Professor Arthur Kutscher Theaterwissenschaft zu studieren. Auf der Suche in der Münchner Innenstadt fällt sein Blick an einem alten Haus, an dem die Spuren des Krieges noch deutlich sichtbar sind, auf ein blaues Emailschild mit roter Schrift: Otto-Falckenberg-Schule, Schauspielschule der Münchner Kammerspiele.

Ohne groß nachzudenken, geht er hinein. Der Hausmeister ist unwillig und rückt nur widerstrebend ein Aufnahmeformular heraus, weil eigentlich Ferien sind und es »für dieses Joar eh zu spät iss«. Adorf füllt den Antrag aus, setzt seine Zimmersuche fort und fährt dann wieder heimwärts nach Mayen in der Eifel, wo er mit seiner Mutter in bedrückender Armut lebt.

Sein Vater, ein italienischer Chirurg, katholisch und entsprechend streng verheiratet, hatte der Mutter vorgeschlagen, den Sohn in einer Pflegefamilie unterzubringen und das Leben als seine heimliche Geliebte in Kalabrien fortzuführen, aber das kam für Alice Adorf nicht infrage. Sie wollte ihr Kind nicht weggeben, kehrt stattdessen mit dem Neugeborenen nach Deutschland zurück. Dort schlägt sie sich mühselig mit Näharbeiten durch, den kleinen Mario bringt sie, als er drei Jahre alt ist, notgedrungen im Waisenhaus unter. Bei den Nonnen im »Spitälchen« fühlt sich der Junge aber durchaus wohl. In der Frühmesse singt der fleißige Ministrant inbrünstig: »Maria zu lieben ist allzeit mein Sinn«, denkt dabei aber an Gertie, seine erste Liebe, doch mit viel schauspielerischer Phantasie und in heiligem Ernst betet er Wort für Wort die lateinische Liturgie herunter – weshalb sie bei ihm, wenn er ministriert, fast zehn Minuten länger dauert als bei den anderen. 1939 ist damit Schluss, zu Kriegsbeginn am 1. September wird das Waisenhaus aufgelöst, die Nazis brauchen ein Lazarett, Mario kommt zurück zu seiner Mutter.

Für die Napola, Hitlers Nachwuchsschule, war Adorf nicht reinrassig genug, trotzdem wollte er gerne »dazugehören«. Der 13-Jährige meldet sich freiwillig zum Kriegsdienst, wird Melder und gehört zu Hitlers letztem Aufgebot. Mit zwei Panzerfäusten wird er zur Verteidigung einer Panzersperre geschickt. Vielleicht verdankt er in dieser Zeit nur dem Zufall sein Leben: Ein mutiger Unteroffizier, der die letzten Zuckungen der Naziidiotie ignoriert, schickt den wehrwilligen Pimpf »kurz bevor die Amerikaner kamen« nach Hause. »Waffen vorsichtig in die Büsche legen, Uniform aus und heim zu Mutti.«

Die tapfere Schneiderin Alice ist stolz auf ihren Sohn. Wenn wieder mal ein Mayener Spießer den »Bankert von Alice« hänselt, kontert die ledige Mutter trocken: »Der ist auch keinem Graf aus dem Arsch gekrochen.« Seine Zukunft sieht sie ganz pragmatisch: »Lernst du in der Schule, machst du dein Abitur, lernst du nicht, wirst du Metzger.« Der Schlachthof ist ihm erspart geblieben, für ihn geht es ganz woanders, in einer der renommiertesten Schauspielschulen des Landes, um die Wurst. Denn tatsächlich – Wochen später flattert eine gute Nachricht ins Haus: Antrag angenommen, Aufnahmeprüfung am 31. März, morgens 10 Uhr, Mamma mia.

Aber der Kandidat macht sich eher mutlos auf den Weg, mit der bösen Ahnung, dass »ich die Prüfung nicht bestehe«. Es kommt tatsächlich wie befürchtet zum kapitalen Desaster. Adorf spielt den Max Piccolomini aus Schillers »Wallenstein« so übereifrig, dass er krachend von der Bühne segelt. Jede heutige Casting-Show-Jury hätte den Tölpel vermutlich mit einem höhnischen »Voll verkackt, Alter« für immer entlassen. Auch Falckenbergs Lehrkörper ringt entgeistert, wenn auch lachend, die Hände. Aber der Intendant der Kammerspiele, Hans Schweikart, findet den Sturzflug gar nicht übel: »Der Kerl hat zwei Dinge, die wirklich selten sind – Kraft und Naivität.« Der vermurkste Max fällt, aber nicht durch – ein Mirakel, das man plausibel-transzendental wohl nur mit einer besonders gut gelaunten Vorsehung erklären kann. Es ist jedenfalls die Geburtsstunde einer fulminanten Künstlerkarriere.

Die Schule bietet dem Adorf'schen Spieltrieb aber viel zu wenig Praxis. Mit ein bisschen Dusel immerhin darf der Kraftkerl mit dem pechschwarzen Haar und dem stechenden Blick bisweilen »in ganz kleinen Röllchen« an den Münchner Kammerspielen auftreten, die eng mit den Falckenbergern kooperieren. Und wie man einem glücklichen Zufall geschickt auf die Sprünge hilft, beweist Adorf bei einer Shakespeare-Inszenierung des Regie-Gurus Fritz Kortner: Obwohl der alte Fritz ungebetene Proben-Zaungäste verabscheut, schleicht er sich heimlich in eine Loge. Als der Regisseur seinen Assistenten August Everding anweist, einen Falckenberg-Schüler für eine mimische Miniatur zu engagieren, sprintet das Cleverle raus und dem Nachwuchssucher Everding »zufällig« in die Arme: »Mario, gut, dass ich dich sehe, ich hab eine kleine Rolle für dich.«

Wie sehr empfindet Adorf seine Karriere dem Zufall oder gar dem Schicksal geschuldet? Er mag es irdischer, eine Nummer kleiner und weniger beliebig: »Das Bild von der Fügung«, sagt er versonnen, »hat mir immer besonders gefallen, weil es etwas Handwerkliches hat: Dinge fügen sich zusammen, wie ein gut gemachtes Möbelstück, wo die Ecken und Kanten genau aufeinanderpassen.« Zeitlebens ist er hellwach, wenn sich die Chance bietet, mit Spiellust, Charme und Geistesblitzen eine Rolle zu ergattern. »Fortuna ist zwar blind, aber nicht unsichtbar«, erkennt er und für die launische Göttin hat er immer ein scharfes Auge, denn »man kann sein Glück ergreifen«.

So kommt er auch zu seiner ersten Filmrolle. Eigentlich will er nur einem Falckenberg-Mitschüler einen Gefallen tun, dieser hat einen Termin zum Vorsprechen beim »08/15«-Regisseur Paul May und braucht jemanden, der ihm die Stichworte gibt. Aber der Regisseur ist schwer zufriedenzustellen, lässt die Szene immer wieder spielen. Adorf will helfen und schlägt ungebeten eine hübsche Inszenierungs-Pointe vor – er bekommt die Winzlingsrolle, die eigentlich dem anderen zugedacht war.

Rastlos ist er auf »Aufmerksamkeit« bedacht, unermüdlich ersinnt er sprachliche Gags, witzige Pointen, szenische Kabinettstückchen. Mal zieht er sich Fäden durch die Zähne über die Lippe, um eine Hasenscharte vorzutäuschen. Mal besorgt er sich für die Rolle eines Gerichtsschreibers selbst einen Stenographenapparat, um eigensinnig auf die Tasten einhauen zu können. »Was macht der Kerl da?«, stöhnen entnervt die Kollegen, allen voran der arrivierte Großschauspieler Siegfried Lowitz. Regisseur Schweikart jedoch ist begeistert: »Adorf, machen Sie das. Das ist toll, das ist authentisch.« Im Drama »Die Hinschlachtung der Unschuldigen« ersinnt er, als Schwachsinniger pausenlos Papierschnitzel durch die Luft flattern zu lassen, und vergrätzt damit erneut den Starmimen Lowitz. Der Regisseur Günter Rennert aber ist entzückt, »ging auf die Knie vor mir« und sagte: »Machen Sie das nicht anders bis zur Premiere.«

Das Publikum liebt die Rampensau, die Kritiker applaudieren. Was ihn natürlich zusätzlich animiert, dem Affen das nächste Mal wieder Zucker zu geben. Nach mehr als fünfzig Jahren kann er noch den Satz aus einer »Macbeth«-Kritik, einem gnadenlosen Verriss, auswendig: »Aus dem kleinen Stamm des Kammerspielensembles ragte Mario Adorf hoch empor.« Es ist oft so ein kleiner, unscheinbarer Wink des Schicksals, den der Schauspieler beherzt und meisterhaft aufgreift und sich damit einen Karrierekick verschafft. »Jeder Mensch«, sagt er, »hat ja ein bestimmtes Potenzial«, das er nutzbringend abrufen kann. »Es fällt einem zu oder es fällt.« Und was der stämmige Halbitaliener abrufen kann, spricht sich schnell herum in der Branche.

Der Hollywood-Filmer Robert Siodmak, der von dem Radau-Stenographen hört, engagiert ihn 1957 für seinen Psychothriller »Nachts, wenn der Teufel kam« – obwohl ihn Adorf zunächst nicht interessiert, weil er ihm als Frauenmörder nicht dämonisch genug gucken kann. Als Siodmak jedoch anschließend bemerkt, dass Adorf mit einem schmerzhaften Muskelriss zum Vorstellungstermin in der Bar aufgekreuzt war, erregt das das Mitgefühl des leidenschaftlichen Hobbyheilpraktikers. Der Regisseur bugsiert ihn ins Hotel Vier Jahreszeiten, befiehlt: »Ziehen Sie mal die Hose runter!« und besprüht das lädierte Bein

»vom Knöchel bis zum Po« mit einem Vereisungsspray. Dann schleppt er den nun nicht mehr lahmen Adorf zurück in die Bar und verkündet: »Das ist mein Teufel, jetzt schaut mal, wie böse der gucken kann.« Adorf, glücklich über das neue Engagement, aber keinesfalls von seinen Schmerzen erlöst, wird klar, »der hat einen Heilfimmel«. Also schreitet er tapfer krückenlos aus der Kneipe, um Siodmaks Heilungstriumph nicht zu zerstören.

Es sind die Jahre, als Adorf eine übersichtliche »Beamten-laufbahn« an den Kammerspielen fürchtet und im Ausland sein Glück sucht. Doch in Italien, seinem Sehnsuchtsland, erhofft Adorf vergeblich mediterrane Herzenswärme. Sein römischer Vater Matteo Menniti verweigert hartleibig jede Begegnung. Die großen Regie-Cäsaren wie Visconti sind meist antifaschistische Linke und zeigen dem deutschen Exoten die kalte Schulter. Dennoch dreht er etliche Filme, die dem guten Ruf nicht schaden.

Fremd und gefühlsfern bleibt ihm auch Hollywood mit seinem »allgegenwärtigen, rücksichtslosen Ehrgeiz«. Zwar verspricht ein Agent: »Du kannst hier großartig als Film-Mexikaner leben.« Aber Adorf macht sich nichts aus Sombreros, will sich nicht dauernd um Rollen balgen, die bis dahin unweigerlich der Abo-Mexikaner Anthony Quinn besetzte. Einmal immerhin hätte er garantiert als Latino glänzen können, wenn er Sam Peckinpahs Stellenangebot für den Kultwestern »The Wild Bunch« angenommen hätte. Schrecklich bereut hat er auch, dass sein glückliches Händchen so schmählich versagte, als Billy Wilder ihn für das Meisterwerk »Eins, zwei, drei« verpflichten wollte: »Ich wollte keine Chargen spielen, erst recht nicht den dritten Russen.« Das war eine große »Dummheit«, die Mutter Alice aber umgehend mit einer tröstenden Parole lindert: »Wer weiß, wozu das gut war.« Und siehe, es wurde sogar sehr gut.

Denn in der alten Welt fügt sich fast alles glücklich für den Künstler. Dem Zufall braucht er fortan nicht mehr nachzuhelfen. Mit Ehefrau Monique lässt er sich in St. Tropez, »unserem Dörfchen«, in der Nachbarschaft von Brigitte Bardot, einer »verbitterten Menschenfeindin«, nieder. Mario Adorf, der einst verlachte »tumbe Eifelbauer«, wird zum vielgeliebten, vielgerühmten Komödianten, der in ungezählten Film- und Fernsehstücken alles spielt, was das Charakterfach hergibt – Bösewichte und Banausen, Schurken, Snobs und Edelmänner. »Richtig Glück«, sagt er, »haben mir die Dialektrollen gebracht.« Besonders die rheinländischen: Er ist der Kommissar Beizmenne in der »Verlorenen Ehre der Katharina Blum«, der Nazivater des unbestechlichen Zwergs Oskar Matzerath in Schlöndorffs oscargekrönter »Blechtrommel«, und im TV-Serial »Kir Royal« macht er den neureichen rheinischen Klebstoff-Fabrikanten Heinrich Haffenloher mit einem einzigen grandiosen Spruch zur Kultfigur: »Isch scheiß disch so watt von zu mit meinem Jeld.«

Inzwischen in München, wohlversorgt mit Pflege und Komfort, beäugt Mutter Alice kritisch ihren umschwärmten Mario, warnt streng vor imageschädlichen Reklameeinkünften (»Werbung machst du mir nicht!«) und sortiert rigoros eingehende Drehbücher: »Schrott.« »Kann man lesen.« »Gut.« Lebenslang verbindet ihn eine innige Liebe mit der leidgeprüften, unsentimentalen Frau, die »mir als Mann nie so ganz getraut hat«. Es ist berührend, wie sich die Stimme dieses 82-jährigen Mannes verändert, wenn er über seine Mutter spricht und ihre Bedeutung: »Das Wichtigste im Leben hat mir meine Mutter beigebracht, das ist ganz klar. Sie hat mir gezeigt, wie man auch mit unglücklichen Vorgaben ein Leben bewältigt.« Ihr Motto »Wer weiß, wozu es gut ist« hat er übernommen, und »weitgehend die Dinge geschehen lassen«, nichts erzwungen.

Wir sitzen draußen in der Sonne, aber sie wärmt nicht mehr richtig, es ist schon Herbst. In dieser leisen Melancholie der Natur die Frage zum Abschluss: Nimmt die Gelassenheit, das Vertrauen in die Dinge, die sich letztlich fügen, mit dem Alter noch weiter zu? Nicht in Bezug auf die letzten Dinge: »Ich möchte nicht so unglücklich sterben wie meine Mutter.« Sie wollte nie ein Pflegefall werden. »In den letzten zwei, drei Jahren, sie war fast neunzig, sagte sie: Warum sterbe ich nicht. Ich habe keine Lust mehr.« Sie erzählt dem Sohn, sie habe für alle Fälle im Keller einen Strick vorbereitet. Der schaut sofort im Keller nach, findet aber nichts. Nach einem Schlaganfall und halbseitiger Lähmung tritt ein, was die Mutter so gefürchtet hatte, ihre letzten Wochen werden qualvoll. Als aber die Ärztin fragt: »Sie müssen essen, Frau Adorf, sonst sterben Sie – also, was wollen Sie?«, antwortet sie, die früher so nicht enden und unbedingt vorher sterben wollte: »Leben!« Das kann der Sohn nicht vergessen.

Eher anrührend einer ihrer letzten Dialoge: »Du kriegst ein schönes Grab in Grünwald.« »Nein, wenn mal keine Blumen da sind, werden die Leute sagen: Guck mal, das ist das Grab vom Adorf seiner Mutter.« »Das kann man doch organisieren.« »Ja«, hat sie entgegnet, »aber dann sind die Blumen nicht von dir.« Der Sohn hat ihren letzten Willen getreulich erfüllt, seine hochbetagte Mutter auf See bestattet. »Wenn ich jetzt immer höre, wie schön das Alter ist – diese kollektive Seniorenfröhlichkeit, die ist mir sehr, sehr verdächtig.«

»Ich bin nicht sicher, ob die Weichenstellungen in meinem Leben, die nach Zufall aussahen, wirklich zufällig waren.«

Peter Maffay

# Peter Maffay

## Rocksänger

Der 23. August 1944 war für Rumänien der Tag der Befreiung von rechter Militärdiktatur und Bündnistreue mit Nazideutschland, der 23. August 1963 war für Peter Alex Makkay die Befreiung aus einem »hermetisch abgeschlossenen Land«, der kommunistischen Volksrepublik Rumänien. »Duazeci si trei august Libertate n'ea adus«, skandiert der 13-Jährige die rumänische Befreiungsparole auf dem Weg zum Flieger: »Der 23. August hat uns die Freiheit gebracht.« Wom. Die Ohrfeige des Vaters brennt auf der Haut. Ihm fehlt die Unbeschwertheit des Sohnes, er hat Angst, dass im letzten Moment noch etwas schiefgehen kann, der fröhliche Schlachtruf des Sohnes von den Sicherheitsorganen vielleicht als Despektierlichkeit ausgelegt wird und Maßnahmen verlangt. Der Vater hat seit seinem ersten Ausreiseantrag Ende der fünfziger Jahre die Geheimpolizei Securitate fürchten gelernt. Sie haben ihn regelmäßig nachts abgeholt.

Von Bukarest über Budapest, weiter über Wien geht der Flug nach Köln, schließlich nach München, dann landet die Familie Makkay in einem freien Land, Peter atmet den Duft der großen, weiten Welt, den nun auch er an jeder Straßenecke kaufen kann: Peter-Stuyvesant-Zigaretten. In Kronstadt, dem heutigen Brasov, hatte er viele Abende vor dem einzigen Ausländerhotel herumgelungert, Kaugummi oder Zigaretten geschnorrt und leere Stuyvesant-Schachteln vom Boden aufgesammelt, die Nase hineingedrückt und von der westlichen Welt geträumt, von der er dann glaubte zu wissen, wie sie riecht. Im Flugzeug hält ihm die Stewardess ein Körbchen mit Kaugummis unter die Nase. Er nimmt eines. »Du kannst ruhig mehr nehmen«, ermuntert sie ihn. Als er zögert, nimmt sie eine Handvoll, reicht sie ihm lächelnd. »Bis dahin«, erzählt er, »kannte ich nur *weniger* oder *gar nichts, mehr* war völlig neu für mich.« Das ist ein halbes Jahrhundert her, Peter Maffay inzwischen 63 Jahre alt und der erfolgreichste Rockmusiker Deutschlands, aber diese Stewardess scheint er für Sekunden genau vor Augen zu haben. Und das markige Gesicht dieses Mannes wirkt plötzlich weich, wie das eines staunenden 13-jährigen Jungen. In solchen Momenten findet man Kapitalismus schön und menschlich.

Was als Übergang geplant war, wurde das neue Leben. Eigentlich waren die Makkays auf dem Weg nach Amerika, zur Großmutter nach New Jersey, die das Geld für die Ausreise aufgebracht hatte, die hoffte, nach 14 Jahren endlich ihren Sohn wiederzusehen und den Enkel Peter kennenzulernen. Aber die Einreisequoten für die USA waren im Sommer 1963 schon erfüllt, das bedeutete zwei Jahre Wartezeit in Waldkraiburg. Kismet? Schicksal? »Wir kennen die Spielregeln nicht, die unser Leben bestimmen«, sagt Peter Maffay, »und ich bin nicht in der Lage zu sagen, ob die Weichenstellungen in meinem Leben, die nach Zufall aussahen, auch wirklich zufällig waren.« Wir sitzen im Hotel beim Frühstück, Maffay ist mit seiner fünften – und wohl auch letzten – Tabaluga-Tournee unterwegs. Glaubt er, dass ein so musikbesessener und gitarrenverliebter Mensch wie er in Rumänien kein Musiker geworden wäre? Maffay zieht eine Augenbraue hoch: »Kennen Sie einen rumänischen Rockmusiker?« Rock 'n' Roll passte nicht ins System, erklärt er, war ein Zeichen westlicher Dekadenz, genauso wie lange Haare oder Bluejeans: »Nein, alle dort, Eltern, Lehrer, Verwandte, hätten mich auf etwas Bürgerliches getrimmt, um unter den dortigen Vorzeichen überleben zu können.«

Die Vorzeichen im bayerischen Vertriebenenstädtchen Waldkraiburg waren erzkonservativ und spießig, aber es war auch ein junger und dynamischer Ort, erst nach dem Krieg für die vielen Aussiedler und Flüchtlinge gegründet. Der Wille zum Neuanfang und die Hoffnung auf ein besseres Leben beherrschten den Alltag, beflügelten auch die Makkays nach ihrer bleiernen Zeit als geächtete deutsche Siebenbürgen-Minderheit in Rumänien. Vater Wilhelm findet schnell Arbeit als Autoschlosser, Mutter Augustine kommt in einer Knopffabrik unter, und Peter muss natürlich zur Schule, will aber einfach nur Musik machen. Sonst nix. Nach einem halben Jahr hat er durch verschiedene Schülerjobs das Geld für die erste Gitarre zusammen: Sie kostet 70 Mark, stammt aus dem Polizeifundus, und der Hals ist gebrochen. Der wird vom Vater aber schnell repariert, der 14-Jährige gründet seine erste Band: »The Beat Boys«.

Die Schule entwickelt sich zum Störfaktor. Peter löst das Problem, indem er morgens brav in den Schulbus ein-, an der nächsten Haltestelle allerdings wieder aussteigt und sich direkt in den »Weißen Hirsch« begibt, das damalige Epizentrum für die Waldkraiburger Jugend. Im Keller gibt es neben Getränke- und Vorratslagern einen ungenutzten Raum, vier mal vier Meter: Peters Probenraum. Im Sommer 1966 bleibt der hoffnungsvolle Jungmusiker das erste Mal sitzen, 1968, nachdem er das zweite Mal das Klassenziel nicht erreicht hat, geht er nach München, um eine Lehre als Chemigraph zu machen, »aber ich habe es nicht gelernt, ich habe es nur versucht, wie alles andere auch«.

Das Münchner Märchen des Peter Maffay ist eine liebgewonnene Tellerwäscherlegende des Showbiz: Talentierter Musiker, der selbstvergessen in kleinem Club Bob-Dylan-Songs auf der Gitarre klampft, wird zufällig von erfolgreichem Produzenten entdeckt und über Nacht mit erster Schallplatte zum Superstar. So romantisch war es mitnichten. Als junger Musiker wusste man damals, in welchen Clubs sich die Scouts der Plattenfirmen umsahen, also setzte man alles daran, dort engagiert zu werden, so auch Peter Maffay und Margaret Kraus, mit der er damals im Duo auftrat. »Und dann kam – der liebe Gott hilft, wenn er wirklich will – eines Abends Roswitha, die Frau von Michael Kunze, herein.« Im Sommer 1969 war Michael Kunze allerdings noch nicht der erfolgreichste deutsche Musical-Produzent und tausendfache Songtexter, sondern war gerade 25 Jahre alt und hatte einen Song mit dem Titel »Du« geschrieben, für den er einen geeigneten Sänger suchte. Wer ist geeignet für Textzeilen wie *»Du bist alles, was ich habe auf der Welt, Du bist alles, was ich will. Yeah ... Du, Du allein kannst mich verstehn. Du, Du darfst nie mehr von mir gehn.«*? Kunze fand, Peter Makkay wäre es, aus Makkay wurde Maffay, und am 15. Januar 1970 erschien die Single »Du«.

Das war's dann aber auch schon. Kein Mensch spielte den Song. »Michael Kunze ist mit mir in seinem weißen Opel auf Senderreise gegangen, quer durch die Republik, und wir haben uns nicht gescheut, Klinken zu putzen. Ich habe in Diskotheken gespielt noch und nöcher und mir die ersten Erfahrungen an irgendwelchen Bars ersoffen, wo ich abgehangen habe, weil das irgendwie dazugehörte damals. Das Tingeln musste man überstehen und abkönnen.« Aber die Ochsentour lohnte sich. »Du« eroberte die Tanzflächen und wurde überall gespielt, obwohl das Lied noch nie im Radio zu hören gewesen war. »Daraufhin wollten die Leute den Song auch zu Hause hören, haben die Scheibe gekauft, und so hat er sich durchgesetzt.« Erst im Mai legte Frank Elstner den Song das erste Mal bei Radio Luxemburg auf, im Juni war »Du« die Nummer eins der Single-Charts – genau eine Woche lang. Dass die Platte dort wochenlang aushielt, gehört auch ins Reich der Legenden. Damals war das auch ganz egal. Das Lied war längst *der* Sommerhit 1970.

Noch heute findet Peter Maffay, »es gibt kaum etwas Geileres als eine Nummer eins«, insofern hat er nie bereut, die damalige Chance ergriffen zu haben, aber in seinem Herzen war er immer ein Rocker, den wollte er leben. Nur war das gar nicht so einfach, sein erster Hit klebte mit seiner honigsüßen Dickflüssigkeit an ihm und zog immer dieselben Bienen an. Zuerst trennte er sich von Kunze, wechselte die Plattenfirma und tingelte im rostigen Mercedesbus mit den Krautrockern »Sahara« in und um München. Mitte der Siebziger zeigte er den deutschen Liedermachern, wie man in ihrem Revier einen Hit landet: Er bekannte autobiographisch »Und es war Sommer« und implantierte in der Nation schwüle Sommer-Sehnsüchte, indem er sie im Nachhinein an seiner Mannwerdung teilhaben ließ. Etwas später entdeckte er Hermann Hesses »Steppenwolf« für sich, brachte seine erste Rock-LP heraus, auf der er dessen menschlich-wölfische Künstlereinsamkeit mit seinem Talent zum zarten harten Mann mixte. Der Erfolg gab ihm uneingeschränkt recht. Das Pathos der Auskopplung von »So bist Du« entsprach (und entspricht) dem Wunsch vieler Verliebter, endlich hatten sie einen, der es für sie aussprach: »Und wenn ich geh, dann geht nur ein Teil von mir. / Und gehst Du, bleibt Deine Wärme hier. / Und wenn ich wein, dann weint nur ein Teil von mir, / und der andere lacht mit Dir.« So war er. Maffay 1979.

Bis dahin also viel Ausdauer, harte Arbeit und ein Ziel, das Maffay nie aus den Augen verloren hat. »Seitdem ich weiß, dass

Dylan scheiße singt und trotzdem geiler klingt als alles andere, glaube ich nicht allein an Talent, sondern daran, dass diejenigen eine Perspektive haben, die einen Bilderrahmen ausfüllen können, die Konturen haben und nicht austauschbar sind. Talent alleine, das reicht bei weitem nicht aus, auf eigenen Beinen zu stehen.« Austauschbar war er schon lange nicht mehr, es wurde also Zeit für einen freundlichen Zufall.

Es ist ein Lied, ganz unerwartet, es berührt etwas in ihm, lässt ihn nicht mehr los: »Ich habe den Song im Radio gehört, fand den wunderschön. Komposition und Sprache waren so anders, keine Anglizismen, anderer Satzbau, sehr fein, sehr auf den Punkt, sehr literarisch. Mir gefiel das.« Maffay geht zu seinem langjährigen Freund Dieter Viering, Promoter von Telefunken Decca: »Wer singt das?« »Keine Ahnung.« »Dann finde mal raus, wer das ist.«

Die Band heißt Karat. Ihr Lied »Über sieben Brücken musst du gehn«. Als die Band aus Ostberlin kurz darauf in Wiesbaden auftritt, fährt Maffay hin und bittet die Musiker, den Titel nachspielen zu dürfen. Karat willigt ein, und Maffay produziert seine, mit einem Saxophon-Solo aufgemotzte, Version des Liedes. Das Album »Revanche«, das den Titel enthält, verkauft sich über zwei Millionen Mal. Die Mauer steht noch, und die Ost-Band darf nicht im Fernsehen des Klassenfeinds auftreten, deshalb ist es Peter Maffay, den die Leute mit dem Titel verbinden. »Als der Song dann erfolgreich war, und wir darauf hingewiesen haben, dass er von Karat stammt, da hat man das zum Teil sehr zu unseren Gunsten ausgelegt. Deutsch-deutscher Dialog – alles Schwachsinn, daran habe ich keine Minute gedacht.«

Die siebte Brücke war überquert, der Rockmusiker Maffay stand im hellen Schein. Und lebte die Rockmusiker-Romantik: Live hard, die young. Maffay hielt sich dran. »Zwei Flaschen Whiskey am Tag, drei Flaschen Whiskey am Tag sind eigentlich ein Ausdruck von Hilflosigkeit, nicht von Souveränität. Auf die Bühne zu gehen und Gitarren zu zerhacken, ist keine Kunst, und es ist kein Attribut für Qualität. Das ist einfach der ausgestreckte Mittelfinger und nichts anderes.« Aber damals glaubten viele seiner Kollegen und eben auch er, dass die Gesellschaft »einen Rockmusiker erst wirklich ernst genommen hat, wenn er kaputt genug war, wenn er abgedriftet war, wenn er schräg war, wenn er Hotelzimmer zerlegt hat. Das musste man sich erarbeiten, vor allem ersaufen.«

Bei Maffay kam dazu, dass er polarisierte wie kaum ein anderer, die Leute liebten oder hassten ihn, durch die einen verdiente er Millionen, für die anderen gab es keinen Kompromiss bei seiner Person. 1982, es war wieder einmal Sommer, knapp 30 Grad heiß, und Maffay betrat stolz die Bühne vor 70 000 Menschen in Erwartung einer weiteren Musikerwerdung, geadelt als Vorgruppe der Stones. Aber es waren nur »die anderen« im Publikum. »Ja, das war der Beginn meiner Ökolaufbahn. Da flog so viel Gemüse auf die Bühne, damit konnte man schon einen Laden aufmachen. Das war bitter. Aber letztlich – wenn das damals nicht passiert wäre, wären wir größenwahnsinnig geworden.«

Aus der Distanz von 30 Jahren lässt sich altersweise darüber reflektieren, in der Situation dürfte es sich anders angefühlt haben. Aber da ist Maffay durchaus ehrlich mit sich, zumal das nicht die einzigen schmerzlichen Erfahrungen dieser Zeit waren: Im Oktober 1983, das Land war friedenspolitisch aufgewühlt und protestierte inbrünstig gegen amerikanische Fremdbestimmung und Raketen, trat Maffay mit anderen prominenten Musikern zum Abschluss einer Friedensdemo auf dem Neu-Ulmer Volksfestplatz auf, oder besser: er wollte auftreten. Doch die gut 150 000 Menschen pfiffen ihn gnadenlos aus. Auf einem Transparent musste er lesen »Lieber Pershing 2 als Peter Maffay«.

Nach nur einem Lied gab er auf. »Mit Abstand betrachtet, halte ich das für eine gute Fügung. Es war genau zum richtigen Zeitpunkt. Wir verkauften tonnenweise CDs und dachten, alles ist möglich. Dann haben wir richtig eins aufs Maul gekriegt, aber ordentlich. Das hat in jeder Form wehgetan. Das hat das Ego verletzt. Aber es war hilfreich.«

In diesem Moment kommt ein kleines Mädchen durch die Hotelhalle, strahlt ihn bewundernd an. Lächelnd fragt er nach dem Namen des Kindes, aber die Kleine ist zu schüchtern zu antworten. »Es gab in meinem Leben immer wieder Begegnungen«, sagt er anschließend, »die mein Leben entscheidend beeinflusst und verändert haben. Ich glaube nicht, dass das Zufall war. Viele Begegnungen geschehen, weil sie geschehen sollen.« Im Rumänischen gibt es ein Sprichwort, er schreibt es mir sorgfältig auf: »De ce ţi-e frică un scapi.« Auf Deutsch etwa: Wovor du Angst hast, dem kannst du nicht entgehen. Man bestimme mit seinem Verhalten die eigene Entwicklung und Zukunft immer mit, davon ist er überzeugt: »Wenn ich vor etwas Angst habe, dann findet das wahrscheinlich statt.«

Im Mai 1993 geht Maffay mit starken Schmerzen zum Arzt. Die Diagnose ist niederschmetternd: Verdacht auf Lungenkrebs. Bei 80 Zigaretten am Tag nicht völlig überraschend, trotzdem trifft Maffay, wie die meisten Menschen, die eigene Verwundbarkeit brutal und unvorbereitet. Er schwört, nie wieder eine einzige Zigarette zu rauchen, wenn er noch einmal davonkommt. Der Schatten auf der Lunge stellt sich als Ergebnis eines viralen Infekts heraus. Maffay hat bis heute nie wieder eine Zigarette angerührt, auch den Alkohol hat er fast ganz aufgegeben. »Es war ein Zeichen«, sagt er. Ob er auch ohne diesen Warnschuss irgendwann aus eigener Vernunft gesünder gelebt hätte? Who knows.

Sieben Tattoos hat sich Peter Maffay im Laufe seines Lebens

stechen lassen, jedes ist »ein kleines Ausrufezeichen« und erinnert ihn jeden Morgen vor dem Spiegel an »eine Haltung, einen gewissen Punkt im Leben«. Gerade ist ein achtes dazugekommen, hinten rechts, oben am Hals: Es besteht aus einer Baumwurzel mit einer Krone darüber – das Wappen seiner Geburtsstadt Kronstadt. Bis vor kurzem hat er sich nie mit seiner Heimat beschäftigt, obwohl sie ihn prägt bis heute. Aus seiner Jugendzeit stammt zum Beispiel die Angewohnheit, stets ein Messer bei sich zu tragen, damit verschaffte man sich Respekt auf der Straße, den überließ man nicht dem Zufall oder dem guten Willen der anderen. Inzwischen fährt er zwei- bis dreimal im Jahr nach Rumänien, trifft Menschen von damals, mit denen er frühe Erinnerungen teilt, und kümmert sich um das Kinderheim, das er im verlassenen Örtchen Radeln gegründet hat. »Wir kommen alle irgendwann auf unsere Wurzeln zurück. Und das ist niemals ein Zufall.«

»Ich will etwas, ich habe eine bestimmte Überzeugung, also muss ich etwas dafür tun.«

Sahra Wagenknecht

# Sahra Wagenknecht

## stellv. Parteivorsitzende »Die Linke«

Den Geburts-Tag der deutschen Einheit, den 9. November 1989, hat Sahra Wagenknecht auf hohem Niveau verpennt. Während Tausende Trabis durch die durchlöcherte Mauer knattern, patriotisch berauschte Ossis den Ku'damm stürmen, hockt die 20-Jährige in ihrem Studierstübchen in Berlin-Karlshorst, vertieft sich in Kants »Kritik der reinen Vernunft« und geht, immerhin philosophisch erleuchtet, ins Bett. Als sie tags drauf aus den Radionachrichten vom ekstatischen deutsch-deutschen Verbrüderungsfest erfährt, ist sie tief deprimiert. Der DDR läuten die Sterbeglocken, die Welt der Sahra Wagenknecht gerät aus den Fugen.

Sie wollte ja die DDR, den ihrer Meinung nach »sozialeren und menschlicheren deutschen Staat«, von innen heraus verändern, wäre nie in Versuchung geraten, aus Honeckers Stasireich zu türmen. Auch drei Jahre nach der Wende rechtfertigte sie die Mauer noch als ein »notwendiges Übel«, und noch im März 1989 war sie in die SED eingetreten. Sie wollte ungestört Marx und Hegel studieren, »irgendwo im Wissenschaftsbereich« arbeiten, obwohl die Parteibonzen diesen Plan schon vereitelt und sie nicht zum Studium zugelassen hatten, da sie »fürs Kollektiv nicht geeignet« war. Deshalb lebte sie in dieser Zeit davon, Nachhilfeunterricht zu geben, und hoffte trotz allem, dass sie doch irgendwann studieren könnte, bewarb sich immer wieder neu. Anfang November, nach der großen Demonstration, wo Frechheiten wie »Wir sind keine Fans von Egon Krenz« oder »Freie Wahlen statt falscher Zahlen« ungestraft durch die plattenbaugesäumten Straßen Ostberlins getragen wurden, hoffte sie auf »einen Aufbruch«. Hunderttausende hatten die Reden von Prominenten wie Gregor Gysi, Jens Reich oder Ulrich Mühe und Jan Josef Liefers auf dem Alex bejubelt und deren Forderung nach »einem anderen Sozialismus« unterstützt. Bis heute klingt es bitter, wenn sie feststellt: »Da hieß es noch nicht ›Wir wollen die D-Mark‹, sondern es ging um einen Sozialismus mit menschlichem Antlitz.« Vorbei. Nun feierten die D-Mark-verliebten Ossis ihr neues Idol Helmut Kohl, den Landschaftspfleger, »der mit großen, sehr, sehr teuren Versprechungen die Stimmung im Osten quasi eingekauft hat«. Diesen gesamtdeutschen Mantel der Geschichte möchte sie sich nicht umlegen.

Erst im neuen Jahr, Monate nach dem Mauerfall, geht sie rüber nach Westberlin, um sich ausgerechnet beim Klassenfeind in der Amerika-Gedenkbibliothek eine Hegel-Ausgabe zu besorgen, »die es in der DDR einfach nicht gab«. Das Begrüßungsgeld, kapitalistisches Almosen, lässt sie links liegen. Frustriert zieht sich die asketische Marxistin in ihr Karlshorster Elfenbeintürmchen zurück.

Die historische Wende aber erweist sich für ihr ganz persönliches Leben als der konstruktive Zufall überhaupt: Für sie öffnet sich plötzlich die biographische Perspektive, die sie in der DDR nie bekommen hätte. Bereits im Februar fängt sie an zu studieren. »Man kann nicht sagen, die Wende war ein Zufall, aber für mein Leben war es schon so.« Sie beginnt zunächst an der Uni in Jena die ersehnten philosophischen Studien und begegnet dem Dekan wieder, der ihr einst das Studium mit der Begründung verwehrte, sie habe »ihre Systemtreue nicht deutlich genug unter Beweis gestellt«. Ihr Gesichtsausdruck spiegelt über 20 Jahre später noch ihre Empfindungen von damals: »Genau dieser Mensch ist unmittelbar nach dem Mauerfall aus der SED ausgetreten, in die CDU eingetreten und machte auf komplett gewendet. Das sind Typen, die haben mich so etwas von angewidert.« (Ein kleiner, bis dahin unbescholtener Vogel aus der Familie der Spechte musste in jenen Tagen seinen Namen für diese Spezies hergeben, lateinisch »Jynx ruficollis«, übersetzt »Wendehals«.)

Zum Wintersemester 1990/91 wechselt Sahra Wagenknecht an die Humboldt-Uni in Berlin, dort wurde im Wissenschaftsbetrieb nicht so gnadenlos abgewickelt wie anderswo. »In Jena sind in der Philosophie tatsächlich alle Professoren entlassen worden. Selbst die Hegel-Experten, die Kantianer, profunde Fachleute, alle wurden unter Generalverdacht gestellt.« In den Weihnachtstagen ist es ein Zufallsfund, der ihre weiteren Schritte entscheidend leitet. In ihrer umfangreichen Klassiker-Bibliothek fällt ihr ein Werk wieder in die Hände, das sie vor Jahren schon einmal angelesen, aber mangels Interesse wieder beiseitegelegt und vergessen hatte, Thomas Manns Künstlerroman »Dr. Faustus«: Die Geschichte des Tonsetzers Adrian Leverkühn, der sich geniale Schaffenskraft vom Teufel erkauft und dafür einen horrenden Preis bezahlt – Einsamkeit, seelische Kälte und Tod. Aufgerüttelt und im Rekordtempo verschlingt sie den Wälzer, der in ihr das Gefühl auslöst, »wenn ich jetzt weiter nichts tue und nur lese, mich in Distanz zum Zeitgeist, zu meiner Umgebung, zur Gesellschaft bewege, dass ich irgendwann auf diese schiefe Bahn komme«. Sie erkennt Parallelen zum radikal individualistischen Leverkühn, den es

43

am Schluss in den Wahnsinn treibt. Sie stellt fest: »So will ich nicht enden.« Ihr wird klar: »Du kannst nicht nur an deinem Schreibtisch sitzen, Bücher lesen und über die Welt nachdenken.« Sie muss raus in ein aktives Leben: »Ich will etwas, ich habe eine bestimmte Überzeugung, also muss ich etwas dafür tun.« 1991 meldet sie sich bei der PDS.

Schon seit frühester Kindheit ist sie ja ein gesellschaftliches Mauerblümchen, eine hochbegabte Außenseiterin, die ihre Geburt einem sehr »unwahrscheinlichen Zufall« verdankt. Denn wenn 1968, mitten im Kalten Krieg, ein iranischer Gaststudent aus Westberlin auf der Ostberliner Friedrichstraße eine junge Frau aus Jena kennenlernt und sich folgenreich verliebt – »dann ist«, wie sie lächelnd sagt, »eigentlich der größte Zufall in meinem Leben, dass es mich überhaupt gibt«. Am 16. Juli 1969 kommt das deutsch-orientalische Baby in Jena zur Welt. Sahra soll sie heißen, in der Heimat ihres Vaters bedeutet das »die Fürstin« oder auch »die Prinzessin«, aber diesen Namen hat die Hebamme in Thüringen noch nie gehört, rigoros trägt sie »Sarah« und nicht »Sahra« ein. Der Vater kommt die ersten drei Jahre regelmäßig mit Tagesvisum zu Besuch, dann bleibt er plötzlich weg, weil er in den Iran zurückmuss. Das grazile Mädchen mit dem zartbraunen Teint wird schon im Kindergarten als Exotin gehänselt. Sie mag nicht spielen, lernt lieber lesen. Bei der FDJ missfällt ihr die kuschelige »Lagerfeuerromantik«. Eine Lehrerin ihrer ersten Schuljahre berichtet: »Sarah saß immer da, abgeklärt wie eine alte Lady, und wunderte sich, was um sie herum gerade so passiert.«

So skurril-versponnen ist sie vermutlich auch den Parteigenossen von der neugegründeten PDS vorgekommen. Sie findet die Partei »viel zu weich und anpasserisch«, schließt sich aber dem radikal-linken Flügel, der »Kommunistischen Plattform«, an und wird im Dezember zum Parteitag geschickt. Die neue, kompromisslose Genossin bewirbt sich um einen Platz im Parteivorstand und fordert in ihrer Bewerbungsrede, die PDS müsse »antikapitalistischer, schärfer, spritziger, witziger« auftreten, »angriffslustiger werden«. Sie wird gewählt und geistert fortan – von der Presse auch als »stalinistisches Teufelchen« bezeichnet – durch die gesamtdeutsche Öffentlichkeit.

Die neoliberalen Meinungsführer lächeln herablassend, bestenfalls mitleidig, wenn Wagenknecht – mit strenger Rosa-Luxemburg-Frisur und zugeknöpft bis zur Halskrause – ihr linkes Manifest in die Talkrunden feuert: Die Macht des Großkapitals brechen, Banken verstaatlichen, Steuern hochschrauben, Reiche zur Kasse bitten. In den Medien sieht sich Wagenknecht »als die Frau hingestellt, die Gulags in Deutschland errichten will«. Ihre Ehe mit einem Filmproduzenten kommt ihrem unterkühlten Image auch nicht zugute. Als sie beim Hummer-Dinner in Brüssel in einer Edelgastronomie von einer Kollegin geknipst wird und die Digitalbilder löschen lässt (weil »ich darauf einfach blöd aussah«), sehen viele in ihr die doppelzüngige Salon-Kommunistin.

Die Begeisterung für die »Njet-Maschine«, wie Gregor Gysi sie einmal verhöhnt, hält sich auch in der Linkspartei in engen Grenzen. Viele Gesinnungsgenossen beäugen ihre bedrohlich scharfsinnige, verbissene kommunistische Frontfrau unverhohlen missmutig. Humor, Witz, Ironie gehören nicht in Wagenknechts Handgepäck, heißt es. Wenn die Partei mal Party macht, sitze sie wie ein Phantom hoheitsvoll im Abseits, und ein übermütiger Genosse, der die spröde Schöne zu einem Tanz überredet hat, teilt anschließend mit: »Ich hatte eine Mauer im Arm.«

Doch mit den Jahren ist das dogmatische Teufelchen, zumindest im Geiste, deutlich elastischer geworden. Sahra Wagenknechts Buch »Freiheit statt Kapitalismus« stößt auch in

45

konservativen Feuilletons auf bemerkenswerte Zustimmung. Sie lobt sogar Ludwig Erhard und seine gute, alte rheinische Marktwirtschaft: Der BRD-Kapitalismus sei tatsächlich »produktiver und innovativer« gewesen als die DDR, er habe größeren Wohlstand als die Planwirtschaft generiert – auch wenn dieser Wohlstand »leider falsch verteilt« werde. Aber den meisten Arbeitenden bot dieser Kapitalismus »neben wachsendem Konsum ein weitgehend gesichertes Lebensmodell«, stellt sie nun einsichtig fest. Sahra Wagenknecht auf dem »Weg in die Mitte der Gesellschaft«? Oder weiter auf Goethes und Thomas Manns Spuren? »Mephisto ist ja nur progressiv in der Kombination mit Faust, losgelöst ist er rein destruktiv. Und wenn es rein destruktiv ist, dann entsteht nichts Neues, also auch nichts Positives.«

Seit sie mit ihrem väterlichen Lebenspartner Oskar Lafontaine ein Haus im Saarland bezogen hat, interessiert sich selbst die Herzblatt-Presse für die »schöne Kommunistin«. Aber schon als sie noch lediglich Parteifreunde waren, rühmte Lafontaine sich, sie zu lehren, dass man »Bündnisse schließen« und sogar »mit Idioten reden« muss, wenn man eine Partei führen will. Inzwischen ist Wagenknecht, vermutlich mit Lafontaines Segen und Fürsprache, zur stellvertretenden Vorsitzenden gewählt worden. Sie bewährt sich tadellos in kleinteiliger Parteiarbeit. Mit ihrer Wanderpredigt über »kreativen Sozialismus« tingelt sie durch die Republik, diskutiert nicht nur im Roten Salon mit Frank Schirrmacher und Co, sondern genauso mit den Genossen vor Ort im Schrebergartenverein.

Den Weg nach ganz oben – Hand in Hand mit dem sprunghaften Saarländer – hat sie bereits abgelehnt: »An der Spitze will die Partei keinen Familienbetrieb.« Vermutlich schon deshalb nicht, weil geschichtssensible Linke die Ära Erich und Margot Honecker noch in unguter Erinnerung haben. Aber auch wenn etliche Zeitgenossen, notabene Sozialdemokraten, den Politiker Lafontaine wie den Leibhaftigen meiden – mit dem Teufel, der Wagenknecht einst im »Dr. Faustus« erschienen ist, hat der Saarländer vermutlich nun doch nichts gemein.

»Angela Merkel würde kein Gespräch über den Zufall in ihrem Leben führen, denn das würde einen falschen Eindruck vermitteln, sie in falschem Licht zeigen – ein Eingeständnis des Kontrollverlustes.«

Stefan Kornelius

# Angela Merkel

## Bundeskanzlerin

Es kommt ja nicht oft vor, dass sich Angela Merkel auf den Zufall beruft. Im Oktober 2012 blieb ihr nichts anderes übrig. Warum sie in Athen diesen grünen Blazer getragen habe, wurde Merkel gefragt. Ausgerechnet jenen grünen Blazer. Der war schon einmal aufgefallen, vier Monate zuvor beim Fußball. Deutschland gegen Griechenland, Viertelfinale der Europameisterschaft in Danzig, Deutschland gewinnt mit 4:2, Merkel trägt Grün. Vier Monate später: Merkel reist zu ihrem ersten Besuch in das Epizentrum der Eurokrise, nach Athen. Die Stadt ist abgesperrt wie sonst nur beim Besuch eines amerikanischen Präsidenten. Sie trägt denselben grünen Blazer. Eine Botschaft? Eine Wiederholung der Demütigung vom Viertelfinale? Der Panzer gegen Griechenland?

»Da habe ich keine Silbe daran gedacht«, sagt Merkel – als ob man in Silben dächte, aber so redet sie nun mal. Warum sie denn das Kleidungsstück gewählt habe, wird sie gefragt. »Nimmste noch mal was, was nicht aus der Herbsttranche ist. Und dann war's durch Zufall das.«

Zufall also, das grüne Jackett aus der Sommerkollektion anstelle des beigen aus der Herbsttranche. Niemanden wollte sie verletzen, keine verdeckten Botschaften aussenden. Kleidung ist Merkel so was von egal. Kleidung ist Zufall. Hauptsache praktisch. So tickt sie nun mal.

Alles andere aber ist kein Zufall. Nein, Angela Merkel reicht das Kleiderproblem. Das kennt sie von Beginn an. Immer war sie falsch angezogen, falsch frisiert, falsch geschminkt. Irgendwann war sie Debatten leid um ihr Äußeres, da hat sie sich eine Hausmarke für Hosenanzüge zugelegt und später eine Visagistin. Frau Keller ist nun jeden Morgen zur Stelle und fährt auch mit, wann immer Merkel länger als 24 Stunden unterwegs ist. Auch so ein Versuch, den Zufall auszuschalten.

Denn darum geht es in Angela Merkels Leben: den Zufall zu besiegen. Es geht um Planbarkeit, Sicherheit, Vorhersehbarkeit. Es geht um die Reduzierung des Risikos. Es geht um den Sieg, das Gewinnen, die Kontrolle. Zufall ist das Gegenteil von Kontrolle. Und insofern ist Angela Merkel eine klare Gegnerin des Zufalls, weil sie eben diesem Zufall nichts überlassen will in ihrem Leben. Sie will bestimmen. Sie will sich nicht bestimmen lassen. Deshalb würde Angela Merkel auch kein Gespräch über den Zufall in ihrem Leben führen. Das Gespräch würde einen falschen Eindruck vermitteln. Es würde sie in falschem Licht zeigen – ein Eingeständnis des Kontrollverlustes.

Woher das stammt? Es ist ja nicht ungewöhnlich bei Politikern aus der Spitzenliga, dass sie einen ausgeprägten Kontrollsinn haben. Helmut Kohl kontrollierte die Partei mit seinem BASF-Taschenkalender. Da waren alle Geburtstage eingetragen. Gerhard Schröders Instinkt war unübertroffen. Mit der Witterung eines Herdenhundes konnte er plötzlich auftauchen, zuschnappen, kläffen – Kontrolle aus schierem Bauchgefühl heraus. Und nun Angela Merkel: Sie ist die Muräne unter den Kanzlern. Still und lauernd, jede Faser unter Kontrolle. Sie schießt erst aus der Höhle, wenn sie kein Risiko eingeht, höchstens ein Wagnis. Dem Zufall überlässt sie nichts. Zufall wäre die Kapitulation vor dem Wagnis. Merkel kapituliert nicht.

Tiefenpsychologen würden sagen, all das wurzele in der Kindheit der Angela Merkel, die damals Angela Kasner hieß und sehr behütet auf dem Waldhof in Templin aufwuchs, einem Pfarrkolleg mit angeschlossener Behindertenwerkstatt und Wohnstätte im brandenburgischen Templin. Für die kleine Angela ein gleich mehrfach beschützter Raum: Draußen war die DDR, umzäunt und eingemauert, dann der Waldhof, darin der Pfarrhaushalt des Vaters, darin die Familie und schließlich das kleine Mädchen, das offensichtlich an einer Entwicklungsstörung litt und dem das Gehen und das Treppensteigen schwerfiel. Angela bewegte sich in einer eigenen Welt. Merkel sprach einmal von sich selbst als einem »Bewegungsidioten«. Jeder Gang musste genau geplant sein, jeder Schritt war mit Bedacht gesetzt. Im Zweifel wurde der kleine Bruder geschickt. Wer derart eingeschränkt ist, der überlässt nichts dem Zufall. Der plant. Der wartet auf den rechten Augenblick. Der entwickelt Geduld und strategische Weitsicht. »Schritt für Schritt« – das ist heute noch Merkels Lebens- und Arbeitsmotto. Schritt für Schritt durch die Eurokrise zum Beispiel; die Probleme abarbeiten; nicht vom Kurs abweichen.

So wurde das Leben zum Abwägungsprozess, zur nicht endenden Kalkulationskette. Merkel funktioniert heute noch wie ein Computer. Einser und Nullen, Nullen und Einser, eine endlose Abfolge von Minikalkulationen unter der einen Vorgabe: nutzt oder schadet es; bringt es ein Ergebnis, oder verhindert es eine Lösung.

Wenn Merkel reist, dann vergleicht sie: Wie machen es die anderen, wie machen wir das, was können wir lernen. Wenn sie verhandelt, dann vermisst sie exakt die Distanz zwischen der Position des Gegners und ihrer Position. Neigt sich der Kompromiss nur ein Jota zu ihren Gunsten, dann schlägt sie ein. Ein kleiner Schritt, aber immerhin ein Schritt.

Deswegen wird es für sie gefährlich, wenn sich ein Gegner nicht ihrer Logik unterwirft, wenn nicht Argumente und Gegenargumente zählen. Die Griechen sind so ein Fall. In der nicht enden wollenden Eurokrise verweigerten sie sich stur Merkels Rettungslogik. Hilfe gegen Reformen, Geld gegen Wettbewerbsfähigkeit? Nein, die Griechen wollten einfach nicht Beamte rauswerfen, die Arbeitszeit verschärfen und das Renteneintrittsalter erhöhen. Für Merkel war dieser levantinische Verhandlungsstil nicht zu greifen – und prompt musste sie eine schwere Beschädigung ihrer Reputation hinnehmen.

Griechenland fällt nicht unter die Kategorie Zufall, eher in die Abteilung fremde Völker. Zufall ist bei Merkel mehr, Zufall ist eigentlich nicht möglich. So hat sie das gelernt. Im Studium. Wer Natur, Kosmos, Kräfte und Strahlen mit der Kraft des Verstandes bändigen will, der muss Mathematik studieren oder noch besser Physik. Merkel ist durch und durch Physikerin, verstand- und vernunftgetrieben.

Ganz früh in ihrer politischen Karriere bekannte sie einmal, dass sie das Leben als eine Abfolge von guten und weniger guten Augenblicken verstehe; dass das Leben nicht linear verlaufe, sondern im Ergebnis immer irgendwie auf demselben Level schwinge. »Ich vertrete die Ansicht, dass die Summe des Glücks in etwa der Summe des Unglücks entspringt. Das heißt, wenn ich sehr viel Glück habe und eine gute Zeit erlebe, fürchte ich, dass danach eine schlechte kommt«, sagte sie der Fotografin Herlinde Koelbl in einem Langzeitinterview in der frühen Phase ihres öffentlichen Lebens. Das Leben wie ein Pendelschlag, der Zufall als Korrektiv – ein fast schon esoterisches Zitat einer Frau, die über Zerfallsreaktionen promoviert hat und Einsteins Relativitätstheorie in simplen Worten erklären kann.

54

Die Schwingungen des Glücks – das war damals, als das Mädchen aus Templin quasi über Nacht Ministerin geworden war. Dann aber wurde sie zur Politikerin. Dann kostete sie an den Versuchungen der Macht. Seitdem darf in Merkels Machtkalkül der Zufall keinen Platz haben. Wenn in Fukushima entgegen aller physikalischen Vernunft der Reaktorblock explodiert, dann ist das kein Ergebnis einer zufälligen Verkettung bisher undenkbarer Umstände, sondern ein in dieser Dimension noch nie kalkuliertes Ereignis. Merkel kalkuliert dann neu und entscheidet radikal: die Wende von der Energiewende, Ausstieg aus der Atomwirtschaft so schnell wie möglich. Und schon ist der Zufall besiegt.

Einmal, nur ein einziges Mal wurde Angela Merkel wirklich ein Opfer des Zufalls. Man sollte besser sagen: Angela Merkel war kein Opfer, sie profitierte vom Zufall. Nie zuvor stand ihr der Zufall derart freundlich zur Seite, nie wieder verdichtete sich in einem einzigen Moment das Glück derart zu ihren Gunsten. Es war der Augenblick, in dem sie Kanzlerin wurde. Wenn man so will, verdankt Angela Merkel ihre Kanzlerschaft dem Zufall.

18. September 2005, Berlin Zollernhof, Unter den Linden. Es ist der Abend der Bundestagswahl, ARD und ZDF strahlen die Elefantenrunde aus, im Studio sitzen die ganz Großen. Gerhard Schröder ist zwar kein Parteivorsitzender mehr, aber er ist der Bundeskanzler, und er ist früh dran. Um halb acht, eine Dreiviertelstunde vor Beginn der Sendung, steht er bereits am Portal, wo ihn zwei ZDF-Redakteure begrüßen und in den Warteraum begleiten. Schröder ist sauer, weil er nicht von Chefredakteur Nikolaus Brender persönlich empfangen wird. Als Brender später den Kanzler begrüßen will, zieht Schröder demonstrativ die Hand zurück.

Es knistert. Machtwechsel liegt in der Luft. Die SPD hat 34 Prozent gewonnen, mehr, als in den Vorhersagen prognostiziert war. Die CDU / CSU liegt bei 35 Prozent, deutlich weniger als in den letzten Umfragen vor der Wahl. Da lag Merkel noch bei 46 Prozent. Gefühlt hat Merkel also viel verloren und Schröder viel gewonnen. Aber von Gefühlen kann man keine Mehrheit kaufen. Jenseits aller Gefühle liegt die Union immer noch einen Prozentpunkt und ein paar Mandate vorne.

Dann beginnt die Sendung, Schröder ist jetzt richtig geladen, später sollte der FDP-Vorsitzende Guido Westerwelle spitz bemerken, er wisse ja nicht, was der Herr Bundeskanzler vor der Sendung gemacht habe. Auf Youtube findet sich die Sendung in einer Reihe von Aufzeichnungen trunkener Politiker. Aber Schröder ist nicht trunken, er ist todesmutig. Oder todessehnsüchtig. Und offensichtlich gnadenlos schlecht informiert. Sein Regierungssprecher soll ihm kurz vor der Sendung noch etwas über mögliche Überhangmandate ins Ohr geflüstert haben.

Schröder jedenfalls verliert die Kontrolle, fährt den Moderator an, blafft, fällt ins Wort. Merkel lässt er gleich mehrfach wissen, dass sie eigentlich gleich nach Hause gehen könne. Er redet von ihr abschätzig in der dritten Person. »Sie wird keine Koalition mit meiner Partei zustande kriegen. Machen Sie sich da nichts vor.« Und: »Niemand außer mir ist in der Lage, eine stabile Regierung zu bilden.« Und: »Glauben sie im Ernst, dass meine Partei auf ein Gesprächsangebot von Frau Merkel einginge, bei dieser Sachlage, in dem sie sagt, sie möchte Bundeskanzlerin werden? Wir müssen doch die Kirche mal im Dorf lassen.« Und ein letztes Mal: »Sie wird keine Koalition unter ihrer Führung mit meiner Sozialdemokratischen Partei hinkriegen, das ist eindeutig. Machen Sie sich da nichts vor.«

Mehr noch als Schröder aber fasziniert an diesem Abend Angela Merkel. So hat man sie noch nie erlebt. So wird man sie nie mehr erleben. Eine Frau im Bann des Zufalls. Hypnotisiert. Hilflos. Ungläubig. Fatalistisch. Zuerst hängt der rechte Mundwinkel, später versinken alle Gesichtspartien. Einmal muss sie unmerklich schlucken, als Schröder sagt, »wir müssen doch die Kirche mal im Dorf lassen«. So ein Auftritt entzieht sich ihrem Verstand. So etwas entbehrt jeder Logik.

Aber jetzt erst wirkt der Zufall. Denn Schröders Attacken entwickeln eine ungeplante Wirkung. Merkel kann ja nicht leugnen, dass sie weit unter den Erwartungen geblieben ist. Sie hat ihre Partei zutiefst enttäuscht. Und die Partei, ihr männlicher, westdeutscher, andenbündlerischer Teil, hat nur auf diese Gelegenheit gewartet, die ungeliebte, ostdeutsche, protestantische Frau loszuwerden, die sich an all den Patriarchen vorbei an die Spitze gesetzt hat. Jetzt wäre der Moment des Putsches gekommen, nach dieser grandios vergeigten Bundestagswahl, bei der die Union doch wirklich mehr als 40 Prozent hätte holen müssen.

Schröder aber macht alles zunichte. Schröder schweißt seine Gegner zusammen, er zwingt sie zur Solidarität mit Merkel. Wer jetzt gegen Merkel steht, der hilft diesem trunkenen Hasardeur, dessen Tage eigentlich gezählt sind. Guido Westerwelle, der 2005 noch keinen Platz in der Regierung finden wird, zeigt schon in der Fernsehrunde die richtige Witterung. Es sei demokratische Gepflogenheit, dass die stärkste Fraktion zu Koalitionsgesprächen einlade, belehrt er den Kanzler. Westerwelle ist es, der Schröder kalt abfahren lässt: »Ich bin jünger als Sie, aber nicht blöder.«

Am frühen Abend noch hatte Merkel voller Angst die Wahlberichterstattung verfolgt. Als ihr ewiger Rivale Roland Koch in einer Sendung auftauchte, fragte sie die Vertrauten, ob es nun so weit sei, ob der Angriff begonnen habe. Die Sorge war unbegründet. Nach der Elefantenrunde sind alle Kritiker verstummt. Der Zufall entscheidet den Abend. Der Zufall heißt Gerhard Schröder und schenkt Merkel die Kanzlerschaft. Zwei Tage später lässt sie sich als Fraktionsvorsitzende bestätigen – 98,64 Prozent der Abgeordneten sind der Ansicht, dem Zufall müsse ein Ende bereitet werden.

Alljährlich im Juli beginnt Angela Merkel ihren Sommerurlaub mit einer Reise nach Bayreuth. Sie verehrt Richard Wagner und seine Opern, sie ist fasziniert von den Inszenierungen, besonders jenen von Heiner Müller. Eigentlich faszinierend ist aber dies: Die Frau, die den Zufall besiegen will, schwelgt geradezu in den Zufallsorgien, die Richard Wagner auf die Bühne gebracht hat. Wagner ist Schicksal, Kontrollverlust, Intrige, Planlosigkeit. Seine Opern sind eine Abfolge echter Zumutungen, eine Staffelung von Abgründen. Wagner kennt ja nur Gift, Schwert, Liebe, Betrug, Hinterlist und Verrat. Regie führt der Zufall. Und im Publikum sitzt Angela Merkel und schwelgt. Einmal im Jahr lässt sie es zu: das Bedürfnis nach Irrationalität, die Sehnsucht nach dem Phantastischen.

Und wenn die Oper vorbei ist, dann fährt sie zum Wandern in die Alpen. Bergauf, bergab, immer schön Schritt für Schritt.

*Stefan Kornelius*

»Ich hatte nie wirkliche Ziele, es haben sich immer wieder neue Möglichkeiten aufgetan.«

Roman Herzog

# Roman Herzog

## Bundespräsident a. D.

An einem festlichen Frühlingstag 1972 nimmt das beschauliche akademische Leben des Rechtsgelehrten Roman Herzog eine überraschende, ja, langfristig betrachtet sogar glamouröse Wende. Die Hochschule für Verwaltungswissenschaft, eine juristische Eliteschmiede im pfälzischen Speyer, feierte ihr 25-jähriges Bestehen, und der Rektor Herzog hatte dazu einen prominenten Gast in die Domstadt gelockt: Der Festakt war mit dem rheinland-pfälzischen Ministerpräsidenten Helmut Kohl als Laudator hoch besetzt. Das Zusammentreffen der beiden Herren war wegweisend für die Republik, verlief anfangs aber in betrüblicher Disharmonie.

Denn bevor der Landesvater zur großen Jubiläums-Laudatio ansetzen konnte, durfte erst einmal die vereinigte, vom Widerspruchsgeist der 68er infizierte Studentenschaft auf einer offiziell genehmigten Demo gegen das veraltete, reaktionäre Hochschulgesetz protestieren. Ein unerhörter Vorgang, der jeden aufrechten deutschen Verantwortungs- und Amtsträger unweigerlich auf die Palme bringen musste.

Selbstverständlich war auch Kohl entrüstet. Er wollte »gleich wieder gehen« und blaffte den Hausherrn an: »Diese Methoden können Sie in Berlin praktizieren, aber nicht in meinem Land.« Herzog blieb eisern: »Ich bin im Wort« und war reichlich verdutzt, als der grantige Oggersheimer nicht etwa zu einer vorzeitigen Saumagensause enteilte, sondern unversehens einlenkte: »Ja, wenn das so ist, dann wird es wie verabredet gemacht.« Ehrensache. Sollten die Studenten allerdings »frech werden, dann gehe ich«.

Es war wohl diese eiserne Standhaftigkeit des Hochschulchefs, die Kohl mächtig beeindruckte. Ein Mann, ein Wort – das passte punktgenau zum Ehrenkodex dieses pfälzischen Machtmenschen. Was aus Herzogs Sicht aber reiner Zufall war: »Ich konnte nicht wissen, dass er einer der wenigen ist, denen man mit so etwas imponieren kann.« (Bekanntermaßen erfuhr dies eine staunende Öffentlichkeit sogar erst 27 Jahre später, als der Ehrenvorsitzende der CDU sich im Parteispenden-Skandal hinter seinem Ehrenwort verschanzte und keine Spendernamen preisgeben wollte. Wobei er bis heute geblieben ist.) Der selbstbewusste Provinzprofessor, der Kohl da zufällig über den Weg lief, war ein Charakter ganz nach seinem Geschmack, wie geschaffen für größere Aufgaben im wachsenden Machtbereich des späteren Kanzlers.

Außer den Ehrenwort-Bruder im Geiste sah Kohl, so mutmaßt Herzog heute, in ihm einen jener »Mehrbändermänner« – wie die Burschenschaftler jene Mitglieder so nennen, die mehreren Verbindungen angehören und in vielen Funktionen einsetzbar sind. Das würde erklären, warum Kohl schon wenige Monate später den neu entdeckten Mann ausprobierte, ihn kurzerhand zum Staatssekretär in der rheinland-pfälzischen Vertretung in Bonn beförderte. Roman Herzog entdeckt das Geißeltierchen in sich: »Auf der Lauer liegen, locker im warmen Wasser treiben, die Fangarme spielen lassen und zuschlagen, wenn etwas Interessantes vorbeikommt.« Im Klartext: »Schaun mer mal, was sich bietet und was ich daraus machen kann.« Es bleibt allerhand nützliches Treibgut in den Saugnäpfen hängen: Kohls multifunktionaler Mehrbänder-Mann bewährt sich in diversen Staatsämtern, Ministerposten in Baden-Württemberg, als oberster Verfassungsrichter in Karlsruhe und erreicht 1994 das höchste Amt im Staate.

Genau genommen beginnt Herzogs Erfolgsgeschichte bereits in Landshut, Niederbayern. Schon in der Schule ist er der unangefochtene Primus. Vater Karl-Theodor, »streitsüchtig und unbequem«, ist ein ziemlich harter Hund, der sich vom Buchhalter einer Schnupftabak-Fabrik zum Museumsdirektor hochgerackert hat. Mutter Helene, verhuscht und angepasst wie so viele Frauen dieser Generationen, hat ihre liebe Mühe mit der supertüchtigen männlichen Sippschaft. Roman, ihren Ältesten, hält sie sogar für »übertrieben arrogant«. »Stimmt«, sagt Herzog, »wenn es einen Zufall gab, dann war es meine Geburt. Genetisch war ich ganz der Sohn meines Vaters.«

Und so wie der ehrgeizige Buchhalter einen steilen Aufstieg hinlegt, kommt auch der scharfsinnige Filius mühelos voran. Im Gymnasium ist er ein notorischer Faulpelz und trotzdem einsame Spitze. Mit einer »richtigen Saubande« im Gefolge ist er in der Landshuter Altstadt unterwegs, schnorrt Zigaretten von den GI's und benimmt sich völlig daneben. Das Gymnasium beschließt der gewitzte Überflieger trotzdem mit der damals märchenhaften Abi-Note 1,0. Nur auf Sport hat er »keinen Bock«.

In diesen Flegeljahren trifft er seine große Liebe Christiane Krauß, Tochter eines evangelischen Religionslehrers, die den Altstadtrowdy fürs Erste freilich für einen blasierten Lackaffen hält, dann aber doch noch dem Ansturm romanischer Erotik erliegt. Auf einer Faschingsparty 1953 kommt es zum Austausch zaghafter Zärtlichkeiten, Roman verliebt sich in ihre schwarzen Zöpfe, mit Blondinen hat er erotisch betrachtet nichts am Hut.

Vier Jahre später verlobt sich das Paar, die Hochzeit wird auf Wunsch des Schwiegervaters erst nach absolvierter Jura-Promotion (natürlich *summa cum laude*) vollzogen. Unter ehelicher Aufsicht lernt der freche Bräutigam endlich auch zivilisiertere Umgangsformen. Wenn »mir die Gäule durchgehen« und sein Hang zu Spott und Satire (»Ist mir angeboren«) gefährlich durchschlägt, greift die energische Christiane ein: »Jetzt hör bitte auf, das Ende der Fahnenstange ist erreicht.«

Aber selbst deftige, niederbayerische Narreteien können die Karriere des Überfliegers nicht bremsen. Nach dem Studium schlägt er lukrative Lockangebote einer Anwaltskanzlei aus. Bewusst entscheidet er sich »gegen das Geld, für mein Temperament« und damit für eine akademische Laufbahn. In der Universität München gehört er als wissenschaftlicher Assistent zu den Favoriten des Staatsrechtlers Theodor Maunz, der gern unterhaltsame Spitzfindigkeiten vom Stapel lässt und den jungen Herzog damit sehr erheitert: »Freunde, ihr müsst ein Gesetz nicht unter dem Gesichtspunkt lesen, was es verbietet, sondern was es zulässt.« Vermutlich wäre Herzog ein kerniger Verfassungsrechtler in München geworden (und folglich niemals in den Kohl'schen Dunstkreis gekommen), wenn sein späterer Förderer und Doktorvater Siegfried Grundmann nicht allzu früh verstorben wäre. Von Berlin aus, wo Herzog ab 1966 mitten in die Studentenunruhen geriet, wäre er nach München zurückgekehrt und nicht in Speyerisches Exil geflohen, wo ihn das Schicksal mit dem Oggersheimer Saumagen-Gourmet und CDU-Monolithen Helmut Kohl zusammenführte und schließlich ins höchste Staatsamt der Republik katapultieren sollte.

Zunächst wurde aber Ende 1983 ein neuer Verfassungsrichter gesucht. Für das Amt muss man mit einer Zweidrittelmehrheit gewählt werden, ein Unionsmann also auch mit

Zustimmung der SPD. Kohl erinnerte sich an seinen Konsens-
mann, der zu diesem Zeitpunkt gerade Innenminister in Baden-
Württemberg war, rief in Stuttgart an und fragte, ob Herzog
sich im kommenden Jahr auch vorstellen könne, »70 Kilometer
weiter westlich zu arbeiten«. Der musste nicht lange überlegen.
Politiker auf Lebenszeit hatte er sowieso nicht sein wollen, die
Wahl ins höchste Gericht eröffnete dem Geißeltierchen einen
willkommenen und ehrenvollen Absprung. Aber Verfassungsrichter Herzog bekam seine volle Amtszeit von 12 Jahren nicht
zu Ende, wieder kam ein Anruf dazwischen.

Diesmal war es ein Anruf von Stefan Heitmann beim Kanzler.
Der sächsische CDU-Justizminister war in diesen Nachwende-
jahren als Kandidat für das Bundespräsidialamt bestimmt
worden, der sich freilich mit niederschmetternd altbackenen
Ansichten über Frauen, Ausländer und den Holocaust um Kopf
und Kragen schwadronierte. Der Kanzler hatte – wie Herzog verwundert registrierte – »bis zuletzt an Heitmann festgehalten«.
Aber Heitmann warf schließlich mit besagtem Anruf selbst das
Handtuch. Und zwar just an dem Tag, als Herzog sich (»reiner
Zufall«) im Kanzleramt aufhielt, um über die Neubesetzung von
Richter-Positionen im Bundesverfassungsgericht zu sprechen.
Er musste warten, der Kanzler ließ sich wegen eines dringen-
den Anrufes entschuldigen. Als er schließlich kam, wollte Kohl
nicht über neue Verfassungsrichter reden: »Wir haben jetzt ein
anderes Problem«, beschied der Kanzler lapidar und bot dem
allzeit bereiten Geißeltierchen ein neues, noch schöneres Amt
an. Herzog fährt lösungswillig den Fangarm aus und nimmt
bescheiden an, fürchtet aber einen Knochenjob: »Am ersten
Tag freut man sich, am zweiten werden Reden gehalten und
die Nationalhymne geblasen, am dritten geht die Arbeit los.«
Sehr beeindruckt von dem hohen Amt sei er angeblich nicht
gewesen: »Ich war die Nummer fünf in unserem Land und

65

konnte die Nummer eins werden, das ist nicht so aufregend.«
Aber ein bisschen aufregend muss er es gefunden haben, denn
er hatte ausreichend Zeit, über das Amt nachzudenken, Kohls
Frage kam nicht so überraschend. Einige Medien hatten schon
länger Herzogs Namen ins Spiel gebracht, forderten nach dem
Heitmann-Desaster seine Nominierung.

Am 23. Mai 1994 wird Roman Herzog – Gegenkandidat des
Sozialdemokraten Johannes Rau – gewählt und gleich ordentlich attackiert: SPD-Mann Peter Glotz hält seine Antrittsrede
für »labbrig«, »unüberlegt und flapsig formuliert«. Liberalen
und Linken missfällt Herzogs »Liebe zum deutschen Volk mit
seinen großen Vorzügen und großen Fehlern«. Herzog, der
Patriot, hingegen meint, ein Bundespräsident müsse »auch den
Gemütshaushalt seines Volkes bedienen«. Landesweite Debatten provoziert 1997 seine »Ruck-Rede«, in der er »Mutlosigkeit,
ein Gefühl der Lähmung und den Verlust wirtschaftlicher Dy-
namik in Deutschland« beklagt und die asiatischen Leistungs-
gesellschaften rühmt.

»Ich habe den niederbayerischen Erbfehler, gelegentlich gegen den Strom zu schwimmen«, sagt er mokant. Das involviert
auch kleine Sottisen wie sein Scherzo zum Abschied nach nur
einer Amtszeit aus der Präsidentschaft: »Ab 1999 will ich mit
Helmut Kohl am Wolfgangsee Frisbee spielen.«

War das nun alles Los-Glück eines pfiffigen Geißeltierchens,
die Macht des Schicksals oder doch, wie sein Amtsvorgänger
Richard von Weizsäcker vermutet, eine zielstrebig »logisch
aufgebaute Karriere«? Herzog führt versonnen die Kaffeetas-
se zum Mund, lehnt sich im tiefen Fauteuil zurück, antwortet
knapp, »die philosophische Frage, ob es eine göttliche Len-
kung gibt oder sonst etwas anderes«, habe ihn nie interessiert.
Er habe »keine wirklichen beruflichen Ziele gehabt«, aber er
habe auch »nix zu bereuen«, pflicht- und selbstbewusst nach

den Sternen gegriffen, wenn sie in seine Umlaufbahn gerieten – ohne dabei übertrieben mutig zu sein: »Wär ein neuer Job in die Hose gegangen, war ich ja immer noch Beamter auf Lebenszeit.«

Nach dem Krebstod seiner Frau Christiane, 2000, hat der Altbundespräsident eine Freundin des Ehepaars Herzog geheiratet, die Freifrau Alexandra von Berlichingen, Witwe eines echten Götz-Nachfahren. Seither hat er etliche lebensgefährliche Krankheiten überlebt und leichtere Operationen wie den Einbau einer neuen Hüfte mit altersgerechten Eulenspiegeleien ausgeschmückt: »Das erhöht meinen Materialwert. Mit dem Metall im Körper kann ich wieder prima tanzen.«

So ist aus der Raubritterburg derer von Berlichingen ein seniorenfrohes Herzogtum geworden. Mit einem knorzigen Eheantrag (»In Anbetracht meiner fortbestehenden Aufgaben müssen wir wohl heiraten«) hat Herzog telefonisch um die Hand der zunächst stark verblüfften Baronin angehalten und damit eine »echte Liebesheirat« begründet. Aus dem politischen Milieu ist er »völlig raus, auch innerlich«, in Schillers »Ring des Polykrates« hat er dazu das passende Zitat gefunden: »Er stand auf seines Daches Zinnen, er schaute mit vergnügten Sinnen.« Zum 80. Geburtstag seines Entdeckers Helmut Kohl ist der Burgherr ausnahmsweise aber doch von der Zinne gestiegen, hat dem Jubilar, wie die *Süddeutsche Zeitung* bemerkt – »eine ebenso humorvolle wie tiefsinnige Laudatio« gehalten, dabei aber keineswegs die desaströse Spendenaffäre des Bimbes-Kanzlers verschwiegen.

Im Jagsthausener Burgturm hat sich das Paar »ein kleines Refugium« geschaffen. Dort genießt der Staatsmann a. D. ein »wunderbares Gefühl der Geborgenheit« und kokettiert mit feiner Ironie mit dem Jenseits: »Wenn es ein Leben nach dem Tod gibt, erfahre ich das früh genug.« Nur seinem rauf- und spottlustigen niederbayerischem Gemüt kommt er einfach nicht auf die Schliche: »Keiner kennt mich besser als ich, aber ich kenn mich eigentlich auch nicht.« Respekt, Euer Ehren, das sind die Momente, in denen der Satiriker der Wahrheit sehr nahe kommt.

*»Mein Berufswunsch war Olympiasiegerin.«*

Magdalena Neuner

# Magdalena Neuner

## Biathletin

Facebook gab es noch nicht, in der Schule haben sie noch diese Freundschaftsbücher gehabt: Name, Sternzeichen, Haustier, Lieblingsessen et cetera. Auf die Frage, was sie einmal werden wolle, schrieb sie immer nur das eine: »Olympiasiegerin.« Das war ihr Herzenswunsch, die kleine Lena »so sechs oder sieben Jahre« alt. Eines ihrer Lieblingsbücher zu dieser Zeit war »Bibi Blocksberg«. Immer mal wieder hat sie sich vorgestellt, wie es wohl wäre, die kleine Hexe zu sein, und »einfach so herumzaubern« zu können. Aber sie konnte nicht zaubern, der Olympiasieg musste noch warten. Doch wieso hat eine Sechs- oder Siebenjährige überhaupt so einen Herzenswunsch? Was für eine Vorstellung hat so ein kleines Mädchen von einer Olympiasiegerin?

Das hängt nicht unwesentlich damit zusammen, woher diese Sechsjährige kommt. Ein typisches bayerisches Mädel aus einem kleinen Dorf, wächst sie im Landkreis Garmisch-Partenkirchen praktisch auf Skiern auf – wie die meisten Kinder hier. Berge, Wald und Schnee sind das natürliche Biotop, in dem man sich die meiste Zeit des Jahres am effektivsten mit Brettern unter den Füßen fortbewegt, Skiwettrennen zum täglichen Spiel und Kräftemessen gehören, für Magdalena Neuner ganz besonders: »Der Olympiasieger, das war einfach der beste Sportler. Ich wollte die Beste sein.«

Berufsberatung in der siebten Klasse. Zur Orientierung im späteren Arbeitsleben ein Berufspraktikum: wo liegen die eigenen Stärken und Interessen, sozialer oder naturwissenschaftlicher Bereich, Dienstleistung oder freie Wirtschaft? Ungläubiges Kopfschütteln über Magdalena Neuner. Sie zuckt nur die Schultern und sieht in all dem keinen Sinn: »I werd ja eh Sportlerin.«

Genauso geschah es. Direkt nach der Mittleren Reife bewirbt sie sich beim Zoll-Ski-Team. Nicht um tollkühn auf steilen Pisten Schmugglern die Rucksäcke mit dem verbotenen Gut wieder abzujagen oder im Wald schwarzarbeitenden Skilehrern aufzulauern, sondern um Mitglied dieses besonderen Teams der Zollverwaltung zu werden, welches »aus der geschichtlichen Entwicklung des Grenzaufsichtsdienstes heraus die Disziplinen Alpin, Biathlon und Skilanglauf« fördert, wie man beim Arbeitgeber, dem Bundesfinanzministerium, nachlesen kann. Am 1. August 2003 wird die 16-Jährige aufgenommen und bringt es im Laufe der Jahre aufgrund ihrer sportlichen Leistungen zur Ersten Zollhauptwachtmeisterin, denn »im Grunde ist man dort nur Sportler, Fulltime, zehnmal die Woche Training«. Aus der Sportförderung von skibegeisterten Zollbeamten in den fünfziger Jahren hat sich im Laufe der Jahre eine zielorientierte Spitzensportförderung entwickelt, auch die Rennläuferin Maria Höfl-Riesch und der Slalom-Spezialist Felix Neureuther sind Hauptwachtmeister für Deutschland.

Magdalena Neuner startet ihre Profikarriere in einem Alter, wo die Interessen der meisten anderen Jugendlichen anders gelagert sind. Party, Disco, erste Liebe. Es ist beeindruckend, wie zielstrebig und unbeirrt sich die junge Zöllnerin der nötigen harten Disziplin unterwirft. »Darf ich dazu etwas sagen?«

Bisher hat Mutter Margit nur interessiert zugehört. »Wenn jemand der Lena gesagt hätte, sie solle dieses oder jenes machen, der hätte keine Chance gehabt. Sie hat immer das getan, was sie sich vorgenommen hat, und es durchgezogen. Das war einfach so.« Die Lena lacht. Ihr gutturales warmes Bayrisch wird intensiver: »I houn a heimlich an Motorradführerschein gmacht, weil d Mama gsag hod, dass i'n nicht machen darf.« Sie schaut die Mutter liebevoll an: »Da warst ein bisserl unerfreut.«

Bei ihrem ersten WM-Start im Februar 2007 in Antholz ist sie 19 Jahre, unbeschwert und begeistert, für die deutsche Nationalmannschaft starten zu dürfen. »Und dann läufst du da so durch den Wald, und plötzlich sagt dir jemand am Ziel, du bist gerade Weltmeisterin geworden!« Sie erzählt das auch heute noch wie ein glückliches Kind und strahlt einen mit diesen himmelblauen, irgendwie immer lachenden Augen an. Es schießt einem der Gedanke durch den Kopf, dass vielleicht Bibi Blocksberg die Finger im Spiel hatte ...

Es klingt einfach ein bisschen nach Zauberei: Lena gewinnt nicht nur einmal, sondern kommt gleich mit drei Goldmedaillen, mit drei WM-Titeln nach Hause. Dort ist »eigentlich nix mehr so wie vorher«. Fernsehkameras stehen vor der Haustür, Reporter gucken durch die Fenster, alles, jedes Detail über die junge Frau ist nun von öffentlichem Interesse – und damit jegliche Unbeschwertheit vorbei. Sie kann nicht mehr ungestört ausgehen, nicht »einfach mit Freunden irgendwo sitzen. Man wird immer beobachtet, und man liest viele Dinge über sich in der Zeitung. Das ist am Anfang ganz schwierig.«

Während sie überall gefeiert und mal wieder von einem »Märchen«, das wahr wurde, fabuliert wird, rutscht »unsere Lena« in eine bis dahin nie gekannte Stimmung ab: »Ich hatte da eine Phase, da hab ich wirklich daran gezweifelt, ob's noch richtig ist, so weiterzumachen.« In dieser Krisenzeit empfiehlt ihr Trainer seinem Schützling, es doch mal mit mentalem Coaching zu versuchen. Sie trifft auf einen einfühlsamen und klugen Mann, der ihr hilft, wieder in die Balance zu kommen. »Das«, sagt sie, »könnte man wirklich als einen glücklichen Zufall bezeichnen!«

Sie mag nichts Genaueres über ihn erzählen, über diesen Menschen, der unerwartet und zufällig Teil ihres Lebens wurde, er ist ein bisschen ihr Geheimnis, und sie schützt es. Seine Bedeutung lässt sich trotzdem erahnen. »Er hat«, sagt sie, »mir wirklich sehr, sehr viel beigebracht. Die innere Einstellung zu finden, in sich selbst reinzuhören, was will ich eigentlich wirklich?« Es entwickelt sich eine heilsame, therapeutische Beziehung, sie lernt, sich gegen Einflüsse von außen abzugrenzen, gegen Kritiker und Skeptiker, die die Selbstzweifel nähren, bis sie »dann selber oft das Gefühl hat, wahrscheinlich schaff ich's wirklich nicht«. Sie lernt, »Mut zu beweisen und zu sagen: ich gehe meinen eigenen Weg«.

Mit dieser neuen Unterstützung eilt die Biathletin von Erfolg zu Erfolg, bereits im Weltcup-Winter 2007 / 2008 gewinnt sie, als jüngste Biathletin überhaupt, den Gesamtweltcup. Anscheinend immer gut gelaunt und selbstbewusst absolviert sie jede Menge Presse- und Sponsorentermine. »Sie hat so ideale genetische Voraussetzungen, einen sehr guten Motor, sie ist extrem leistungsorientiert, stets motiviert, und ihr Laufstil ist eine Augenweide«, preist sie Bundestrainer Uwe Müßiggang. Auf die Frage, ob die Superathletin ein Resultat hervorragenden Trainings oder des Zufalls sei, kommt die knappe, aber prägnante Feststellung: »Eine Magdalena Neuner passiert einfach.« Ein Glücksfall, den man nicht steuern könne.

Doch das Schießen ist ihre Achillesferse. Eine Zielscheibe, »so groß wie eine Klopapierrolle«, aus 50 Meter Entfernung zu treffen, das Ganze bei circa 170 Puls, gelingt nicht immer. Es wird auch nicht einfacher, wenn eine ganz Arena den Atem anhält: Trifft sie? Oder schießt sie – wieder – daneben? Sie kann den Druck noch genau reproduzieren, die Anspannung wird für einen Moment an diesem sonnigen Hamburger Nachmittag während unseres Gespräches noch einmal spürbar: »Ich laufe ein: Stille. Man steht da, und man weiß genau, hinter mir stehen jetzt 20 000 Leute. Und wenn ich jetzt danebenschieße, dann schreien 20 000 Leute ›Oouuuhhh‹…« Dann zählt nur das, nicht die Erfolge vom Vortag. »Man stand gerade noch oben auf dem Treppchen, hat sich feiern lassen, alles ist wunderbar, und dann hat man keinen guten Tag, hat vielleicht zweimal danebengeschossen, und dann ist es vollkommen egal, dass man gestern gut war! Es ist vollkommen wurscht. Das zählt nicht mehr.« Zum Glück hat sie ihren Mentaltrainer. Mit ihm kann sie später über die trüben Gedanken sprechen, die sie an solchen Tagen abends im Hotelzimmer plagen.

Den größten Erfolg und den größten Hype um ihre Person hat sie aber noch vor sich. Vancouver 2010. Gleich im ersten Rennen, dem Sprint, holt sie olympisches Silber. Anschließend lässt sie in der Verfolgung die gesamte Weltelite hinter sich. Eine Woche nach ihrem 23. Geburtstag erfüllt sich der Kindheitstraum: Magdalena Neuner ist Olympiasiegerin. Fünf Tage später schafft sie es noch einmal, Gold im Massenstart. Mit ihrer zweiten Goldmedaille übernahm Deutschland als erfolgreichste Nation bei Olympischen Winterspielen den ersten Platz im ewigen Medaillenspiegel vor Russland. Das Land hat eine neue Heldin.

Aber die Heldin ist, bei aller Freude, ernüchtert. Das IOC und die starren Abläufe nach einem Olympiasieg lassen ihr keine Zeit, den Triumph zu genießen. Unmittelbar nach dem Wettkampf kann sie nicht einmal ihr verschwitztes Hemd ausziehen, sie wird sofort am Arm gepackt, zur Flower-Ceremony gezerrt und immer weiter und weiter. Vergeblich versucht sie, sich zu wehren: »Ich hab jetzt noch vier wichtige Wettkämpfe. Ich muss mich umziehen! Ich muss mir ein trockenes Oberteil anziehen, sonst werde ich krank!« Völlig egal. Die neue olympische Trophäe muss herumgereicht werden, nicht einmal die Eltern kommen an sie heran, am Ende, so ihr bitteres Resümee, »bringen die Sportler die Leistung, und andere verdienen wahnsinnig viel Geld«. Nachts sitzt sie im olympischen Dorf auf dem Bett, das kühle Metall des Lebenstraums in der Hand und denkt: »Das kann es nicht sein.«

Sie hofft auf die Heimat. Zu Hause endlich zur Ruhe kommen, endlich Freude empfinden, das große, einmalige Erlebnis Olympische Spiele verdauen. Am Flughafen warten die Familie, die Freunde aus Wallgau, die Blaskapelle des Ortes. »Aber die Pressemeute hat alle überrannt. Wir lagen fast alle am Boden, mich hat ein Security-Mann rausgezogen aus dem ganzen Haufen, in einen Extraraum gebracht, und ich hab nur aus dem Fenster gucken können auf die Leute, die alle extra für mich gekommen sind – mein Freund, den ich seit vier Wochen nicht mehr gesehen hab, mein Vater, meine Geschwister, und ich konnte nicht hin! Die Presse hat sich davorgedrängt, Kinder umgerannt, ist mitten durch die Kapelle durch, fast gab's noch Schlägereien.« Sie war müde, hatte 37 Stunden nicht mehr geschlafen, aber sie muss immer noch weiter, Reden halten, Interviews geben, für Fotos posieren, Autogramme schreiben. Sie erkennt, hier geht es nicht mehr um sie, hier geht es um Nationalstolz, nicht mehr um ihre Triumphe, sondern um die, die sie für das ganze Land erzielt hat, Lena gehört endgültig allen.

Das war der Wendepunkt. Zu Hause sitzt sie bei ihren Eltern völlig erschöpft am Tisch und sagt: »Ich kann nicht mehr.« Alle zerren an ihr herum. Und das Wallgauer Mädel ist zutiefst erschrocken. Niemals hat sie sich vorstellen können, welche Geister sie mit beschwor, als sie ihren Lebenstraum formulierte und »Energien aussendete«, damit die Wünsche ihrer Kindheit wahr werden mögen. Nun fürchtet sie sich, fühlt sich völlig überfordert. »Das war das erste Mal, wo ich mich mit dem Gedanken auseinandergesetzt habe, wie lang ich das noch machen will.«

Innerhalb der nächsten zwei Jahre konkretisieren sich die Gedanken. Der Rummel beruhigt sich ein bisschen, aber ihr wird klar, »ich habe im Grunde alles erreicht«. Damit hat sie verloren, was immer das Wichtigste für sie war: »Ich habe einfach keine Ziele mehr gesehen, die mich wirklich noch gereizt hätten. Wo ich sage: Das will ich schaffen!« Mehr als sie hat kaum jemand geschafft: 17 Goldmedaillen, Doppelolympiasiegerin, drei Weltcupgesamtsiege, Rekordtitelträgerin, sie ist die erfolgreichste Biathletin der Geschichte (die allerdings auch erst 1984 begann, vorher waren Frauen in dieser Männerdomäne, der dem Jagd- und Militärsport entstammenden Disziplin, nicht zugelassen). In ihrem Heimatdorf Wallgau zeigt das Rathaus eine Dauerausstellung ihrer Trophäen, der frühere Panoramaweg auf den 1160 Meter hohen Krepelschrofen heißt jetzt Magdalena-Neuner-Weg und im Café Alpenblick gibt es für 2,80 €uro Magdalena-Neuner-Torte aus Frischkäse, von der die Café-Besitzerin behauptet, dass die berühmte Wallgauerin »voll darauf« stehe. Von dieser angeblichen Tortenleidenschaft weiß die zwar nichts, aber inzwischen ist sie nicht mehr überrascht, für was sie alles herhalten muss.

Im Dezember 2011 kündigt Magdalena Neuner ihren Rücktritt vom aktiven Biathlonsport zum Ende der Saison an. Im März 2012, beim Weltcup in Chanty-Mansijsk, ist sie in Bestform, läuft noch einmal allen davon, da spielen auch Schießfehler keine Rolle mehr, sie beendet ihre Karriere mit einem weiteren Triumph, ihrem dritten Gesamtweltcupsieg. Für ihre Erfolge hat sie hart gearbeitet: 6500 Mal ist sie zum Training gefahren, 12 500 Stunden hat sie sich auf Wettkämpfe vorbereitet, in 16 Jahren Leistungssport hat sie immer ihr Ziel vor Augen gehabt, es nie aus dem Blick verloren und war stets der Meinung, dass »man selber viel dazu beitragen kann, was geschieht«.

Was hat sie eigentlich mit ihren Zielen verbunden? Die Vorstellung, dass das Leben kontrollierbar ist? Dass man es »im Griff« haben kann, wen man es nur wirklich will? An Zufälle hat sie »bisher eher weniger« geglaubt. Wer weiß, vielleicht begegnen sie ihr jetzt, in ihrem neuen Leben, in ihrem alten haben sie – bis auf das eine Mal – gar keinen Platz gehabt.

August 2012, Abschied in Berlin: Bundesfinanzminister Wolfgang Schäuble entlässt die Erste Zollhauptwachtmeisterin Neuner aus dem Staatsdienst. Was mag ihr in diesem Moment durch den Kopf gegangen sein? Ein letzter Gedanke an den Kindheitstraum? Wie sie ihn so erfolgreich umgesetzt hat? »I glaub, das hängt auch mit einer Energie zusammen, die man aussendet, wenn man sich seit seiner Kindheit etwas so sehr herbeigewünscht hat.« Oder gar ein sentimentaler Gedanke an die kleine Hexe der Kindheit, die sie nicht gebraucht hat, um ihren Herzenswunsch zu erreichen und die sie auch nicht brauchen wird, um ihr neues, nun freies und unabhängiges, so verheißungsvolles Leben zu erobern.

»*Zufall ist das, was der liebe Gott eigentlich wollte.*«

Jens Lehmann

# Jens Lehmann

## Nationaltorwart

Ich hab's noch immer im Ohr, die deutlich erhobene, leicht vibrierende Stimme meiner Mutter, die uns nachrief: »Komm bloß nicht auf die Idee, deinen Sohn an diesen Verein zu verkaufen!« Das war 1987. Ich war 17 Jahre alt, und mein Vater war mit mir auf dem Weg nach Gelsenkirchen. Der damalige Präsident von Schalke 04, Günter Siebert, hatte uns eingeladen, weil er mich in einem Fußballturnier in Dortmund gesehen hatte. Da hat unser kleiner Verein Schwarz-Weiß Essen unter anderem gegen Schalke gespielt. Und gewonnen! Die Schalker haben ständig auf unser Tor gespielt, aber ich hatte einen guten Tag, hab alles gehalten, und beim Elfmeterschießen hab ich auch noch zwei oder drei Elfmeter erwischt, damit hatten wir den Sieg in der Tasche. Nach diesem Spiel hat Günter Siebert bei uns zu Hause angerufen und wollte meinen Vater sprechen.

Meine Mutter und auch meine Oma, die damals bei uns wohnte, waren sofort alarmiert: Der Junge konnte ja gerne in seiner Freizeit Fußball spielen, aber ansonsten sollte er erst mal die Schule zu Ende bringen, Abitur machen und dann eine vernünftige Lehre! Man darf nicht vergessen, Fußball hatte zu der Zeit kein besonders gutes Image: Der Bundesliga-Skandal lag zwar schon ein paar Jahre zurück, war aber nicht vergessen: vom Gegner bestochene Spieler, absichtlich verlorene Spiele, es gab noch viel Misstrauen in die Seriosität von Fußballern. Mein Vater beruhigte die beiden Frauen: »Natürlich soll Jens da nicht hin, ich hör's mir nur mal an. Aus reiner Höflichkeit.« Kurz darauf begrüßte uns Günter Siebert, schüttelte ausgiebig unsere Hände und fragte meinen Vater: »Woher kommen Sie?« Mein Vater, etwas überrumpelt: »Aus Kassel.« »Na, da habe ich doch richtig gehört! Ich bin auch Hesse. Ich komm auch aus Kassel.« Mein Vater: »Ach, woher denn genau?« Siebert kam tatsächlich aus dem Nachbardorf Ihringshausen in Kassel, aus dem mein Vater auch stammte. Man weiß, wie so etwas weitergeht: Kennen Sie den? Waren Sie auch ...? Die beiden haben sich eigentlich die ganze Zeit über Kassel unterhalten.

Die letzten zehn Minuten kamen sie dann kurz auf mich zu sprechen: »Also, wir möchten Ihren Sohn unbedingt als Spieler bei uns haben. Wir geben ihm einen Profivertrag. Wir bezahlen ihm den Führerschein. Er kriegt mit 18 ein Auto. Solange er noch 17 ist, holen wir ihn zum Training ab. Und natürlich ist sichergestellt, dass er sein Abitur machen kann.« Mein Vater sah mich an: »Jens, möchtest du das machen?« Bevor ich antworten konnte, warf Günter Siebert noch ein, dass Toni Schumacher in der kommenden Saison bei Schalke im Tor stehen würde. Toni Schumacher! Mein Idol! Mein Vorbild! »... mit dem kann Ihr Sohn dann trainieren!« Ein Traum! »Ja, also ich würde gerne hier spielen.«

Noch am selben Tag unterschrieb mein Vater, nach einem Jahr in der A-Jugend bekam ich meinen Profivertrag, und die nächsten 22 Jahre meines Lebens bestimmte der Fußball. Und warum? Weil der Zufall es wollte, dass der Präsident von Schalke 04 damals aus Kassel kam und nicht aus Hamburg, München oder sonst wo ...

Im Leistungssport spielt der Zufall meiner Meinung nach eher keine große Rolle, sondern, wie der Name schon sagt: vor allem Leistung. Um ganz nach oben zu kommen, braucht es hartes Training, schonungslose Selbstkritik und den Mut, Neues auszuprobieren. In England nannten sie mich manchmal »Mad Jens«, weil ich eine so offensive Spielweise hatte, oft aus dem Tor heraus kam. Aber meine Spielweise war überhaupt nicht wahnsinnig, sondern das ganze Gegenteil: das Ergebnis kühler Analyse von Wahrscheinlichkeiten. Fußball ist ein sehr schnelles Spiel, das Geheimnis besteht darin, den Überblick zu behalten, nicht auf den Ball, sondern auf den Gegenspieler zu achten. Wenn ich weiß, wohin die laufen oder laufen könnten, weiß ich auch, woher der Ball kommt und wann er gefährlich wird. Die Fähigkeit, ganze Spielzüge vorauszuahnen, ist das Erfolgsgeheimnis eines guten Torwarts.

Leider kann man als Torwart nicht jeden Ball halten. Trotzdem habe ich immer jedes einzelne Gegentor als Demütigung empfunden, und wenn ich mit meiner Mannschaft verloren habe, hat es oft lange gedauert, bis ich darüber hinweggekommen bin, manchmal ist es auch gar nicht gelungen. Aber selbst wenn ich keine Gegentore kassiert habe, bin ich selten als zufriedener Spieler vom Platz gegangen, irgendeinen Fehler gab es immer, den hat vielleicht niemand bemerkt, nicht einmal der Trainer, aber ich wusste es. Deshalb habe ich auch nie aufgehört, an mir zu arbeiten. Nur, das allein reicht manchmal nicht, und so hat der Zufall doch noch einmal eine entscheidende Rolle in meinem Fußballleben gespielt, ausgerechnet für den emotionalen Höhepunkt meiner Karriere!

In meinem Konkurrenzkampf mit Oliver Kahn um den Platz in der deutschen Nationalmannschaft hatte ich lange keine faire Chance, gegen die Bayern-Lobby war einfach kein Ankommen, sie setzten immer ihren Mann als Nummer eins im Tor durch, für mich blieb nur die Nummer zwei. Schon lange vor der WM 2006 glaubte ich, meine Zeit sei gekommen, um zu spielen, da ich der komplettere Torwart war. Aber erst 2004, nach der EM in Portugal, kamen die Dinge in Bewegung. Wegen des schlechten Abschneidens der deutschen Mannschaft trat Rudi Völler als Nationaltrainer zurück, als Nachfolger wurde Ottmar Hitzfeld gehandelt – wieder ein Ex-Bayern-Trainer, wie ich resigniert dachte, wieder einer, der seinen alten Bayern-Torwart vorziehen wird. Doch nun kam der überraschende, unverhoffte Zufall, der für mich die entscheidende Wende bringen sollte: Hitzfeld lehnte ab, stattdessen kam Jürgen Klinsmann. Ein Trainer, der eine andere Auffassung von Fußball hatte, der ein offensiveres Spiel wollte, einen moderneren Fußball – so wie ich ihn zu der Zeit bei Arsenal in London spielte! Durch Klinsmann bekam ich endlich meine faire Chance.

Klinsmann entschied, Oliver und ich würden bis zur Aufstellung der WM-Mannschaft bei Länderspielen im Wechsel eingesetzt – damit war die T-Frage eröffnet. Es dauerte fast zwei Jahre, bis sie geklärt war, teilte die Nation in zwei Lager, führte zu öffentlichen Abstimmungen, Kahn oder Lehmann, lieferte der Presse, vor allem der *Bild*-Zeitung, viele Schlagzeilen und bescherte den Tagesthemen am 7. April 2006 eine Aufmachermeldung jenseits von Weltpolitik oder großen Katastrophen: »Die T-Frage ist entschieden!«

Ich war endlich am Ziel, Nummer eins bei der WM im eigenen Land! Der Rest ist Geschichte, tausendmal erzählt:

Deutsches Sommermärchen, Viertelfinale gegen Argentinien in Berlin, 1:1 nach Verlängerung, Elfmeterschießen, der berühmte Zettel. Dieser Zettel, von dem alle dachten, ihm hätten wir den Einzug ins Halbfinale zu verdanken. Zusammen mit Torwarttrainer Andy Köpke hatten wir verfasst, wohin potenzielle Schützen der Argentinier häufig zielen. Es freut mich, dass er anschließend eine Million Euro für einen guten Zweck eingebracht hat und nun für die Nachwelt im »Haus der Geschichte« ausgestellt ist, aber mir hat er nicht so viel geholfen. Als der zweite Schütze der Argentinier kam, Fabian Ayala, guckte ich auf den Zettel, und da hatte Andy Köpke »flach rechts« hinter dessen Namen geschrieben. Kurz bevor er den Ball trifft, springe ich – nach links. Es gibt einfach diesen Zeitpunkt, wo sich der Schütze nicht mehr umentscheiden kann. Selbst wenn er den Torwart ausgucken will. In dieser Millisekunde zu springen, ist die Chance des Torwarts. Ayala hat mir den Ball direkt in die Hände geschossen. Und der letzte Schütze, Esteban Cambiasso, stand gar nicht auf dem Zettel. Intuitiv habe ich mich in allerletzter Sekunde daran erinnert, wie er im Champions League Viertelfinale einen gefährlichen Freistoß in die linke Ecke gesetzt hat. Ich sprang also nach links, und wir waren im Halbfinale. Das Überleben dieses Zettels war dann Zufall: Als ich nach dem Spiel meine Sachen in der Kabine einpackte, habe ich ihn zusammengeknüllt in eine Ecke geschmissen. Später dachte ich, dass er eigentlich ein schönes Erinnerungsstück für die Kinder sei, habe ihn wieder aufgehoben und eingesteckt. Er wurde dann tatsächlich eine Erinnerung an den dritten Platz für Deutschland und an den Jubel und die Begeisterung, die uns als Mannschaft überall entgegenschlug.

Ob ich wohl auch ohne Jürgen Klinsmann die Nummer eins geworden wäre? Heute bin ich davon überzeugt. Vielleicht auf einem anderen Weg, vielleicht durch ein Einspringen in letzter Minute oder Ähnliches, durch einen anderen Zufall eben! Ich glaube an Gott, und ich glaube, den Zufall schickt Er den Menschen – Zufall ist das, was der liebe Gott eigentlich wollte.

»Ich glaube an das Glück der Tüchtigen – du fällst auf die Schnauze, aber wenn du dich wirklich bemühst, wieder aufzustehen, wird das auf Dauer belohnt.«

Matthias Steiner

# Matthias Steiner

## Gewichtheber

Zweimal wurden Fotos von ihm zum Symbol für Olympische Spiele, bannten einen Augenblick fürs nationale Gedächtnis, prägten einen Moment großer Gefühle. Fotografen nennen es die Ikonisierung eines Bildes. Fast jeder kennt diese beiden Bilder: 2008, bei den Olympischen Spielen in Peking, im Moment seines größten Triumphes blickt dieser Hüne, der sich gerade als stärkster Mann der Welt bewiesen hat, ernst in Hunderte Kameraobjektive. Millionen von Menschen zeigt er nicht nur seine Goldmedaille, sondern auch ein kleines Foto seiner verstorbenen Frau, mit der er seine Freude und seinen Erfolg teilen wollte, die ihm aber durch einen Autounfall genommen wurde. 2012, bei den Spielen in London, knallt ihm eine 196 Kilo schwere Hantel in den Nacken, er geht zu Boden, steht endlose Sekunden lang nicht auf, wieder sind Millionen Zeuge, diesmal sind sie nicht gerührt, diesmal bangen sie atemlos: »Steht er wieder auf?!«

Nicht nur die Leistung, nicht die 461 Kilo im Zweikampf, mit der Matthias Steiner Olympiasieger wurde, machten ihn zum Star, zum Sportler des Jahres, zum Medienliebling, sondern ein Foto. »Er gibt dem Augenblick seine Bedeutung zurück«, schrieb die *Süddeutsche Zeitung*, »es war pathetisch, aber man musste schlucken, wie immer, wenn Pathos nicht billig ist, sondern getragen wird von einem Gefühl.« Die *FAZ* schrieb, Matthias Steiner habe gezeigt, warum der Leistungssport die Menschen immer wieder faszinieren werde: »Weil er ihnen immer wieder vor Augen führt, dass man nicht aufgeben muss, solange man noch eine Chance hat, weiterzukämpfen.« Und so weiter und so weiter ... Bei den Geschichten über den Olympiasieger Matthias Steiner fühlten sich viele Journalisten berufen, metaphorisch richtig in die Saiten zu greifen, es war einfach alles da: verzweifelter Schmerz, unendliche Trauer, Kampfgeist, verdienter Triumph und ein ungemein sympathischer, geradlinig wirkender Kerl. Aber der gebürtige Niederösterreicher hat ohne großes Pathos einfach immer nur getan, was er für richtig hielt, wonach ihm zumute war. Irgendwie ist er immer noch erstaunt, was für eine Eigendynamik dieser kurze Moment bei der Pekinger Siegerehrung bekommen hat. »Vier Monate vor meinem Olympiasieg, bei der Europameisterschaft in Italien, habe ich bei der Siegerehrung dasselbe Foto gezeigt, da interessierte es niemanden.«

Wir treffen uns wenige Tage nach den Londoner Spielen, das Adrenalin ist noch hoch, das Kampfgewicht beginnt langsam zu schmelzen, mit 150 Kilo ist er diesmal auf die Heberbühne gekommen, wo für Superschwergewichtler für den Wettkampf schlicht gilt: je mehr desto besser. Die Berichte über die Mengen, die er – als Diabetiker immer sehr genau überlegt – isst, sind beeindruckend, aber die Wahrheit ist schlicht: sie sind abhängig von der Trainingsphase. Während der Vorbereitung für Wettkämpfe muss er für den Muskelaufbau viele Kohlenhydrate essen, jetzt, kurz danach, ist damit Schluss, sonst würde auch ein Matthias Steiner einfach dick, wie jeder andere auch, der aus reiner Gier zwei Teller Pasta reinschaufelt. Bei unserem

Frühstück unterscheidet sich sein Teller nicht von dem anderer männlicher Hotelgäste mit Appetit auf Herzhaftes.

Die Londoner Schreckenssekunden sitzen ihm im wahrsten Sinne des Wortes noch im Nacken: Er hat noch ziemliche Schmerzen, ohne Tabletten könnte er sie nicht aushalten. »Ich habe nicht damit gerechnet, dass es so schlimm ausgehen könnte, dass für mich der Wettkampf vorbei ist. Das war für mich nicht auf der Rechnung.« Der Endkampf im Superschwergewicht der Herren ist bei Olympischen Spielen traditionsgemäß Finale und Höhepunkt der Wettkämpfe im Gewichtheben. Die Halle in London war ausverkauft, es gab an jenem Dienstagabend im August 2012 keinen freien Platz im Halbrund um die Heberbühne. Matthias Steiner tritt an zum zweiten Versuch im Reißen, 196 Kilo, er hat die Hantel schon über dem Kopf, er will die Knie durchdrücken und aufstehen, aber er verliert die Kontrolle über das Gewicht, die Eisenhantel stürzt ihm ins Genick. »Das war ein minimaler technischer Fehler beim Wegheben vom Boden, der aber zur Folge hatte, dass die Hantel in Rücklage kam.« Ein Zufall? Matthias Steiner zögert mit der Antwort, überlegt: »Ein Zufall war vielleicht der Zeitpunkt. Die Situation an sich ist nicht so ungewöhnlich, das gibt es immer wieder einmal. Normalerweise lässt man dann die Hantel nach hinten fallen, denn die entstehenden Horizontalkräfte kann man unmöglich halten, aber in dem Moment war ich von blindem Ehrgeiz besessen: Es waren Olympische Spiele, vielleicht meine letzten, ich wollte einfach den Anschluss nicht verlieren, die Medaillenchancen nicht opfern!« Die Ärzte erklären ihm später, dass eine Kraft von 600 Kilo auf seinen Nacken gewirkt habe und dass das ein normaler Mensch nicht überlebt hätte.

Gewichtheben ist keine besonders glamouröse Sportart, verbindet sich bei vielen eher mit monotonem Krafttraining, aufdringlichem Schweißgeruch und unförmigen Körpern. »Nicht zu vergessen die Vorstellung, dass Sportler eh ein bisschen unterbelichtet sind und Gewichtheber ganz besonders«, ergänzt Steiner und berichtet von einer Lesung, wo er die anwesenden Zuschauer damit in Erstaunen versetzt hat, dass er tatsächlich lesen kann ... Es scheint ihn zu amüsieren, ohne das Bedürfnis zu wecken, die Dinge unbedingt richtigstellen zu wollen, oder vielleicht doch ein bisschen? Gewichtheben ist eine anspruchsvolle Disziplin, die mit ihren komplizierten Bewegungsabläufen eine besondere Beweglichkeit und Konzentration verlangt. Die Kunst besteht darin, nicht nur Kraft und Schnellkraft zu entwickeln, sondern sie auch richtig zu kanalisieren.

»Grundsätzlich«, sagt Matthias Steiner, »kam ich um diesen Sport gar nicht herum, das war sicher kein Zufall.« Es ist für einen Jungen nur natürlich, sich am Vorbild des Vaters zu orientieren, und die meisten Väter haben das auch ganz gerne, helfen den Söhnen, geben Tipps, gute Ratschläge und Erfahrung weiter. Aber Fritz Steiner, der in Österreich insgesamt 43 Senioren-Weltrekorde im Gewichtheben aufstellte, schaute nur einmal auf den Jungen, der mit einem Besenstiel versuchte, dem Beispiel des Vaters zu folgen, um kurzerhand festzustellen: »Du hast keinerlei Veranlagung.« Matthias Steiner wirkt immer noch erstaunt über diese Rigorosität: »Ich habe mich ein bisschen ungeschickt angestellt, kam nicht richtig in die Hocke, aber für meinen Vater war damit schon klar, dass es mit mir nichts wird.« Als sich der Sohn aber partout nicht vom Gewichtheben abbringen lassen will, im Gegenteil, er dem Vater unbedingt beweisen will, er irre sich, beginnt dieser ihn zu trainieren. Mit 13 Jahren stößt Matthias Steiner 57 Kilo, ein Jahr später schafft er bereits 100 Kilo. 2004 tritt der gerade 21-Jährige für Österreich bei den Olympischen Spielen in Athen an, wird Siebter im Schwergewicht.

Ich überlege, wie sich seine Erfolge wohl auf das Verhältnis zu seinem Vater ausgewirkt haben, will gerade danach fragen, als es völlig unvermittelt aus Matthias Steiner herausbricht: »Die Macht des Zufalls habe ich wirklich ganz, ganz bitter, in seiner härtesten Form erlebt. Nach dem Unfall meiner ersten Frau habe ich immer wieder darüber nachgedacht: Was musste da alles zusammenkommen? Wie viele Zufälle haben da eine Rolle gespielt? Sie musste zu einem bestimmten Zeitpunkt losfahren, die Ampeln in einer bestimmten Taktung geschaltet sein, dann hat sie vielleicht entschieden, über eine Ampel noch zu fahren, über eine andere nicht, den Wagen vor ihr zu über-holen oder nicht – die Verkettung von Kleinigkeiten entscheidet so über Leben und Tod.«

Matthias Steiner ist seit über zwei Jahren wieder verheiratet, seine Frau Inge ist zu ihm nach Heidelberg gezogen, dort haben die Söhne Felix und Max aus dem glücklichen Paar eine glück-liche kleine Familie gemacht, und man kann gut nachvollzie-hen, dass er irgendwann darum gebeten hat, nicht mehr nach dem Foto seiner ersten Frau und der traurigen Geschichte dazu gefragt zu werden. »Es ist ein großes Geschenk«, sagt er leise, »zweimal eine wirklich große Liebe erleben zu dürfen.« Man spürt, wie sehr er dieses Glück beschützen möchte, für immer und in jeder Hinsicht. Vermutlich, weil er erfahren musste, wie schnell alles vorbei sein kann. Vielleicht fängt er jetzt deshalb selber noch einmal davon an, erzählt von diesem Sommer 2007, eineinhalb Jahre nach der Hochzeit mit seiner ersten großen Liebe Susann. Zur gewohnten Zeit verließ Susann Steiner mor-gens das gemeinsame Haus, aber abends kehrte sie nicht mehr wie gewohnt zurück, der Anruf von ihrem Handy war nicht von ihr, sondern von einem Polizisten. Ein Autofahrer war aus bis heute ungeklärten Gründen von der Gegenfahrbahn abgekom-men und frontal in ihren Wagen gerast. Andere würden es viel-leicht Schicksal nennen, Matthias Steiner bleibt beim Zufall, bei

93

dem, was wir nicht beeinflussen können, im Guten nicht wie im Schlechten. »Die wenigsten Menschen denken vermutlich darüber nach, aber wir wissen ja gar nicht, wie sehr wir vielleicht dem Zufall verdanken, dass wir noch leben, was möglicherweise passiert wäre, wenn wir gestern statt links rechts abgebogen, fünf Minuten früher oder später aus dem Haus gegangen wären. Mir ist jedenfalls klar geworden, von wie wenig das Leben abhängt.«

Haben ihm solche Überlegungen geholfen, mit dem Tod seiner Frau Susann fertig zu werden? Nein, zumindest in der ersten Zeit nicht. Er konnte weder essen noch schlafen, keinen Menschen in seiner Nähe ertragen. Er verließ das Haus nicht, machte nichts und wollte nichts, nichts außer dem Unmöglichen: seine Susann sollte zurückkommen. Irgendwann wird ihm klar, es gibt nur zwei Möglichkeiten: »Entweder nimmst du dir einen Strick, dann ist es einfach vorbei, oder du nimmst dein Leben in die Hand und machst irgendwie weiter.« Sein Trainer, in vielen Jahren ein Freund geworden, spürt diesen Zeitpunkt und spricht seinen Schützling behutsam an: »Wenn du Lust hast, komm doch einfach in die Halle, fass ein paar Gewichte an.« Das Gewichtheben ist anstrengend, macht automatisch müde und Steiner fällt endlich mal wieder ins Bett, kann schlafen. Der Trainer legt nach: »Willst du mit nach Peking? Dann musst du jetzt wieder regelmäßig trainieren, sonst reicht die Zeit nicht.« Steiner entscheidet sich für wochen- und monatelanges hartes Training »Sechs Stunden Gewichte heben jeden Tag, sonst war da nix.« Erst im Nachhinein wird ihm klar, wie wichtig diese Entscheidung für ihn war: »Ich habe erkannt, das Allerwichtigste ist, ein Ziel zu haben, daran konnte ich mich festhalten.« Außerdem hielt er sich noch daran fest, für seine verstorbene Frau zu trainieren, denn sie wollte unbedingt mit ihm nach Peking fahren. Deshalb hat er ihr Foto mitgenommen.

Matthias Steiner hat in vielen Interviews immer wieder erzählt, welche Rolle der Glaube an die Verbundenheit mit seiner Frau über ihren Tod hinaus für ihn gespielt hat, welche Unterstützung er darin fand, aber im klassischen, religiösen Sinn scheint Glauben keine Rolle für ihn zu spielen. »Jaaahh, das ist so eine Frage, da bin ich nicht ganz im Reinen mit mir. Ich bin katholisch erzogen worden, war Ministrant und habe als Kind fest an die Heilige Schrift geglaubt. Aber das hat sich mit den Jahren doch sehr verändert.« In London, so erzählt er, hätten viele zu ihm gesagt, er müsse einen Schutzengel gehabt haben, so glimpflich, wie er davongekommen sei, aber er hält es doch lieber einfach für Glück. »Insgesamt gibt es zu vieles, wo man denkt, das kann von keiner höheren Gewalt, keinem Gott so gewollt sein. Ich glaube lieber an das Glück der Tüchtigen – du fällst auf die Schnauze, aber wenn du dich wirklich bemühst, wieder aufzustehen, wird das auf Dauer belohnt.«

# »Niemand ist seines Glückes alleiniger Schmied.«

Ursula von der Leyen

# Ursula von der Leyen

## Bundesministerin

Um 13.59 Uhr melden die ersten Online-Dienste das Ende der kürzesten Amtszeit eines Bundesministers: Franz Josef Jung tritt am 27. November 2009 nach nur 30 Tagen vom Amt des Bundesarbeitsministers zurück. Die mangelnden Informationen in der Kunduz-Affäre – dem deutschen Luftangriff auf zwei entführte Tanklastzüge in Afghanistan, bei dem es viele zivile Opfer gab – kosten den damaligen Dienstherrn der Soldaten sein neues Amt in der frisch installierten schwarz-gelben Regierung. Seine Kollegin aus dem Familienministerium weilt in diesen Stunden zu Amtsgeschäften in Brüssel. Dort erreicht sie der Anruf. Um 17.04 Uhr, nur drei Stunden später, melden die Nachrichtendienste, dass Ursula von der Leyen übernimmt und künftig dem mächtigen, rund 140-milliardenschweren Mammutressort vorsteht.

»Ja, da können Sie nicht im Telefonat sagen: Hm, ich brauche jetzt erst mal drei Tage Bedenkzeit! Die Grundhaltung muss sofort klar sein. Deshalb meine Antwort: Im Grundsatz ja.« Dass Ursula von der Leyen eine zupackende Art hat, Gelegenheiten nutzt und Chancen ergreift, ist keine Neuigkeit, sondern, im Gegenteil, in acht Ministerjahren mit zu ihrem Markenzeichen geworden. Aber was heißt das in Bezug auf den Zufall – welche Rolle spielt er in ihrem Leben? Bei ihrer Vereidigung als neue Arbeitsministerin handelt es sich eigentlich um eine klassische Unterform des Zufalls, das »Nachrückerphänomen«: Das eigene Leben hängt davon ab, wie ein anderer, oft sogar fremder Mensch entscheidet und handelt. Um ein bekanntes Beispiel aus dem Glamour-Business zu nennen: Julia Roberts wäre nie zur »Pretty Woman« und damit zum Weltstar geworden, wenn ihre Kollegin Sandra Bullock die ihr zuerst angebotene Rolle nicht ausgeschlagen hätte. Aber der Gedanke scheint für Ursula von der Leyen eher fremd. »Eigentlich«, sagt sie, hat sie »über den Zufall noch nicht so viel nachgedacht«.

Das klingt plausibel. Wenn man bereits mit 17 Abitur macht, noch dazu in allen Fächern mit »sehr gut«, wenn man zur Ärztin in dem Jahr approbiert wird, in dem man auch das erste Kind bekommt, wenn man als Assistenzärztin im Krankenhaus arbeitet, bis das dritte kommt, und dazwischen noch seine Doktorarbeit abliefert, dann sieht das nicht nach Zufall aus, sondern nach schneller Auffassungsgabe und einem hellen Kopf, vor allem aber nach eiserner Disziplin und Zielstrebigkeit. Wenn man es außerdem innerhalb weniger Jahre vom politischen Nobody zur Bundesministerin bringt, dann sieht das nach Durchsetzungsvermögen, Kampfgeist, Ehrgeiz und Furchtlosigkeit aus.

Nun denkt sie kurz nach. Und ist sich schnell sicher, dass ein 20 Jahre zurückliegender Zufall als bedeutend und entscheidend für ihr Leben anzusehen sei.

»Es war Winter, alles tief verschneit, als ich aus dem Hochschulkonzert kam. Es war dunkel, es war kalt, und ich wollte so schnell wie möglich nach Hause – ich war sowieso nur dort gewesen, weil mein Vetter Marc, ganz jung, an der Musikhochschule studierend, der Dirigent des Abends war. Ich bin aus reiner familiärer Solidarität hingegangen. Als ich zu meinem

Auto stapfe, das ich vor dem Hörsaal geparkt hatte, sehe ich einen Mann zwei, drei Plätze weiter ratlos neben seinem Wagen hocken: Er hatte einen Platten. Beim Näherkommen erkannte ich ihn, auch ein Student der Medizinischen Hochschule, allerdings ein paar Semester über mir. Weil ich ihn aus der Entfernung immer schon ganz sympathisch fand, habe ich gefragt: ›Kann ich dir was helfen?‹ Was natürlich beeindruckend ist, wenn man, so wie ich, null Ahnung hat von Reifenwechseln und dergleichen ...

›Nein, nein, nein‹, wehrte er ab. Da hab ich gesagt: ›Soll ich dich irgendwo hinfahren, oder so?‹ ›Nein, ist nicht nötig.‹ Ich bin dann weggefahren. Am nächsten Tag kam er in der Cafeteria an und sagte: ›Fand ich aber nett gestern, dass du mir angeboten hast, mir zu helfen ...‹ Ich bin blutrot geworden, glaube ich, vor Verlegenheit im Boden versunken.« Ein zaghafter Anfang war gemacht, aber leider kamen dann die Semesterferien dazwischen, man verlor sich erst einmal aus den Augen.

Heiko Echter von der Leyen machte seine Famulatur, das Pflichtpraktikum für angehende Ärzte, in England, aber als er wiederkam, hielt der Zufall einen hübschen Anknüpfungspunkt zur hilfsbereiten Parkplatzbekanntschaft bereit: Der russische Star-Cellist Mstislav Rostropowitsch hatte die Einladung des niedersächsischen Ministerpräsidenten Ernst Albrecht angenommen, bei dem Benefizkonzert der Medizinischen Hochschule Hannover zu spielen. Die Karten waren schnell vergriffen, und der musikbegeisterte Student hatte die rettende Idee – die Tochter des Schirmherrn würde doch wohl eine Möglichkeit finden, noch an eine Karte zu kommen. »Ich habe sofort zugesagt: Selbstverständlich! Gar kein Problem! Zu Hause habe ich meinen Vater angebettelt: Bitte, bitte, bitte, ich brauche Karten für das Konzert! Mein Vater war außer sich, dass ich irgendeinem fremden Medizinstudenten großzügig die teuren Karten für das offiziell ausverkaufte Benefizkonzert versprochen hatte, und weigerte sich zunächst vehement, aber schließlich hat er sich mir zuliebe dann doch darum gekümmert. An diesem Abend sind wir zum ersten Mal zusammen ausgegangen.« Nach dem Konzert findet man noch zu einer privaten Runde mit Rostropowitsch im Hause Albrecht zusammen, die Tochter des Hauses bringt ungerührt den fremden jungen Mann mit, und Vater Albrecht hat einen weiteren Grund, sich über den dreisten Störenfried aufzuregen.

Nach diesem Abend erfuhr die verliebte Medizinstudentin, dass ihr Objekt der Begierde als Bariton im neugegründeten Hochschulchor sang. Bei der nächsten Probe war sie – gar nicht zufällig – als neues Chormitglied dabei. Im darauffolgenden Jahr, 1986, heiraten Ursula Albrecht, Ministerpräsidenten-Tochter, und Heiko Echter von der Leyen. Die glückliche Braut erlebt den wohl »kostbarsten Moment« in ihrem Leben nicht nur wegen des frisch geschlossenen Lebensbundes, sondern auch, weil der so heiß verehrte »Rostropowitsch zu unserer Hochzeit gekommen ist und in unserer Burgdorfer Kirche die C-Dur-Cellosuite von Bach gespielt hat, das war einfach unglaublich!« 1987 wird das erste Kind, Sohn David, geboren. Der damalige Leiter des Hochschulchores wird Patenonkel.

Innerhalb von 12 Jahren wächst ihre Kinderschar auf sieben, und die Mutter tritt im Job deutlich kürzer, während der Mann Karriere macht, es zum Medizinprofessor und Biotec-Unternehmer bringt. Aber der Zufall (oder das Schicksal oder das Glück, oder doch vor allem Ursula von der Leyen?) hat es gewollt, dass sie einen Partner an ihrer Seite hat, der auch ihre Karriere als selbstverständlich ansieht, sie unterstützt, praktisch wie moralisch. Zurück von einem mehrjährigen, der Karriere ihres Mannes geschuldeten USA-Aufenthalt, versucht Ursula von der Leyen den Karrierefaden wieder aufzunehmen.

Sie will nicht zurück in die Geburtshilfe, mit all den Nacht- und Wochenenddiensten, sondern lieber gesundheitspolitisch arbeiten. Dafür macht sie an der Medizinischen Hochschule Hannover erst mal ihren Master in Public Health, aber dann stellt sich die Frage, wie weiter?

Es war Christian Wulff, der ihr einen wenig glamourösen, aber sehr pragmatischen Rat gab: »Gehen Sie doch zu Ihrem Ortsverbandsvorsitzenden und fragen ihn, ob er nicht Verwendung für Sie hat.« Und der Vorsitzende der CDU im Ortsverband Ilten hatte Freude und Verwendung. Es standen gerade Kommunalwahlen an, »und die brauchten Leute. Und dann bietet sich jemand freiwillig an, auch noch eine junge Frau – ein Sahnetörtchen!« Das Sahnetörtchen grinst, während es sich erinnert. »Besser geht's nicht, die haben dann sofort zugegriffen.« Zu Recht. Der politische Gegner war von dem Leyen'schen Powerwahlkampf beeindruckt. »Sie überrollte uns wie eine Lawine«, erinnert sich die damalige stellvertretende Bürgermeisterin von Sehnde, Regina Runge-Beneke von der SPD, »das ging von null auf hundert. So etwas hatten wir hier noch nie erlebt.« Am 9. September 2001 tritt Ursula von der Leyen ihr erstes politisches Amt als stellvertretende Ortsbürgermeisterin von rund 5000 Iltenern im Kreis Sehnde bei Hannover an. Im März 2003 wird sie im niedersächsischen Landtag als Ministerin für Soziales, Frauen, Familie und Gesundheit vereidigt. Im November 2005 der nächste Karrieresprung, Familienministerin in Berlin.

»Plötzlich drehte sich alles um. Bis ich Ministerin wurde, habe ich meinem Mann den Rücken frei gehalten, nun managte er alles, übernahm die Aufgaben, die früher ganz klar in meinem Revier lagen, also etwa die Frage, wie kommen die Kinder morgen nach der sechsten, der siebten oder der achten Stunde nach Hause, weiter zum Sport, zum Zahnarzt etc.« Aber die Nation zerreißt sich das Maul, aus der jungen Politikerin wird die egoistische Karrierefrau, die »Rabenmutter«, deren Kinder sie »nur noch aus dem Fernsehen kennen« und die aus ihrem Mann einen mitleidig belächelten Hausmann macht. Doch die von der Leyens halten zusammen. »Mein Mann hat mich immer unterstützt, gesagt: komm, wir kriegen das schon hin!«

Und so war es eben auch, als der Anruf kam und man ihr das Amt der Arbeitsministerin offerierte. »In einer Ehe ist es ja nicht so, dass ich frage: Geht das? Darf ich das? Kannst du dir vorstellen, dass ...? Sondern: Hör mal, stell dir vor, was gerade passiert ist! Und dann ist er genauso verblüfft wie ich, sagt ›Boah‹, muss erst mal tief durchatmen, aber dann: ›Na, denn mal zu! Das werden wir auch noch schaffen.‹ So ist die Grundhaltung. Und ich müsste schon länger überlegen, wo wir mal ›Nein‹ gesagt haben ...«

Ursula von der Leyen hat nichts wirklich dem Zufall überlassen, sondern ihre nächsten Schritte immer sorgfältig geplant. Aber das heißt nicht, dass sie nicht auch an ihre Grenzen kommt. »Wenn ich nicht mehr weiß, wie ich das alles schaffen soll, weil alles nur noch der helle Wahnsinn ist, insbesondere abends. Da ist mein Mann immer ganz fit und hat noch Kraft für uns beide. Morgens bin ich dann fit. Dann bin ich diejenige, die sagt: ›Pass auf, wir machen das jetzt so und so.‹ Wenn der eine schwächelt, zieht und schubst und stützt der andere – vice versa.«

Den Mann an der Seite und die Mutter vor Augen? Mutter Heidi Adele war eine der Seltenen ihres Jahrgangs, die promoviert wurde. Während Ernst Albrecht noch studierte, arbeitete sie als Journalistin, schrieb für 15 Pfennig die Zeile Theaterkritiken für den Bonner General-Anzeiger und verdiente erstes Geld. Aber damit war's 1953 vorbei, als Ernst Albrecht sein Examen geschafft und ein Angebot als junger europäischer Beamter in Luxemburg bekommen hatte. Dort wurde geheiratet, Heidi Adele Albrecht bekam sieben Kinder (wie auch schon ihre Mutter) und ist nie wieder berufstätig gewesen. Und die erwachsene Tochter spürte bei ihrer Mutter immer wieder »Trauer und Schmerz über ihre versäumte eigene Karriere«, hörte die stumme, unausgesprochene Frage »Habe ich etwas verpasst?« und den unterschwelligen Vorwurf an die junge Ärztin und Mutter: »Warum nimmst du dir ein Recht, das ich mir wegen der Familie versagt habe?« Letzteres beantwortet Ursula von der Leyen ganz eindeutig: »Ohne meinen Mann wäre mein Weg so nicht möglich gewesen.« Womit bewiesen wäre, welche lebensentscheidende Rolle ein platter Reifen in einer kalten, verschneiten Winternacht haben kann. Vor allem wenn frau zufällig vorbeikommt, wenn ein attraktiver Mann sich damit abmüht.

»In meinem Leben haben sich Zufälle dadurch ergeben, dass ich grundsätzlich mehr getan habe, als ich eigentlich musste – dadurch bin ich anderen aufgefallen.«

Rüdiger Grube

# Rüdiger Grube

## Vorstandsvorsitzender Deutsche Bahn AG

Wenn Sie mich mitten in der Nacht wecken und fragen würden, »Was waren wichtige Einschnitte in deinem Leben?«, dann würde ich bestimmt von Familie Blohm erzählen! Jeder, ja wirklich jeder Hamburger kennt die Werft Blohm und Voss. Zur Familie Blohm gehörte auch die Hamburger Flugzeugbau GmbH (HFB), die Anfang der dreißiger Jahre gegründet wurde. Dort, beim HFB von Walther und Rudolf Blohm, habe ich nach der Schule eine Lehre angefangen. Eigentlich hätte ich lieber Abitur gemacht, aber dafür hatten wir einfach kein Geld. Meine Mutter musste meinen Bruder und mich alleine durchbringen, denn meine Eltern hatten sich getrennt, als wir Kinder noch sehr jung waren, fünf und sechs Jahre alt. Also machte ich erst den Hauptschul-, dann den Realschulabschluss und anschließend eine Lehre als Metallflugzeugbauer.

Da ich mich als Lehrling aber nicht ausgelastet fühlte, hab ich nebenbei eine Lehrlingszeitung gegründet. Die kam alle vier Wochen heraus, erschien immerhin in einer Auflage von 800–1000 Stück und hieß »Der Spant«, so wie der Flugzeugspant, dieses tragende Bauteil in Rumpf und Flügel. Aber da haben wir nicht nur über technische Dinge geschrieben, sondern über all das, was uns so bewegt hat damals, das Recht auf lange Haare zum Beispiel ... Und ich habe auch mal einen Artikel zum Thema Organspende diskutiert, ein heißes Eisen Mitte der sechziger Jahre, als es die ersten Transplantationen gab. Die Überschrift hieß »Soll man da spenden?«. Was ich damals nicht wusste: Unser oberster Chef, Werner Blohm, Sohn vom Firmengründer Walther Blohm, war ein regelmäßiger Leser unseres Blättchens. Aber nicht nur er zählte zu unseren treuen Lesern, sondern auch seine Frau.

Kurz darauf ein unerhörtes Ereignis: »Lehrling Grube zum obersten Chef!« Die ganze Lehrwerkstatt war aus dem Häuschen: »Was soll der Grube bei Blohm?« Ölverschmiert, in meinem grünen Overall, bin ich aufgeregt losmarschiert und stand kurz darauf vor Werner Blohm: »Sie machen diese Lehrlingszeitung?« »Ja.« »Meine Frau würde Sie gerne mal kennenlernen.« Mir wurde der Mund trocken. »Würden Sie zu uns nach Hause kommen? Nach Blankenese?« Ich schluckte. Das feine Blankenese! Du kommst aus dem armen Moorburg auf der anderen Seite der Elbe, deine Eltern sind Obstbauern, deine Mutter hatte nach der Scheidung oft nicht das Geld, ein bisschen Hack zu kaufen, um, mit alten Brötchen gestreckt, ein paar Frikadellen für uns Kinder daraus zu machen; in deiner Familie gab's so viel Elend – der Großvater überlebte das KZ, um anschließend im kalten Winter 1946 an Lungenentzündung zu sterben; der eine Onkel brachte sich in der jungen Bundesrepublik um, weil sie ihn in seinen ersten Selbstbedienungsläden bis zum Bankrott beklaut haben; der andere Onkel kam mit nur einem Bein aus dem Krieg, rutschte auf einer Bananenschale aus, rammte sich die Krücke unglücklich in den Magen und starb jämmerlich an inneren Verblutungen – immer haben wir irgendwie ums Überleben gekämpft und nun wirst du nach Blankenese eingeladen!

Ja, ich will nach Blankenese. »Ich komme gern, vielen Dank.«

14 Tage später bin ich in den schönen Elbvorort gefahren, gewaschen, gebügelt, gefaltet, die Fingernägel wund geschrubbt und ein bisschen bang in der Büx. Es gab feinen Hamburger Tee und Kekse, und Frau Blohm erzählte mir, wie sehr sie mein Artikel berührt hat, wie großartig sie es findet, dass ein junger Mensch sich mit diesem Thema auseinandersetzt. Was ich nicht wusste und auch erst Jahre später erfahren habe: Frau Blohm hatte ein behindertes Kind. An diesem Nachmittag fragte sie mich lediglich zum Abschied, ob ich nicht Lust hätte, in zwei Wochen mit ihr nach Timmendorf zu fahren, da würde sie eine Rehaklinik mit eröffnen, da sie sich hier engagierte. Natürlich sagte ich zu. Und so trafen wir uns zur verabredeten Zeit am Hamburger ZOB, stiegen in den Bus und fuhren nach Timmendorf. Das hat mich übrigens schwer beeindruckt: Ich dachte damals, solche reichen Leute fahren nur mit Chauffeur und dickem Mercedes. Auf dem Rückweg fragte Frau Blohm ganz beiläufig, was eigentlich meine Zukunftspläne seien, was ich mal werden wolle. Ich war etwas verlegen. Sollte ich schildern, aus was für »einfachen Verhältnissen« (wie man damals sagte) ich komme? Und wie illusorisch deshalb mein Herzenswunsch war, nämlich Pilot zu werden? Schließlich erzählte ich, dass mein Bruder und ich immer mit zum Lebensunterhalt beitragen müssten und ich deshalb wohl nicht würde studieren können. Trotzdem würde ich es gerne versuchen, wenigstens an die Fachhochschule zu kommen. Flugzeugbau, ja, das wär's! Frau Blohm hörte zu, lächelte freundlich, bedankte sich für meine Begleitung, und jeder ging seiner Wege.

Am nächsten Tag in der Lehrwerkstatt: Das Telefon, der alte Blohm. »Grube, Sie sollen schon wieder zum Chef!« Ich überlegte: Eine weitere Einladung? So kurz hintereinander? Eher nicht. Was also könnte er wollen? Werner Blohm sitzt hinter seinem großen Schreibtisch und kommt gleich zur Sache: »Sind

Sie mit 300 Mark im Monat einverstanden?« »Herr Blohm, wofür?« »Wir werden Ihr Studium mitfinanzieren.« Ich wusste nicht, was ich sagen sollte. So musste es sich anfühlen, einen Sechser im Lotto zu haben. Aber, sagte er, er hätte zwei Bedingungen: »Ich will regelmäßig Ihre Zeugnisse sehen, und in den Semesterferien arbeiten Sie hier im Betrieb mit.«

Ich schloss schnell – und zwar früher, als ursprünglich geplant – meine Lehre ab. So kam ich zu meinem Studium in Fahrzeugtechnik und Flugzeugbau. Am Anfang war ich furchtbar schlecht, ich hatte doch nie richtig Mathematik und Englisch gelernt! Von algebraischen Gleichungen hatte ich noch nicht mal gehört! Aber ich habe mir einen Rechenduden besorgt und mir alles selbst beigebracht. Als ich den Diplomingenieur geschafft hatte, war ich so euphorisch, dass ich nicht mehr zu bremsen war: Ich erklärte Werner Blohm, unbedingt auch noch ein Studium an der Universität Hamburg anhängen zu wollen. Er musterte mich schweigend, brummte dann: »300 Mark kann ich Ihnen aber nicht weiter geben, aber 150 zahl ich Ihnen!« Ich hab die 150 genommen, wieder bei ihm gearbeitet und mein zweites Studium ebenfalls sehr erfolgreich abgeschlossen.

Wir haben dann viele Jahre nichts voneinander gehört, ich habe inzwischen noch promoviert, war bei MBB, Airbus und irgendwann im Vorstand bei Daimler. Dort bekam ich einen Anruf vom Vorstandsvorsitzenden Jürgen Schrempp: »Du kennst doch den Werner Blohm in Hamburg?« »Ja, den kenn ich sehr gut.« »Der hat immer noch ein paar Prozent an unserer Firma. Ich glaube, er möchte sie verkaufen. Triff dich doch mal mit ihm und mach ihm ein Angebot für einen Rückkauf der Beteiligung.« Nach Jahrzehnten habe ich Werner Blohm wieder gegenübergesessen, wie damals als Lehrlingsbub, nur diesmal habe ich ihm seine Firmenanteile von Daimler-Benz abgekauft.

Das war schon ein komisches Gefühl. Damals als Lehrling und dann als Daimler-Vorstand ihm gegenüberzusitzen.

Ich habe noch ein weiteres Beispiel, wo ich ein paar Jahre zuvor ein ähnliches Gefühl hatte: In meiner Zeit bei MBB in München ist mir Hartmut Mehdorn mit seinem klaren, entscheidungsfreudigen Führungsstil aufgefallen. Er hat mir imponiert, und in mir reifte der Plan, den Chef der Deutschen Airbus GmbH einmal persönlich kennenzulernen. Das war gar nicht so einfach, eine energische Vorzimmerdame war nur schwer von meinem Vorhaben zu überzeugen, aber schließlich war es so weit: Ein eher ungemütlicher, stürmischer Wintertag in Hamburg, der 6. Dezember 1989, Nikolaustag. »Herr Mehdorn, Sie kennen mich bestimmt nicht, aber ich habe mich intensiv mit Ihnen beschäftigt.« »Und was wollen Sie?« »Ich würde gern für Sie arbeiten.« »Das würden viele gerne.« »Ich mache Ihnen aber ein besonderes Angebot: Ich arbeite drei Monate umsonst für Sie, und wenn ich das Geld wert bin, dann können Sie mich ja nach drei Monaten bezahlen, und ich bleibe, wenn nicht, sind Sie mich einfach wieder los.« »Umsonst?«, sagt er, »so hat sich noch keiner bei mir vorgestellt.« Steht auf, schlägt mir auf die Schulter: »Sie sind eingestellt!« »Super, und als was?« »Ich habe gedacht, Sie haben sich auf die offene Stelle bei mir beworben! Ich suche gerade eine rechte Hand, einen Büroleiter.« Ich bekam das Büro gegenüber von Mehdorn. Und dieses Büro war das Zimmer, in dem ich fast 20 Jahre vorher Werner Blohm gegenübergesessen habe und er mir die 300 Mark angeboten hat! Irgendwie hat mir dieser Ort immer Glück gebracht!

Es gibt noch einige andere bemerkenswerte Zufälle in meinem Leben, aber ich glaube, ich habe alle nur deshalb erlebt, weil ich freiwillig bereit war, neue Aufgaben und mehr Verantwortung zu übernehmen als meine Kollegen. Aus Spaß und reiner Freude, ohne ein konkretes Ziel vor Augen: »Komm, ich mach das schon!« – nicht lange reden, einfach machen! Das habe ich zu Hause gelernt, und dafür bin ich meiner Mutter bis heute sehr dankbar. Bei uns zu Hause haben wir gelernt, nicht lange zu reden, sondern die Ärmel hochzukrempeln und die Dinge anzupacken. Außerdem wurde ich immer von meiner Mutter angehalten, Worte und Taten im Einklang zu haben.

Ich möchte gern mit meiner eigenen Lebensgeschichte und mit meinen Erfahrungen jungen Menschen Mut machen, ihnen klarmachen, wie sie ebenfalls ihr Leben selbst in die Hand nehmen können: Übernehmt Verantwortung! Macht mehr, als man euch zuweist! Verantwortung sollte man sich nicht nur zuweisen lassen, die habe ich mir immer selbst genommen. Das ist mein Erfolgsrezept! Mit dem *mehr* fallt ihr auf, und dadurch entstehen Zufälle, die ihr gar nicht einkalkulieren könnt. Die sieht man nicht! Die entstehen aber! Ich bin immer, weil ich mehr gemacht habe, als von mir verlangt wurde, irgendjemandem aufgefallen. Dadurch haben sich völlig neue Situationen ergeben, mir haben sich ganz neue Möglichkeiten eröffnet, die ich niemals auch nur hätte ahnen können, die mich aber immer weitergebracht haben im Leben. Und übrigens, dafür ist es nie zu spät. Es ist wirklich *nie* zu spät. In keinem Alter.

»Unglückliche Zufälle passieren, ja, aber von meiner Großmutter habe ich gelernt: Aus jedem Mist kann Dünger werden!«

Birgit Kober

# Birgit Kober

## Leichtathletin

London, 3. September 2012. Es ist der letzte Wettkampf an diesem Tag. 80 000 Menschen klatschen die Sportlerin rhythmisch ein. Birgit Kobers Wangen glühen, das hat sie nicht erwartet, so viel Unterstützung, nur für sie. Mit aller Kraft und größter Konzentration erhebt sie sich für Sekunden von ihrem Wurfhocker, holt aus und wirft. Beifall brandet auf, 80 000 Zuschauer jubeln: 27,03 Meter weit ist ihr Speer geflogen. Weltrekord. Olympisches Gold. Birgit Kober kommen die Tränen. »Dieser Moment ist so viel größer als man selbst.« Drei Tage später gelingt das Unwahrscheinliche, bereits beim ersten Versuch mit der Kugel stößt sie 10,25 Meter, auch dies ein neuer Weltrekord, auch dafür olympisches Gold bei den Paralympics 2012.

München Juni 2007. Birgit Kober liegt auf der toxischen Intensivstation im Klinikum rechts der Isar, weil sie einen Zusammenbruch mit epileptischen Anfällen hatte. Als sie dort aufwacht, fühlt sie sich »wie eine Marionette, der man die Fäden angeschnitten hat«. Sie kann nicht richtig reden, nicht richtig schlucken, kann nicht aufrecht sitzen, bei jedem Versuch sackt sie sofort zur Seite weg. »Für mich war dieser Zustand sehr bedrohlich und unheimlich. Ich habe nur gehofft, dass das irgendwie vergeht.« Aber es vergeht nicht. Birgit Kober wird für den Rest ihres Lebens an Ataxie leiden, einer massiven Störung ihrer Bewegungs- und Koordinationssteuerung. Sie kann nicht mehr gehen, ohne plötzlich umzufallen. Sie kann Arme und Beine nicht mehr richtig kontrollieren. Was sie nicht mit beiden Händen greift, entgleitet ihr, einen Fahrstuhlknopf zu drücken ist eine kaum zu bewältigende Aufgabe, ein Topf mit heißem Wasser ein unkalkulierbares Risiko. Ohne Rollstuhl wäre sie hilflos: »Stellen Sie sich vor, Sie sind betrunken und kommen ins Torkeln, dann wissen Sie, wie es mir geht. Ich habe quasi einen permanenten Vollrausch.« Eine kleine Unachtsamkeit, ein winziger Fehler, ein Moment fehlender Konzentration haben das Leben von Birgit Kober für immer verändert. Ein Zufall?

In diesem Unglücksjahr 2007 seien sogar viele Zufälle im Spiel gewesen, sagt Birgit Kober. Zufall Nummer eins, eine Reise nach Rom. Erschöpft nach der langen Pflege ihrer schwerkranken Mutter und deren Tod Anfang April, versucht die Tochter im Mai bei einem kurzen Italienurlaub ein wenig Abstand zu bekommen. Wenigstens einmal will sie in der Frühlingssonne im Meer baden, aber bei diesem einen Mal verletzt sie sich im Wasser – vor den Toren Roms bekanntlich nicht das sauberste – an einem scharfkantigen Stein und kommt mit einem stark entzündeten Bein nach München zurück. In einem Krankenhaus will sie die Wunde behandeln lassen.

Zufall Nummer zwei: Ausgerechnet dort bekommt Birgit Kober, die seit ihrer Pubertät an Epilepsie leidet, einen schweren Krampfanfall, deshalb wird sie eilig in eine andere Klinik verlegt, die auf der neurologischen Intensivstation noch ein Bett frei hat. »Das Klinikum rechts der Isar der Technischen Universität München ist ein Zentrum der Hochleistungsmedizin«, wird man auf der Homepage dieser Klinik begrüßt. Aber auch dort können Menschen Fehler machen.

Zufall Nummer drei: Eine Krankenschwester verwechselt beim Übertragen der Kober'schen Patientendaten die Mengenangaben »mg/h« mit »ml/h«, aus Milligramm werden Milliliter. So wird ihr über Stunden die vielfach erhöhte Menge des Epilepsiemedikamentes Phenytoin intravenös verabreicht, ihr Kleinhirn wird irreversibel geschädigt. Gerade noch rechtzeitig wird der Fehler entdeckt, auf der toxischen Intensivstation wird mit Schwarzkohlefiltern ihr Blut per Dialyse von dem Medikament gereinigt, sie kommt mit dem Leben davon. Aber mit was für einem? »Wie viele Menschen wünschen sich einen Neustart? Ich hatte einen!« Ist sie jetzt sarkastisch? Zynisch gar? Nein, es ist nur der Hinweis auf die Unbedachtheit eines solchen Wunsches.

Birgit Kober erzählt, dass es Untersuchungen gebe, nach denen drei Viertel aller Behindertensportler ihr altes Leben nicht zurückhaben wollten. Dazu gehöre sie nicht. Auch die zwei Goldmedaillen würde sie für ihr altes Leben sofort wieder hergeben. »Ich war eine gesunde Frau, dann hat man mir von einem auf den anderen Tag dieses Leben genommen.«

Auch wenn sie es sich zurückwünscht – ganz unbeschwert war auch ihr altes Leben nicht. Seit dem dritten Lebensjahr stottert sie, und mitten in der Pubertät, mit 16 Jahren, erlebt sie das erste Mal, welche Auswirkungen ein Medikament haben kann. Zu der Zeit hat sie ein Stipendium am Richard-Strauss-Konservatorium, spielt Bratsche und träumt von einem Musikerleben. »Doch dann bekam ich eine schwere Entzündung im Arm, die nur mit einem Antibiotikum zu beherrschen war, von dem man wusste, dass es zugleich die Haarzellen im Innenohr zerstören kann.« Nach der Behandlung kann sie kaum noch hören und den Arm nicht mehr richtig bewegen. Nicht nur der

Traum, sich über die Musik mitzuteilen, ist nun zu Ende, jetzt ist es ein Problem, sich überhaupt zu verständigen. Die Hörgeräte der achtziger Jahre sind nicht so ausgereift wie heute, Birgit Kober verliert den Kontakt zu den Menschen um sich herum: »Ich bin damals in ein tiefes Loch gefallen«, sagt sie, »heute ist die Technik so gut, dass mich die Schwerhörigkeit kaum noch beeinträchtigt.«

Damals wechselt sie auf eine Schule für Hörgeschädigte in Essen, macht ein Spitzenabitur und wird zum Medizinstudium zugelassen. Doch nach vier Semestern ist es aus mit der Zukunft als Ärztin, ihre Epilepsieanfälle, an denen sie seit der Spätpubertät leidet, sind zu schwer. Sie kommen aus heiterem Himmel, nie weiß Kober, wann und wo sie der nächste Anfall überrascht. Wie geht sie damit um? Gar nicht: »Ist doch wurscht, ich kriege das dann ja sowieso nicht mit.«

Es gibt Menschen, die ein Schicksal schultern, an dem andere zerbrechen. Die wissenschaftliche Bezeichnung für ihre Widerstandskraft ist Resilienz. Der Begriff stammt ursprünglich aus der Physik und bezeichnet Stoffe, die so elastisch sind, dass sie selbst bei großem Druck nicht zerbrechen, ein anschauliches Beispiel für Resilienz im engeren Sinn ist die Fähigkeit von Stehaufmännchen, sich aus jeder beliebigen Lage wieder aufzurichten. Die amerikanische Psychologin Emmy Werner war eine der Ersten, die diesen Terminus technicus auf menschliches Verhalten übertrug. Wer resilient ist, stellte Werner fest, vermag selbst widrigsten Umständen zu trotzen, ja, resiliente Menschen stecken Schicksalsschläge nicht nur weg, sondern wachsen sogar an ihnen, im besten Fall verwandeln sie ihre schmerzvollen Erfahrungen konstruktiv in etwas Neues, Sinnvolles. Bei Birgit Kober hört sich das eher nüchtern und sehr pragmatisch an: »Ich bin ein Mensch, der versucht, im Jetzt zu leben. Wenn man wie ich sehr oft auf einer Intensivstation aufwacht und weiß, dass man wieder knapp dem Tod entronnen ist, dann erkennt man, dass das Leben etwas Kostbares ist und wir die Zeit, die wir hier haben, nutzen müssen.«

Birgit Kober wechselt von der Medizin zur Pädagogik, studiert nun in Duisburg, steht endlich kurz vor ihrem Abschluss, als ihre Mutter 2006 schwer an Krebs erkrankt. Sie unterbricht das Studium, zieht nach München und pflegt ihre Mutter bis zu deren Tod im April 2007. Kurz darauf der Behandlungsfehler, die Ataxie, der Rollstuhl. Sie kann nicht in ihre Wohnung zurück, die liegt im dritten Stock. Sie kann ihr Studium nicht beenden. Sie ist allein. Wie soll es weitergehen? Sie weiß es nicht. Birgit Kober verschanzt sich in der Wohnung ihrer verstorbenen Mutter, kriecht dort auf Fliesenlegerknieschonern herum und versucht zu lernen, trotz Ataxie ihre Bewegungen zu koordinieren. Wenn sie nicht mehr kann, völlig erschöpft ist, stellt sie den Fernseher an. Und endlich ist es ein Zufall, der ihrem Leben eine positive Wendung geben wird: »Zufällig sehe ich die Vorbereitungen zu den Paralympics in Peking, sehe Marianne Buggenhagen und Martina Willing. Ich habe viele Werfer im Sitzen gesehen, und dann habe ich gedacht: Das könnte ich auch machen!«

Nach wissenschaftlichen Erkenntnissen haben resiliente Menschen gelernt, dass sie es sind, die über ihr eigenes Schicksal bestimmen. Sie vertrauen nicht auf Glück oder Zufall, sondern nehmen die Dinge selbst in die Hand. Sie ergreifen Möglichkeiten, wenn sie sich bieten. Sie haben ein realistisches Bild von ihren Fähigkeiten.

Birgit Kober bestellt sich eine weiche Hallenkugel und einen Diskus. Sie überlegt sich, dass die Kugel an der Schräge der Tiefgarage nach einem Wurf immer wieder allein zu ihr zurückrollen müsste. »Dann bin ich in die Tiefgarage runter und dachte, jetzt probiere ich mal, ob ich überhaupt stoßen kann.

Ich wusste ja gar nicht, ob das mit dieser Behinderung geht!« Es
ging. Mit einer Freundin traut sie sich schließlich in einen Park,
um das Diskuswerfen auszuprobieren. Das geht allerdings nicht
lange gut: »Die Hundebesitzer haben sich beschwert, meine
Treffsicherheit war noch nicht so hoch.« Auf der Wiese hinter
dem siebzehnstöckigen Plattenbau, in dem sie wohnt, bindet
sie zwei Bierkisten mit Kabelbinder als Wurfhocker zusammen
und versucht sich mit dem Speer. Das war schon ihre Lieblings-
disziplin als Schülerin, mit 14 war sie bayerische Meisterin und
süddeutsche Vizemeisterin. Die alte Leidenschaft für ihre »Liebe auf den ersten Griff« beginnt wieder in ihr aufzukeimen. Da
sie keinen bayerischen Sportverein findet, der sie aufnehmen
kann oder will, schließt sie sich dem TSV Bayer Leverkusen an.
Am Anfang muss sie sich im Training noch am Rollstuhl fest-
schnallen, und überall um sie herum werden Matten verteilt,
weil sie immer wieder aus dem Rollstuhl fällt. Aber ihr Trainer
schult ihre Motorik, der Muskelaufbau stabilisiert ihren Körper,
und sie entdeckt, dass sie die spastischen Muskelzuckungen so
steuern kann, dass sie ihr im Moment des Abwurfs zusätzliche
Kraft geben. »Meine Oma hat immer gesagt: Aus jedem Mist
kann Dünger werden.«

Bereits im Februar 2009, nur 20 Monate nach Beginn ihres
Lebens im Rollstuhl, tritt sie bei den deutschen Hallenmeister-
schaften zu ihren ersten Wettkämpfen an, zwei Jahre später,
bei den IPC-Weltmeisterschaften 2011 im neuseeländischen
Christchurch, holt sie sich die ersten Titel, Weltmeisterin im
Kugelstoßen und im Speerwurf. »Ich habe für mich ›in der Zeit
danach‹ eine Entscheidung getroffen, dass ich immer versuchen
werde, mein Hauptaugenmerk darauf zu richten, was alles noch
machbar ist in meinem Leben, und nicht in permanente Trauer
darüber zu versinken, was eben nicht mehr geht. Das ist nicht
immer leicht, oft auch eine bewusste Entscheidung«, schreibt

sie später auf ihrer Homepage. »Zufall«, sagt Birgit Kober in unserem Gespräch, »ist immer nur der Beginn, Schicksal das, was daraus wird.« Oder, in ihrem Fall, das, was man daraus macht.

Schon vor vielen Jahren hat sie sich mit Victor Frankl beschäftigt, war beeindruckt von diesem Wiener Neurologen und Psychiater, der die Sinnfrage ins Zentrum seiner Arbeiten gestellt hat. Frankl, dessen Eltern, Bruder und Ehefrau im KZ ermordet wurden und der selbst nur knapp der Gaskammer entgangen ist, schrieb 1946 in seiner »Ärztlichen Seelsorge«: »Das Leiden, die Not gehört zum Leben dazu, wie das Schicksal und der Tod. Sie alle lassen sich vom Leben nicht abtrennen, ohne dessen Sinn nachgerade zu zerstören. Not und Tod, das Schicksal und das Leiden vom Leben abzulösen, hieße dem Leben die Gestalt, die Form nehmen. Erst unter den Hammerschlägen des Schicksals, in der Weißglut des Leidens an ihm, gewinnt das Leben Form und Gestalt.« Der Oberarzt, der vor dem Krieg im Psychiatrischen Krankenhaus in Wien den »Selbstmörderinnenpavillon« betreute, wusste um den therapeutischen und psychohygienischen Wert einer Lebensaufgabe: »Es gibt nichts auf der Welt, das einen Menschen so sehr befähigt, äußere Schwierigkeiten oder innere Beschwerden zu überwinden, als: das Bewusstsein, eine Aufgabe im Leben zu haben.« Es ist sicher kein Zufall, dass Birgit Kober gerade dieses Zitat von Frankl immer parat hat. Der Weg ist das Ziel? Damit kann sie nichts anfangen. »Das Ziel ist der Weg«, sagt sie nachdrücklich, »nichts anderes.« Die nächste große Zielmarke ist gesetzt, die Paralympics Rio 2016, dort will sie wieder Gold holen.

Vorher nimmt sie natürlich noch an anderen Wettkämpfen teil, wohnt mit ihren drei Katzen weiterhin im Neuperlacher Plattenbau, arbeitet als Trainerin mit behinderten und nichtbehinderten Kindern beim ESV München und ist seit kurzem

Botschafterin des Bayerischen Roten Kreuzes, soll für den Aufbau der offenen Behindertenarbeit werben. Fehlt nur noch, verdammt noch mal, endlich ein Ende des nun schon fünf Jahre andauernden Rechtsstreits mit dem Klinikum rechts der Isar. »Ich bin schon manchmal deprimiert, aber der Sport reißt mich da immer wieder raus.«

»An Scheitern glaube ich nicht. Wenn ich etwas anfange, dann will ich damit Erfolg haben.«

Jürgen Großmann

# Jürgen Großmann

## Unternehmer und Industriemanager

Man kann ihn sich gut als Arzt vorstellen: Seine dunkle Stimme flößt Vertrauen ein, die mächtige Zweimeterstatur vermittelt das irrationale, aber nachhaltige Gefühl, sich in guten Händen zu befinden, und dem intensiven Blick scheint nichts Menschliches fremd zu sein. Und der leidenschaftliche Skatspieler wäre bestimmt der Typ Arzt geworden, der in einer ruhigeren Nachtschicht mit Kollegen oder auch schlaflosen Patienten eine Partie Karten gespielt hätte. Aber dazu kam es nicht, Skat sollte er später mit den Großen aus Politik und Wirtschaft spielen.

»Keiner bekommt vom Schicksal auf Dauer die besseren Karten«, behauptet Jürgen Großmann. Das mag so sein, aber *wenn* man gute Karten hat, muss man auch wissen, wie man sie ausspielt. »Alles, oder zumindest vieles«, sagt er bescheiden, sei Zufall gewesen. Dazu gehöre schon, dass sich in seinen jungen Jahren die Mutter gegenüber dem Vater durchsetzt. Um den Sohn vor »schlechtem Einfluss« zu schützen, schickt sie den kleinen Jürgen in den Schoß der Kirche. Sonntags geht der Knabe regelmäßig beschwingt und voller Vorfreude kreuzbrav in den Kindergottesdienst. Bis in die Spätpubertät besucht er die Bibelstunden, darf nach der Konfirmation sogar selbst eine

Kindergruppe leiten und den jungen Christen nahebringen, dass Jesus Wasser in Wein verwandelte, was ihn »schon zwang zu erklären und zu vermitteln«. Abseits der Sakristei finden sich außerdem auch Gelegenheiten, gleichaltrige Mädchen zu treffen, die ja in jenen prüden Nachkriegsjahren von der lüsternen männlichen Jugend meist penibel ferngehalten wurden. Es ist also eine wirklich fruchtbare, fromme Lehrzeit, in der Großmann lernt, dass man »im Umgang mit Mädchen irgendwie mitteilsamer wurde und sich auf Menschen einstellte« und mit lockerer Konversation selbst bockige Gesprächspartner elegant um den Finger wickeln kann. Seine strenge, lutherische Mutter, die den Leistungseifer des eloquenten Laienpredigers unermüdlich unterstützt, stellt noch viele Jahre später beeindruckt fest, der Jürgen brauche nur in eine Straßenbahn einzusteigen, bis zum Hauptbahnhof habe er 50 neue Freunde.

Es hätte ja auch ganz anders kommen können. Wenn sich die eher weltlichen Wünsche von Vater Großmann, selber Abkömmling eines Musiklehrers, erfüllt hätten, wäre sein Jürgen statt zur Kirchengruppe zum Musikunterricht gegangen. »Dann«, so vermutet dieser heute, »wäre ich sicherlich ein anderer Mensch geworden« – also kein leichtfüßiger, bibelfester Womanizer, sondern eher ein stillvergnügter Stubenhocker am Klavier? Auch mit der Karriere als Arzt oder Rechtsanwalt, die der besorgte Vater vorschlägt, damit der Sohn später »nicht in Hierarchien unglücklich werden wird«, sollte es nicht klappen.

Kurz vorm Abitur werden die Karten vom Zufall wieder ganz anders gemischt, und der junge Mann wird auf ein neues Terrain gelockt. Beim morgendlichen Tennisspiel im heimatlichen Mülheim an der Ruhr läuft ihm ein älterer Ingenieur aus der Stahlbranche über den Weg, der dem hünenhaften, tennistechnisch eher bemühten als begabten Spieler eine leuchtende Zukunft in der rheinisch-westfälischen Stahlkocherei verheißt. »Was willst du im Krankenhaus«, lockt der Alte, »wenn du ein paar Monate am Hochofen arbeitest, verdienst du dir ein Auto und lernst die Stahlindustrie mal richtig kennen.« Das ist ein Angebot, zu dem man nicht nein sagen kann. Widerstandslos ergibt sich der Teenager seinem Schicksal, lässt einen Freiburger Studienplatz in Medizin sausen, ackert nach dem Abi einige Wochen am Hochofen 4 der August-Thyssen-Hütte in Duisburg-Hamborn, und »dann bin ich eben Ingenieur geworden, aber das war reiner Zufall«.

Nach dem Eisenhütten- und Ökonomie-Studium und diversen Auslandspraktika ist er schließlich, Ende der Siebziger, in New York wieder reif für den nächsten glücklichen Zufall. Im Hotel Waldorf Astoria stößt er im Lift zufällig auf den Chef der Duisburger Klöckner-Werke, Herbert Gienow. Er stellt sich vor und kann sich hilfreich erweisen, indem er den deutschen Industriemagnaten zu einer Veranstaltung des amerikanischen Stahlinstituts geleitet und ihm dort direkt dem Verantwortlichen vorstellen kann – er hatte ihn durch eines seiner Auslandspraktika kennengelernt. Als sich Großmann 1980 bei den Klöckner-Werken bewirbt und eine Anstellung als Vorstandsassistent erhält, erinnert sich der dankbare Konzernlenker an ihn »und förderte mich dann auch, sodass ich gleich mit dem Rückenwind des höchsten Chefs anfing«. Der Job ist trotzdem knochenhart mit karger Freizeit und Vorgesetzten, die dem fleißigen Adlatus asketische Lebensweisen abverlangen: »Herr Großmann, Sie wollen doch Karriere machen, da empfehle ich Zölibat.«

Aber auch in diesen ersten arbeitsreichen Jahren in der geschäftigen Eisenhütte spielt der Zufall Großmann eine besondere Chance zu. Zwei australische Geschäftsleute, die mit den Klöckner-Bossen über den Ankauf von Patenten zur Kohlevergasung verhandeln wollten, wurden erwartet. Allerdings treffen die Herren aus Down Under schon am Wochenende vor der Konferenz in Duisburg ein, zum Entsetzen der Chefetage, denn in der knappen Freizeit will »kein Schwein irgendetwas mit unbekannten Australiern machen« – bis auf den patenten Jürgen, der nicht lange lamentiert, sondern kurzentschlossen Mutter Großmanns altes VW-Cabrio aus der Garage holt. Gut gelaunt setzt der Assi den Aussis windschlüpfrige Lederkappen aufs Haupt und kutschiert sie zwei tolle Tage lang durch den Ruhrpott, von der Essener Krupp-Villa Hügel bis zu August Thyssens Schloss Landsberg, erklärt ihnen den Beginn des Bergbaus und die Bedeutung des Rheins für die Stahlbarone. Nach dieser Dienstfahrt gehen die Australier am Montag in die Verhandlungen, und am Ende investiert die australische Bergbaugesellschaft 400 Millionen Dollar in eine Beteiligung bei Klöckner und bewahrt damit – sozusagen en passant – den klammen Konzern vor einem drohenden Vergleich.

Zur Verbesserung des Investitionsklimas hatte Großmanns stimmungsvolle Spritztour sicherlich erheblich beigetragen, so etwas spricht sich herum in der verschwiegenen Welt des Groß-kapitals, und deshalb weiß er, »das machte dann auch meine Kariere«. Zumal die Australier auf einer weiteren Zusammen-arbeit mit ihrem Chauffeur und Ruhrpott-Erklärer bestehen. Sie wollten nicht nur Patente, sondern auch Firmenbeteiligun-gen kaufen, eine dieser ins Auge gefassten Firmen ist in Ham-burg ansässig, Großmann, der Vertrauensmann, soll sie über-nehmen. »So kam ich vom Ruhrgebiet nach Hamburg, und hier habe ich dann meine Frau kennengelernt. Ohne diese Wochen-endtour wäre meine Ehe wahrscheinlich nicht zustande ge-kommen.« Unterm Strich eine erfreuliche Bilanz für alle Seiten: Ehefrau Dagmar, Tochter des Musikverlegers Hans Sikorski, für den unterhaltsamen Reisegenossen, für die Klöckner-Wer-ke noch einmal eine unverhoffte Blüte über zehn Jahre (bevor der Konzern später nach und nach verkauft wird) und für die Australier Gewinne, die ein Vielfaches ihrer Investitionen ausmachen, also eine klassische Win-win-win-Situation.

Als die Klöckner-Stahltochter Georgsmarienhütte vor der Insolvenz steht, schickt der Vorstand den neuen Vorzeigemanager als Retter in die westfälische Provinz. Die fast aussichtslose Mission, die Großmann anfangs mit sehr gemischten Gefühlen akzeptiert, weil seine Chefs für ihn »ausgerechnet den schwierigsten Job ausgesucht hatten, den es gab«, und er doch viel lieber »Vorstandsvorsitzender bei BMW« geworden wäre, endet damit, dass der tollkühne Klöckner von Duisburg-Hamborn das ruinierte Unternehmen 1993 auf eigene Rechnung übernimmt und energisch saniert. Den symbolischen Kaufpreis von zwei D-Mark trägt der frischgebackene Unternehmer persönlich zum Postschalter, die Quittung heftet er in seinem Büro an die Wand, »nicht um eine Reliquie zu schaffen«, sondern »damit später niemand behaupten konnte, der Deal habe nicht stattgefunden«.

Die gut zweieinhalbtausend Mitarbeiter waren skeptisch, glaubten nicht mehr daran, dass sich das Werk retten ließe, schon gar nicht von einem so jungen Mann, aber Großmann nutzte die in der Bibelstunde erworbenen Überzeugungskünste: »Guckt mal, ihr seid mein erstes großes Kommando, das erste größere Schiff, das ich kommandiere, das will ich doch nicht auf Grund laufen lassen, das will ich zum Erfolg führen.« Die Belegschaft trägt Einschnitte und Entlassungen mit, vielleicht auch, weil dieser unbedingte Wille dieses Mannes seinen Sog hat: »An Scheitern glaube ich nicht. Wenn ich etwas anfange, dann will ich damit Erfolg haben.« Nach zwei Jahren war das Stahlschiff Georgsmarienhütte schuldenfrei, und Großmann führte eine Gewinnbeteiligung für alle Mitarbeiter ein. Dass er damals so viele Arbeitsplätze in Niedersachsen rettete, brachte ihn mit dem damaligen Ministerpräsidenten Gerhard Schröder zusammen, die beiden wurden Freunde und spielen bis heute zusammen Skat. Die Georgsmarienhütte Holding steht heute in der Rangliste der größten deutschen Unternehmen auf Platz 125, zur Holding gehören 47 Spezialanbieter mit zusammen 12 000 Mitarbeitern.

Ein Mann mit solch glanzvollen Referenzen und Kontakten gehörte zweifellos in die Business Class der deutschen Wirtschaft. Und so war es vermutlich kein Zufall, dass der Energie-Gigant RWE dem Stahlingenieur 2007 den Chefsessel anbietet. Großmann, schwer »gebauchpinselt«, wie er selbst zugibt, öffnet sich endlich die Führungsetage der deutschen DAX-30-Unternehmen, die Krönung seiner Laufbahn. Da nutzen keine Warnungen seiner um seine Gesundheit besorgten Frau Dagmar vor dem gefährlich strapaziösen Job: »Du brauchst das Geld doch nicht« – womit sie bei einem Milliardenvermögen zweifelsohne recht hat, aber darum geht es ihm ja auch nicht. Sie besteht auf zumindest dreijährigem Alkoholverzicht, der geübte Verhandler drückt sie auf 1000 Tage, bevor er einschlägt und auf dem Stuhl des RWE-Vorstandsvorsitzenden Platz nimmt. Großmann herrscht nun über ein milliardenschweres Imperium aus Atom-, Braunkohle- und Gaskraftwerken.

Seine Visionen für die Zukunft der Rheinischen Elektrizitätswerke stoßen nicht überall auf Begeisterung. Behutsam und finanziell geordnet will er die Energiewende befördern, Atomstrom hält er aus Wettbewerbsgründen mittelfristig für unverzichtbar. Eisern trotzt der Manager dem grünen Zeitgeist und manövriert sich damit ins Abseits. Großmann, der geradezu provokativ Krawatten mit Elefantenmotiven trägt, ist der aggressive Leitbulle und »Cheflobbyist« der Atomwirtschaft, ein rotes Tuch nicht nur für jeden Grünen. Vor allem in den Medien wird aus dem Glückspilz ein »Großmaul« und »Bösewicht«, der Schwarz-Gelb und die scheinbar unentschlossene Kanzlerin »fast im Alleingang« vor sich hertreibt und den Ausstieg aus der Kernenergie sabotiert. Im August 2010 initiiert er den »Energiepolitischen Appell« mit, eine Initiative der Atomlobby, für den »Ausstieg aus dem Ausstieg«. Als die Bundesregierung im September tatsächlich eine Laufzeitverlängerung um durchschnittlich zwölf Jahre verabschiedet, gilt Angela Merkel als die Kanzlerin, die vor den Mächtigen der Atomindustrie in die Knie geht, Jürgen Großmann als der Mann, der die Regierung unter Druck setzt.

Die aufreibenden Atomdebatten und das alternative Trommelfeuer – vom Naturschutzbund Deutschland wird ihm der Negativpreis »Dinosaurier des Jahres« verliehen – machen ihm vielleicht doch mehr zu schaffen, als er wahrhaben will. Im November zieht ihn eine Herzattacke aus dem Verkehr, die Ängste seiner Frau scheinen sich zu bestätigen. Erst im Januar ist er wieder auf dem RWE-Posten.

Nur wenige Wochen später, als am apokalyptischen 10. März 2011 im japanischen Fukushima der Super-GAU passiert, ist auch Großmanns Schicksal besiegelt. Ein einziger Tag verändert sein ganzes Leben, eine Flutwelle am anderen Ende der Welt, die ein Atomkraftwerk zerstört, von dem hierzulande noch nie jemand gehört hat. Vergebens verweist der »Atom Dino« darauf, dass nicht ein normales »Restrisiko«, sondern »mangelnde Ingenieurskunst« der Japaner für das Desaster verantwortlich sei. Mit einer den Vorschriften entsprechenden, genügend hohen Mauer wäre die Katastrophe verhindert worden, aber solche technokratischen Erklärungen will niemand mehr hören. Niedergeschlagen erlebt er, wie die Kanzlerin geschmeidig ihre bisherige Meinung ändert und die deutschen Atom-Meiler reihenweise abschalten lässt.

Auch die unwahrscheinlichsten Konstellationen können

irgendwann eintreten, weiß der Skatspieler Großmann. An seinem fünfzigsten Geburtstag durfte ein Skatturnier nicht fehlen, und, wie es sich an diesem Tag gehört, das Geburtstagskind schien bereits als Sieger festzustehen. »Als letztes Spiel bekam ich vier Jungs (*die höchsten Trümpfe, d. V.*), kein Ass und eine relativ lange Farbe.« Aber die Karten bei den beiden Mitspielern sind für ihn unglücklich verteilt: »Alle Karten der langen Farbe saßen auf einer Hand, und ich verlor mit 60:60. Eine Kartenverteilung, so wie es sie alle Jubeljahre einmal gibt. Aber es gab sie halt, und ich habe verloren.« So wie eben auch an jenem 10. März. Wie unwahrscheinlich ein Zusammentreffen von Erdbeben und Tsunami und Baufehlern auch sein mag – es gab es halt, und Großmanns Energiekonzept hat verloren.

»Die Politik«, klagt er, »hat mehr auf Greenpeace und die Kirchen gehört als auf die Energie-Experten und Unternehmer«, Strom aus Sonne und Wind werde Deutschland teuer zu stehen kommen. Die Medien höhnen, der Nuklear-Apostel stehe vor einem Scherbenhaufen. Ende 2011 einigen RWE und Großmann sich auf eine interne Nachfolgeregelung, zum Sommer des nächsten Jahres nimmt ein anderer seinen Platz im Energiekonzern ein. »Wenn man auf dem Gipfel steht«, resümiert er, »geht es nach allen Seiten abwärts.« Aber es sei schon besonders bitter, wenn die »Ingenieursfehler in einem fremden Land, die unter den dort herrschenden Bedingungen zu einer Katastrophe geführt haben«, hier einen Menschen wie ihn, der immer versucht habe, nach bestem Wissen und Gewissen die Dinge zu verändern, »zu einem Paria der Gesellschaft stempeln«. Aber auch in diesem Moment, wo die tief verletzte Seite des Jürgen Großmann zum Vorschein kommt, bricht letztlich wieder sein unerschütterlicher Optimismus durch: »Ich glaube, dass sich die Sicht auf diese Zeit und auf diese Ereignisse in ein paar Jahren wieder wandeln wird.«

Bis dahin dirigiert er weiter in Hamburg an der Elbchaussee als alleiniger Gesellschafter sein mächtig erblühtes Zweimarkschnäppchen, den Mischkonzern Georgsmarienhütte. Und die Freude an einem guten Essen im eigenen Sternerestaurant mit dem programmatischen Namen »La Vie« in Osnabrück oder einem Urlaub in Arosa, wo er das Luxushotel »Kulm« besitzt, wird ihm nicht ganz verhagelt sein. Zumal ein italienischer Wahrsager, auf den die astrologisch aufgeschlossene Familie seiner Frau große Stücke hält, ihm freundlich prophezeit hat: »Sie werden viele Krisen erleben, aber immer wieder auf die Füße fallen.« Wer – wie der sanguinische Zweimetermann Großmann – auf großem Fuße lebt, wird bestimmt gut und sicher landen, um nach dem nächsten glücklichen Zufall Ausschau zu halten.

»*Ich glaube nicht, dass einem der Zufall einfach in die Hände fällt, man muss die Hände schon aufhalten.*«

Elīna Garanča

# Elīna Garanča

## Opernsängerin

Es ist unmöglich, als Sänger *nur* durch einen Zufall Erfolg zu haben, man muss zunächst viel Zeit in die Ausbildung der Stimme investieren – das dauert mindestens fünf, sechs Jahre – aber dann kann der Zufall schon entscheidend sein. Es gibt viele Sänger, die wahnsinnig gut, aber trotzdem nicht erfolgreich sind.

Mein erster Zufall bestand allerdings bereits darin, wie ich Opernsängerin wurde. Eigentlich wollte ich Schauspielerin werden, aber auf der Schauspielakademie bin ich durchgefallen, Peng! Das war's. Offiziell hieß es, dass ich nicht genügend Talent hätte, aber ich glaube, die Kommission hat damals einfach einen anderen Typ gesucht. Sie suchten diese dünnen Mädchen, die mit 25 ausschauen wie junge Buben mit 12 oder 14. Ich war als Teenager, noch mit dem Babyspeck, ein ganz anderer Typ, ich passte da überhaupt nicht.

Ich habe dann lange mit meinen Eltern diskutiert, was ich mit meinem Leben anfangen soll. Ich wusste nur: Ich will auf die Bühne! Mein Schauspieltraum war geplatzt, eine Musicalausbildung, die mich auch interessiert hätte, gab's in Riga nicht, und mein Klavierspiel war auch nicht gerade überragend. Nach diesen langen, langen Gesprächen mit meinen Eltern bin ich eines Morgens aufgewacht und wusste: Ich werde Opernsängerin. Das klingt verrückt, ich weiß, aber die Entscheidung fiel wirklich genau so.

Statt Schauspielschule Musikakademie. Bis dahin hatte ich nur heimlich gesungen, mit einer Kerze als Mikrophon vor dem Spiegel, als zweite Mariah Carey oder Whitney Houston, meine großen Vorbilder damals. Nun sang ich erstmals vor Publikum: Vor meiner Mutter. Sie setzte sich erwartungsvoll ans Klavier. Nach meinen ersten Versuchen schüttelte sie den Kopf: »Das wird nichts!« Aber sie hat trotzdem monatelang mit mir geübt, und so habe ich die Aufnahmeprüfung für die Musikakademie bestanden. Besonders vielversprechend waren meine Anfänge dort nicht, es hieß, mehr als kleine Soli im Chor wären vermutlich nicht drin. Aber man kann seine Stimme trainieren, sich dem Ideal des italienischen Belcanto immer weiter nähern, indem man sich über Kirchenmusik, Händel und Barockmusik vorarbeitet, Emotionen und Ausdruck stimmlich immer besser differenzieren lernt.

In dieser Zeit hatte ich außerdem einen wirklich guten Job als Hausmädchen und Putzfrau. Wir Studenten waren alle ganz scharf auf solche Putzjobs. Durch die Umstellung von russischen Rubeln auf Lats, unsere neue Währung als unabhängiger Staat, hatten Anfang der neunziger Jahre plötzlich viele Menschen noch weniger Geld als während der sowjetischen Mangelwirtschaft. Über Nacht konnte man für den Wert eines Autos keinen Stuhl mehr kaufen. Mein Stipendium betrug 14 Euro. Im Monat! Es ging einfach ums Überleben. Wenn am Ende des Monats bei meinen Eltern kein Geld mehr da war, habe ich meine Familie mit meinem Putzgeld unterstützt. Das hat mich wahnsinnig stolz gemacht.

Ich hatte das Glück – oder war es ein glücklicher Zufall? –, bei einer Familie zu arbeiten, die eine riesige CD-Sammlung hatte. Während ich gebügelt habe, habe ich CDs aufgelegt und aus voller Kehle mitgesungen. So habe ich gewisse Techniken durch Imitieren gelernt. Die Nachbarn haben mit der Zeit aufgegeben, sich zu beschweren. Ich kam zweimal die Woche dorthin, für vier bis fünf Stunden. Am Anfang habe ich noch geschrien, irgendwann modulierten sich nicht nur die Töne, sondern auch die Lautstärke. Ich habe *alles* gesungen, vom »Ave Maria« bis »Casta Diva«. Es gab ständig neuen Nachschub: Die Familie, die in der Sowjetzeit emigriert war, pendelte nun zwischen alter und neuer Heimat und brachte fast immer neue CDs von ihren Reisen mit. Das Erste, was ich immer machte: Ich ging zum Schrank und guckte, ist etwas Neues da? Das habe ich aufgelegt, das ganze Haus geputzt und laut mitgesungen.

Es gibt viele Geschichten über Sänger, die über Nacht berühmt wurden, weil sie unerwartet eine Chance bekamen. Letzten Sommer gab es diesen spektakulären Fall in Bayreuth: Kurz vor der Premiere des »Fliegenden Holländers« wurde bekannt, dass der russische Sänger Jewgeni Nikitin, der die Titelpartie singen sollte, Hakenkreuz-Tätowierungen auf seiner Brust hat. Ein Skandal! Vier Tage vor der Premiere! Nikitin reiste ab, es kam der junge Samuel Youn – was für eine Chance für ihn! Eine solche Chance habe ich auch bekommen: Das war der zweite Zufall auf meinem Weg. Damals war ich noch Studentin. Meine Lehrerin rief mich an und fragte, ob ich in Bukarest und Athen für die erkrankte Agnes Baltsa in »Anna Bolena« einspringen könnte. Allerdings müsste ich schon in zehn Tagen auf der Bühne stehen. Ich sagte spontan zu, obwohl ich nicht einmal den Klavierauszug kannte. Meine einzige Sorge war, ob ich mir so rasch den Text merken könnte. Mit 22 Jahren ist man doch recht unbefangen. Alles ging rasend schnell. Das war meine erste professionelle Bühnenrolle, mein erster internationaler Auftritt.

Also, es gibt diese Zufälle, aber man darf keine Angst haben und muss ohne Zögern zugreifen, wenn sich die Chancen bieten. In diesem Anna-Bolena-Jahr gab es den dritten und wahrscheinlich wichtigsten Zufall für meine Karriere: In Wien habe ich am Belvedere-Musikwettbewerb teilgenommen. Dort hörte mich zufällig Christine Mielitz, die damalige Intendantin vom Theater Meiningen. Sie war gerade auf der Suche nach einem neuen Ensemblemitglied, das auf jeden Fall auch die Hosenrolle im »Rosenkavalier« singen kann, sie suchte also einen Mezzosopran. Kurz nach dem Wettbewerb bot sie mir ein Engagement an, und ich habe zugegriffen!

Es war ein Sprung ins kalte Wasser, meine Mutter war strikt dagegen, aber ich hatte mich entschlossen: Noch während des Studiums ein Engagement im Ausland, sogar in Deutschland! Das wollte ich nicht vorbeigehen lassen. Aber ich sprach kein Wort Deutsch, hatte keinerlei Bühnenerfahrung ... Die ersten Monate habe ich nur geweint am Telefon und immer wieder zu meiner Mutter gesagt: »Ich will zurück, das ist mir einfach zu fremd alles!« Es war ja nicht nur die neue Umgebung, die Wohnungssuche, die deutschen Behörden mit ihren Anträgen für die Aufenthaltserlaubnis, nein, auch das deutsche Theater damals: Ich hatte mich so auf meinen ersten Auftritt in der »Zauberflöte« gefreut, aber das Bühnenbild war schwarz und rostig, die Schlange, die zu Beginn Tamino angreift, war ein Elektrokabel. Ich war entsetzt. Für mich war diese Produktion, die Realität des deutschen Regietheaters, ein Schock, aber er war so heilsam, dass mich heute fast nichts mehr erschrecken kann. Deutsch habe ich dann auch gelernt, eisern täglich eine Talkshow angeschaut, mit einem dicken Wörterbuch in der Hand, 43 000 Stichwörter in Lettisch und Deutsch.

Man muss in die Zukunft investieren, davon bin ich fest überzeugt. Erst muss man pflanzen, dann kann man im Herbst

Kartoffeln ernten. Als Kind war ich im Sommer immer auf dem Land bei meinen Großeltern. Ich bin morgens gegen halb sieben aufgestanden, habe die Kühe auf die Wiese getrieben und meine bloßen Füße in den Kuhflatschen warm gehalten, danach haben wir gefrühstückt, den Stall ausgemistet und so weiter, es war ein ganz normales Bauernleben im Sommer. Ich habe rote Rüben gepflanzt, Unkraut gejätet und Kartoffeln gesetzt, Kühe gemolken, Schweine gefüttert und Schafwolle gewaschen. Im Kuhstall unter dem Schieferdach bei 45 bis 55 Grad das Heu zusammenzuschieben, ist nicht sehr idyllisch. Aber das gehörte dazu. Ich habe mir darüber nie viele Gedanken gemacht, weil ich wusste, dass die Ernte des Sommers uns über den Winter bringen würde.

Man sagt ja, man muss enorm viel opfern für den Erfolg. Aber ich habe es nie so empfunden. Die Belohnung am Ende, auf einer Bühne zu stehen und mit einem großen Orchester zu singen, hat mich für alles entschädigt. Ich habe nichts vermisst – wahrscheinlich, weil ich immer so ein klares Ziel vor Augen hatte.

»Man bildet sich oft ein, dass man sein Leben plant – mir hat das Leben die Entscheidungen meistens aus der Hand genommen.«

Campino

# Campino

## Frontmann der Punkband »Die Toten Hosen«

Der Erfolg der Toten Hosen ist für Jon Caffery leicht erklärt: »Campino war vollkommen überzeugt: Sie werden eine der größten deutschen Bands. Sie hatten den Ehrgeiz, eine richtig erfolgreiche Band zu werden, und sie glaubten fest daran, es zu schaffen.« Man sollte denken, der Mann weiß, wovon er spricht, schließlich war er 16 Jahre lang Produzent der Hosen. Aber: »Nee, lustigerweise ist das völlig falsch! Mich hat das nie interessiert, ob wir das schaffen oder nicht. Ich habe immer nur fest an uns als *Freunde* geglaubt.« Campino schüttelt den Kopf. »An Charts habe ich keinen Gedanken verschwendet, mein Ziel war einfach, wir bleiben immer zusammen, das Wichtigste ist die Band, für Musik machen wir alles – Leute, guckt her: Wir haben nichts, wir sind Loser, aber wir sind stolz drauf.«

Gründungsgeschichten erfolgreicher Bands sind schon von jeher der Stoff, aus dem Legenden gestrickt werden. Und mit jedem Jahrzehnt wächst der Mythos. Die Hosen machen gar keinen Hehl daraus, dass sie selber die eine oder andere Geschichte gepflegt und weiterverbreitet haben, so zum Beispiel die von zwei hungrigen Typen, die beide Andreas heißen (Frege und von Holst), bis vor kurzem gemeinsam in einer Punkband gespielt haben und nachts eine Pizza bestellen. Die Pizza bringt ein Bote, der auch Andreas heißt (Meurer) und behauptet, Gitarre spielen zu können. Die Geschichte ist so weit wahr, dass diese drei bis heute Frontmann, Gitarrist und Bassist der Band sind. Den Hosen gefallen »die sozialen und mystischen Andeutungen« der Story – Pizza ohne was drauf und alles geschah an einem Freitag, dem Dreizehnten – und »die erfrischende Banalität«. Es gibt dann noch eine »fundierte Bildungsbürgerversion«, wonach die Hosen aus dem letzten Konzert der Punkband »ZK« in einem winzigen Club in Neuss, dem »Okie Dokie«, hervorgegangen sind, sozusagen »in der gleichen Nanosekunde, als alles zu Ende ging, schon ein neuer Anfang« gemacht war, weil die Musiker »unter dem Drang ihres innersten Selbst« gar nicht anders konnten. Und es existiert sogar eine dritte Version, nach der Campinos Mutter seriös wirkenden Journalisten in Interviews angeblich anvertraut hat, dass Campino schon im Kindergarten ... nein, die Geschichte mit dem Schaufelstock als erstem Mikrophonersatz muss nun wirklich nicht mehr sein, der Mann ist über fünfzig.

Fakt ist, dass Campino, der von seinem zwölf Jahre älteren Bruder immer mit der neusten Musik versorgt und von ihm im Sommer 1976 in London auf sein erstes Punkkonzert geführt wird, sich für diese Musik begeistert und in einem Anflug von pubertärem Größenwahn behauptet, Sänger zu sein. Noten lesen hat er immerhin während vier langer quälender Jahre auf der Musikschule gelernt, das Trompetenspielen eher weniger, aber das war jetzt egal, Isi und Ingo wollen eine Band gründen und suchen unter anderem einen Sänger. Im November 1978 wird die Punkband »ZK« ins Leben gerufen, drei Monate später findet der erste Gig statt. »Da war ich so voll mit Punk-Ideologie. Ich wollte mich erstens nicht für die Bühne besonders anziehen und zweitens auf einer Ebene mit dem Publikum sein, weil ich fand, wir müssen sofort klarmachen, dass wir uns nicht für etwas Besseres halten. Das hatte zur Folge, dass mich niemand gesehen hat«, erinnert sich der Frontmann.

Das hatte zur Folge, dass Campinos Sängerkarriere nach seinem ersten Auftritt fast schon wieder zu Ende war. Die Band wollte den Spinner schnellstens wieder loswerden, der nicht kapierte, dass die Leute »auf der Bühne eine Show wollen« und nicht »Campino, wie er wirklich ist«. Aber der Unbedarfte hat Glück, denn es gab »in ganz Düsseldorf keinen anderen Typen, der bei dieser schlechten Band singen wollte«. Campino bekommt seine zweite Chance. »Eines ist völlig klar: Wenn ich diese zweite Chance nicht bekommen hätte – von der ich gar nichts wusste, weil mir gegenüber gar nichts gesagt wurde, das habe ich erst nachher erfahren –, dann hätte ich niemals das Selbstvertrauen gehabt, noch bei irgendwelchen anderen Jungs zu fragen: ›Sagt mal, Leute, kann ich bei euch mitmachen?‹ Insofern hing tatsächlich in diesem Moment mein Werdegang an einem seidenen Faden.«

Eine ständige Quelle des Ärgers waren die Gitarristen der Band, irgendwann war die Not so groß, »dass sogar ein Mädchen in der Band spielte, die hat dann immer abgesagt, weil sie gerade unter der Dusche war oder sie hatte Migräne oder irgendwas. Das war unaushaltbar.« Danach war klar: Nie wieder Mädchen. Schließlich bekommt Campino einen Tipp, »ein Junge am Zoo, der ist Linkshänder und spielt phantastisch«. Er ruft ihn an, und nur wenige Tage später betritt anno 1980 ein blasser, scheuer 15-Jähriger den Probenraum, steckt seine Gitarre in den Verstärker und legt los. »Uns war schon nach zwei Minuten klar, was uns da für ein Goldstück vor die Füße gefallen ist. Wir hatten beileibe nicht so viel drauf wie er.«

Dieser Andreas von Holst, »Kuddel«, ist Nachkomme eines baltischen Adelsgeschlechts, wohnt mit Bruder und Eltern in Düsseldorf und hat sich das Gitarrespielen mithilfe eines Lehrbuches selbst beigebracht. Als Linkshänder ist es für ihn schwierig, die Akkorde zu greifen, deshalb legte er die Gitarre zum Spielen vor sich auf den Küchentisch, bis er irgendwann erfährt, dass es spezielle Gitarren für Linkshänder gibt. Campino und »ZK« will er eigentlich sofort wieder verlassen. Die haben ihn nämlich gleich nach seinem Vorspiel zu zwei Konzerten nach Berlin mitgenommen, in den Kreuzberger Punkertreff »SO 36«: »Da war halt üblich in der Zeit, dass die Punks, wenn ihnen ein Abend gefallen hat, durch die Gegend rotzten – wie Sau. Das hat er nicht verstanden. Er fand Punk gut, aber er mochte nicht, dass man auf seine neue Gitarre gespuckt hat.« Die anderen Bandmitglieder versuchen, ihn zu beschwichtigen: »Kuddel, das ist höchstes Lob, wisch die Rotze weg und spiel morgen weiter. Es wird alles gut.« Zwei Tage lang hat er sich gegrämt, seine Gitarre sauber gemacht und weitergespielt. Als mit »ZK« zwei Jahre später Schluss ist, wollen die beiden Andreasse, Frege und von Holst, zusammenbleiben. Mit Andreas Meurer und Trini Trimpop gründen sie 1982 – immer noch zu Schulzeiten – »Die Toten Hosen«. Siehe oben.

Jetzt, 30 Jahre später, zwei Tage vor Silvester, sitzen Campino und ich backstage in der Max-Schmeling-Halle in Berlin. Noch wenige Stunden bis zum vorletzten Konzert in diesem Jahr, die ersten Fans strömen bereits in die rund 15 000 Menschen fassende Halle. Fast das ganze Jahr sind sie mit der Jubiläumstour »Der Krach der Republik« unterwegs gewesen, haben am 10. April das erste Konzert dort gegeben, wo genau vor dreißig Jahren alles begann, im Keller des Bremer »Schlachthofs«. Außerdem haben sie ihre Fans mit der »Magical Mystery Tour 2012« zu Hause in den Wohnzimmern besucht, auch das wie vor 30 Jahren. Sie sind eine der erfolgreichsten Bands der Republik, Krach hin oder her, das war einmal, ihr aktueller Hit

»An Tagen wie diesem« ist stadiontauglich und Mainstream in allen Radioprogrammen.

Campinos Haare stehen zu Berge wie immer, sie sind allerdings deutlich dünner geworden, und sein feiner Cashmerepullover ist lässig, nur sicher nicht mehr secondhand gekauft. Aber wenn er von damals erzählt, mit diesem entwaffnenden jungenhaften Campino-Blick, sieht er (wirklich!) wieder wie zwanzig aus: »Ich habe Musik gemacht und mich mit den anderen zweimal in der Woche getroffen, und wir waren glücklich dabei, irgendwo Radau zu machen und uns gegenseitig auf die Schulter zu hauen, dass das ganz toll ist. Wir haben nicht eine Sekunde daran gedacht, dass wir damit Geld verdienen würden.«

Haben sie auch erst mal nicht. Es gab eine Gruppenkasse, und das hieß in erster Linie, dass jeder einzuzahlen hatte, um die Proberaummiete am Ende des Monats zusammenzukriegen. Den Lebensunterhalt mussten sie sich verdienen »mit Plakatekleben für die Stones und Peter Maffay oder Stühleaufbauen für Bettina Wegener, aber nicht mit Musikspielen«, erläutert Andi, der Bassist der Hosen. Wenn sie unterwegs waren, konnten im Bus nur drei schlafen, »das heißt, wir mussten uns einen Platz zum Pennen besorgen. Das sah dann so aus, dass wir in den Club kamen oder in das besetzte Haus, oder wo immer wir gespielt haben, und erst mal gefragt haben, können wir irgendwo schlafen. Nicht immer hat das geklappt.«

Im Dezember 1986 hatten sie mal wieder Glück mit dem Schlafplatz. Sie bekamen eine Einladung von Donatus Albrecht nach Beinhorn. Fröhlich fielen die Toten Hosen ins Haus des damaligen niedersächsischen Ministerpräsidenten Ernst Albrecht (CDU) ein, Zigarettenkippen verzierten schon bald den teuren Parkettfußboden, und Punks pinkelten in die Blumenbeete, während sich die Hosen mit dem jüngsten Albrecht-Spross anfreundeten, der für sie den väterlichen Weinkeller plünderte. Am »liebevoll gedeckten Frühstückstisch«, so berichtete später der *Spiegel* – Kaffee, Brot und Butter –, kam es schließlich fast zur Prügelei mit dem Hausherrn, der die Punks mit hochrotem Kopf anschrie: »Raus, jetzt reicht's, alle raus hier!« »Punk«, so der ältere Albrecht-Sohn Barthold damals, »hatte wieder seine Legitimation.«

Eigentlich ein Widerspruch in sich, denn Punk brauchte keine Legitimation, es ging ja gerade darum, dem Establishment, der Bürgergesellschaft und ihrer spießigen Moral den Stinkefinger zu zeigen und sie zu brüskieren. Im Lexikon liest sich das heute so: »Die herrschenden Werte wie auch die herrschende Ästhetik wurden durch einen radikalen Nonkonformismus negiert.« Oha. Ob Campino und Co das wohl auch so ausgedrückt hätten?

»Ich denke, man bildet es sich sehr oft ein, dass man sein Leben plant, und nimmt sich Dinge vor, und es kommt dann doch irgendwie anders. Mir hat das Leben die Entscheidungen meistens aus der Hand genommen. Ich bin da die ganze Zeit in was reingeraten«, resümiert der Frontmann in der Rückschau.

Campino ist zweimal sitzengeblieben und landete so in der Klasse von Michael Breitkopf, dem späteren zweiten Gitarristen der Hosen, 1983 machen sie zusammen Abitur. »Eigentlich wusste ich nicht, was ich machen sollte nach dem Abi, aber wie immer wurde mir auch hier die Entscheidung aus der Hand genommen.« Für Andreas Frege flattert ein Einberufungsbescheid ins Haus. In diesem Punkt hatte er nicht gewagt, sich den Wünschen des Oberverwaltungsgerichtsrats Joachim Frege zu widersetzen. Sein Vater war Wehrmachtsoffizier gewesen und überzeugt, dass künftige Terrorregime nur mit einer starken Armee zu verhindern seien. So findet sich Campino plötzlich mit seinen schwarz-rot-gelb gefärbten Haaren in der

152

Kaserne in Wuppertal wieder, wo sein Outfit nicht als spaßiges Anarchobekenntnis angesehen wird. Ihm wird klar, nun »ging es um meine Selbstbestimmung«. Will er weiter ein Vatersohn sein oder »er selbst«? Nach drei Monaten verweigert er den Wehrdienst und steht den Gerichtsprozess erfolgreich durch. Jahre später widmet er seinem Vater das Lied »Draußen vor der Tür«: *Ich wollte nie so sein wie du und wie du denkst / Heute merke ich immer wieder, wie ähnlich ich dir bin / Zum Glück war's damals nicht zu spät / Wir haben uns verziehen, der Wind hat sich gelegt.*

Der Zufall will es, dass Campinos Bewerbung für eine Zivildienststelle bei einem ehemaligen Kumpel auf dem Schreibtisch landet, der über die Vergabe der wenigen begehrten Stellen entscheidet. So bekommt er den Job in der Landespsychiatrie Düsseldorf-Grafenberg und erlebt dort die »bis zu dem Zeitpunkt beste Zeit meines Lebens, weil ich mir zum ersten Mal irgendwie nützlich vorkam«. Das Leben mit den Patienten, der Widerspruch zur Welt draußen, berührt ihn, interessiert ihn »brennend«, er lässt »keine einzige Sitzung aus, wenn die Patienten über ihr Krankheitsbild erzählen«, und das erste Mal bedauert er seinen schlechten Notendurchschnitt, weil er damit »nicht hätte Psychiater werden können«. Ihm wird in dieser Zeit klar, dass »nicht die kränksten Leute in die Klinik kommen, sondern die schwächsten«. Es sei eine sehr lehrreiche Zeit für ihn gewesen.

In diesen Jahren spürt er immer so eine latente Wut in sich, aber auch viel Lebensfreude. Immer geht es darum, Grenzen auszuloten. »Monatelang mit dieser Einstellung im Kopf herumzulaufen, wir können die Welt verändern – ein kleines bisschen. Mit vielen anderen auf der Straße so eine Kraft in sich zu spüren, wenn wir da jetzt rausgehen mit 200 Leuten, und wir werfen die Steine zurück, dann laufen die anderen auch mal. Das erlebt zu haben, war schon irre. Letztendlich ging es um eine Illusion. Aber trotzdem war es geil. Das Leben war nie besser zu spüren als in diesen Tagen.« Die Schlagzeilen in diesen Tagen lauteten »Tote Hosen: Schlägerei mit Polizei«, »Tote Hosen warfen mit Gläsern und Klodeckeln«, »Punks schlugen Polizei zurück«, »Massenschlägerei nach Punk-Konzert«, »Tote Hosen: Sänger bei Krawall verletzt«. Etwas wirklich Gravierendes ist nie passiert, irgendwie hatten sie immer einen Schutzengel, auch wenn Campino den ungern in Anspruch nimmt, denn er möchte nicht so eingebildet klingen, »dass gerade er, andere aber keinen hatten«. Nach so einer Straßenschlacht ist man dann wieder in die Kneipe reingegangen und hat fröhlich weitergefeiert. Man war »nicht den ganzen Tag zornig, sondern man hat geschaut, dass das Gift den Körper und das Gehirn verlässt, und dann war wieder alles gut«.

Es habe nie wirklich Alternativen zu den Dingen gegeben: »Ich kann mir nicht vorstellen, was ich ohne die Musik in meinem Leben für einen Beruf ergriffen hätte.« Campino erzählt, wie er einmal Radiosprecher werden wollte: »Ich bin nachts um 2 Uhr losgefahren aus Düsseldorf, um dann um 6 Uhr beim SWR zur Probe eine Frühsendung zu moderieren mit dieser dazugehörigen Grützmusik. Ich konnte das nicht ansagen, ohne meinen Ekel auszudrücken. Da haben die gesagt: »Vielen Dank und tschüs.« Auch als Blumenverkäufer hat er sich versucht, auf einer Erdbeerplantage, bei Mannesmann oder für die Inventur bei Ersatzteilfirmen. »Es ging nirgendwo gut. Die waren froh, ich war froh, wenn ich wieder weg war.«

»Die Dinge, die gut wurden, die sind auf mich zugeflogen.« Er habe sich nie etwas vorgenommen, keine großen Projekte geplant, sondern alles »ist einfach passiert«. Aber in all seinen Liedern steckt immer eine große Sehnsucht, man hat das Gefühl, sie treibt ihn weiter, von Song zu Song. »Ja«, sagt er versonnen,

»gerade wenn alles perfekt und rund ist, wenn alles in Ordnung ist ...« Für einen Moment scheint er weit weg zu sein, nicht in Berlin, nicht kurz vor einem großen Konzert, »wenn in meinem Fall die Sehnsucht der Schmerz ist, nie wirklich anzukommen, dann hat sie mich bisher ganz gut durchs Leben gezogen«. Er grinst ein bisschen schief: »Vielleicht ändert sich das ja doch noch mal in den nächsten Jahren.« So wie er guckt, glauben wir beide nicht daran.

»Alles ist immer zufällig passiert, Erfolg kann man sich nicht vornehmen, das ist wie beim Verliebtsein.«

Ina Müller

# Ina Müller

## Sängerin, Entertainerin und Moderatorin

Es war kurz vor Mitternacht in einer sommerlichen NDR-Talk-show anno 2004, als eine silberblonde, hochfrisierte, unbe-kümmerte Bauerntochter aus dem Niedersachsen-Kaff Köhlen so komisch und unverblümt über ihr Landleben sabbelte, dass Gäste wie Dieter Kürten, Hannes Jaenicke und Rainhard Fen-drich vor Begeisterung fast unter ihren Beistelltischchen lagen. Ina Müller saß da in der Palaver-Runde und erzählte quietsch-vergnügt und äußerst unterhaltsam von ihrer exotisch anmu-tenden Jugend auf dem Bauernhof: Wie sie morgens die Kühe melkte und sich anschließend noch vor der Schule die Haare waschen musste, damit die Klasse nicht nach Kuhstall stank. Wie sie, die Deern vom Land, »so platt as 'n Pannkoken«, in der Schule eine Sprache schreiben lernen musste, die sie noch nicht einmal sprechen konnte: Hochdeutsch. Aber sie hat es immerhin noch gelernt, andere Familienmitglieder nicht. Als Teenie Ina den ersten Freund mit auf den Hof brachte, forderte die Großmutter ihn energisch, aber erfolglos mit den Worten »Wullt du noch 'n paar Klüten?« zum Essen auf. Die Oma dar-aufhin zur Enkelin: »Ina, moog din Fründ noch 'n poor Klü-ten?« Ina: »Das weiß ich doch nicht!« Oma, nun erregt: »Na, dann froooog em doch!« Ja, so war das damals in Köhlen, als Vater und Mutter Müller ihren sexuell erwachenden Töchtern empfahlen, sachdienliche Informationen zur (Land)lust bei den Tieren abzugucken. »Aber«, sagte Ina Müller augenfunkelnd, »da kam ja immer nur der Onkel Kikowicz, der Besamungstechniker. Da konnte man nur sehen, wie er den langen Gummihandschuh anzog, sonst gab's da nix zu gucken.« Gehört hat sie immerhin verwundert, dass die Kühe laut brüllten, wenn der Onkel zum Bullen kam – und sie war bannig froh, als sie später feststellte, dass das bei den Menschen anders funktioniert, berichtet sie. Es war damals wirklich eine kleine Sternstunde in der Geschichte der deutschen Talkshows und nur logisch, dass der NDR dieser unwiderstehlichen Köhlener Rampensau eine eigene Sendung anbot.

Bei einem munteren Bühnendisput zitiert der Filmproduzent Hubertus Meyer-Burckkardt einmal ein Bonmot von Woody Allen: »Lebensplanung ist das Ersetzen des Zufalls durch Irrtum.« »Ach«, sagt Ina Müller und winkt ab, »ich glaube, einfach alles im Leben ist irgendwie Zufall. Wenn es an einem bestimmten öden Winterabend in den sechziger Jahren ein besseres Fernsehprogramm gegeben hätte, Peter Frankenfeld zum Beispiel, dann gäbe es mich vielleicht gar nicht.« Vielleicht war es noch ganz anders, wer weiß, denn schon früh hat sie das Gefühl, sie sei »in so einem Körbchen an einem Fluss angespült worden, und meine Eltern waren nicht meine Eltern und dieser Bauernhof nicht das, wofür ich bestimmt war«. Vermutlich aus diesem Gefühl heraus sagt sie früh »Tschüs, Köhlen!« und macht sich auf in die weite Welt. Bei Bremen ist allerdings erst mal Schluss. Als bodenständiges Bauernkind braucht sie zunächst einen Job, der die Frau ernährt, zum Beispiel pharmazeutisch-technische Assistentin. Das passt, denn krank werden die Leute immer.

Ganz oben, Platz eins auf der Liste der Zufallscharts, ist die zufällige Begegnung mit einem Fremden. Ina Müller sitzt gelangweilt im Zug, als sie mit einem Mann ins Gespräch kommt, der auf Sylt lebt und arbeitet. »Komm mich doch mal besuchen«, lädt er ein. Sie findet das »suspekt«, damals war Sylt noch die Insel der Reichen, Schönen und manchmal auch Wichtigen. Aber es macht sie neugierig. Sie ist aus Bremen fast noch nie raus gewesen, nun setzt sie sich ins Auto und fährt los, immer den Schildern Heide und Husum nach, Navis gab es ja noch nicht. Endlich Niebüll, auf den Autozug, über den Hindenburgdamm. »Ich habe mich sofort – schon beim Rauffahren – in die Insel verliebt. Es gibt manchmal solche Momente im Leben.« Aus diesem Moment werden fast zehn Jahre. Reihenhaus auf Sylt, Arbeit in der Inselapotheke. Und Musik im Wenningstedter Kursaal.

Schon als Kind war Ina Müller verliebt in die Musik. Die Schule präsentierte ein großzügiges Angebot an musischen Fächern, es war die Hoch-Zeit sozialliberaler Bildungsreformen. »Bei uns machte das die Hälfte des Unterrichts aus, was vielleicht ein bisschen doof für Physik und Mathe war, aber wir hatten extrem guten Musikunterricht. Ich durfte Bass spielen lernen, es gab eine Schulband, und ich hatte einen Musiklehrer, der selber am Wochenende in unserer Disco in der Band spielte – cooler geht es doch nicht!« Die Geldgeschenke zur Konfirmation legte Ina Müller in einer E-Gitarre mit Verstärker an, und in den zwei Stunden zwischen Schulschluss und Feldarbeit versuchte sie, aus dem Instrument herauszuholen, was geht. Leider war das auch die Zeit, in der sich der Vater zum Mittagsschlaf aufs Sofa legte, die Gitarre war deshalb nicht gerade wohlgelitten auf dem Müller'schen Hof, irgendwann gab's die rote Karte, und die Gitarre bekam Hofverweis.

Aber Musik blieb das Einzige, was die vierte der fünf Töchter interessiert. »Das war so mein Ding. Ich lebte ja so ein bisschen im Hospitalismus, und wenn ich aus der Schule kam, musste ich in mein Zimmer gehen, entweder selber E-Gitarre spielen – was nicht lange ging – oder diesen uralten Plattenspieler anmachen, die alten Queen-Scheiben auflegen, mich auf das Bett setzen, Musik hören und dazu mit dem Kopf wackeln. Das war für mich die größte Entspannung, die es gab.« Ina Müller hält diese Jahre für die Grundlage all dessen, was später ihre Karriere als Sängerin begründet hat. Aber auch hier besteht sie auf Zufall: »Ich gehörte zufällig dieser Generation an, die in der Schule gefördert wurde, das war nur ein kleines Zeitfenster, heute gibt es das in der Form nicht mehr.«

Auf Sylt fragt sie, während sie im weißen Kittel Kopfschmerztabletten oder Hühneraugenpflaster über den Apothekentresen reicht: »Kennt ihr irgendjemanden hier auf der Insel, der Musik macht?« »Ja, Frau Wimmer gegenüber aus dem Jeansladen.«In der Mittagspause geht sie mal rüber. Ein junges Mädchen kommt auf sie zu, lächelt. »Du kannst Wiebke sagen.« Die beiden Sylter Deerns, Wiebke Wimmer und Edda Schnittgard, machen ab und an Musik zwischen Nordsee und Wattenmeer, und nachdem sie Ina Müller angehört haben, darf sie künftig mitmachen. »Das erste Mal traten wir im dänischen Kirchensaal und danach im Wenningstedter Kursaal auf. Kein Mensch kannte uns und unser Auftritt war, nach heutigen Maßstäben, so schlimm – Musik zum Elektro-Clavinova. Aber damals konnte man so etwas noch machen, die Leute hatten noch nicht diese Ansprüche wie heute im Zeitalter der Castingshows.«

Ina Müller und Edda Schnittgard gründen 1994 das Kabarett-Duo »Queen Bee«. Die solide Apotheken- gegen eine ungewisse Bühnenkarriere zu tauschen, kostet Überwindung. Anfangs lebt Müller noch halbtags zwischen Pillen und Pasten, aber das animierte, applausfreudige Publikum macht ihr Mut. Die Leute »sahen die dicke blonde Frau und die Ältere mit der

Schamhaarkrause auf dem Kopf und fanden uns lustig, was natürlich ein Segen war«. Als die beiden immer mehr Witze in ihr Programm einbauen (»Immer nur singen, danke sagen, singen, danke sagen, das war auf die Dauer ziemlich öde«), spült sie der Erfolg von der Nordseeinsel runter übers ganze Land. Zehn Jahre bleiben die Bienenköniginnen zusammen. Das Fazit der heutigen Queen of Singen, Sabbeln und Saufen: »Mein Leben wäre komplett anders verlaufen, hätte ich damals einen anderen Zug genommen, diesen Mann nicht besucht, mich nicht in Sylt verliebt.«

Sie habe lange dafür gebraucht, dort zu sein, wo sie heute ist, sagt Ina Müller. Die Kritiker stellen ihr beste Noten aus. Müller, so klingt es unisono, ist ein »Multitalent«, ein »Energiebündel«, eine »Kodderschnauze«, eine »TV-Schrillnudel«, »Hamburgs erfolgreichster Rockpopkabarett-Export«, außerdem »die Göttin der fröhlichen Zote«. Ein besonders beeindruckter Musikrezensent behauptet: »Wenn sie jetzt noch steppen würde, wäre sie der neue Harald Juhnke.« Für ihr Album »Weiblich, ledig, 40« bekommt sie 2010 Platin, da sei sie schier ausgeflippt, sagt sie: »Ich Apothekendüsel – eine Platinplatte! Ich glaube, meine Platten sind mein Kind-Ersatz. Und sie schreien nachts nicht.« Ihre Konzerte sind seit Jahren stets ausverkauft, nicht nur im Norden, aber natürlich ist sie hier die Lokalmatadorin, da singt schon mal geschlossen das Stadtpark-Publikum »Happy Birthday«, wenn sie sich an ihrem Geburtstag vor ihre »Hamburcher« stellt, laut und lebenslustig: »Moin, ihr Schnullerbacken! Ist das toll hier!!« Man sagt »du« und »Ina« zu ihr, und man muss diese Frau wohl mit dem inzwischen arg strapazierten Begriff »authentisch« beschreiben, besonders wenn sie vor einem sitzt und sagt, dass sie eigentlich viel mehr Lust hätte, über etwas anderes als den Zufall zu reden, zum Beispiel »über die Frau ab 40, über Beziehungen nach 20 Jahren« oder über Typen wie ihren Frauenarzt, Porsche-Fahrer, mit dem sie gewettet hat, dass er spätestens in 20 Jahren geschieden ist. Sie bedient die Klischees, sie spielt damit, aber sie stellt auch genau die Fragen, die man sonst mit der besten Freundin bespricht.

Der große Durchbruch in ihrer Karriere begann dann 2004, fast auch wieder mühelos. »Alles kam eigentlich zu mir«, sagt sie, »ich habe in meinem Leben selten für etwas gekämpft, ich musste mich immer nur bewähren.« Sie hatte damals schon längere Zeit die plattdeutsche Hörfunksendung »Hör mal 'n beten to« moderiert, lustiges, erdiges Platt geschrieben und einen Literaturpreis bekommen. Nun findet der Verleger eines Kleinverlages, die Zeit sei reif für ein plattdeutsches Buch. Eine große Plattenfirma schlägt vor, der Kleinkunst Ade zu sagen und den Sprung auf die große Konzertbühne zu wagen, Müller soll ein eigenes Album aufnehmen. Das alles bedeutet viel Arbeit, im Frühsommer will sie sich bei einem Kurzurlaub auf Malta erholen.

Die Flüge sind gebucht, als das Telefon klingelt und der NDR in die Talkshow einlädt. »Da sind wir wieder beim Zufall – wahrscheinlich fehlte kurzfristig ein Gast.« Sie sagt natürlich zu, alles andere wär ja auch blöd gewesen, weil sie ja »bis dahin noch nichts richtig gewuppt hatte«. Ihr Freund ist gekränkt und schmollt, aber Ina Müller packt unverdrossen zwei Tage früher als geplant die Koffer, steigt morgens um 5 Uhr in den Flieger und sitzt abends um 22 Uhr braun gebrannt und »schon leicht schielend vor Müdigkeit« im Fernsehstudio, findet alles sehr spannend und freut sich, dass sie mit den Geschichten vom elterlichen Bauernhof und vom »Hektarball« so punkten kann. »Da hängen sich die nicht verheirateten Jungbauern und Bäuerinnen so Schilder um den Hals, wo die Hektarzahl vom Hof draufsteht.« Dann werde getanzt und vor allem gesoffen – »nich lang schnacken, Kopp in'n Nacken –, bis sie die Schilder nicht mehr lesen können, und dann iss auch egal«. Das Publikum johlt vor Vergnügen.

Ein Trendforscher wird Ina Müller wenige Jahre später als »moderne Variante von Heidi Kabel« identifizieren, als »regionale Heldin der Neuzeit«, deren Strahlkraft aus »Humor, Lebenslust, Natürlichkeit und Selbstbewusstsein« die Menschen generationen- und schichtenübergreifend verbindet wie einst die Hamburger Volksschauspielerin. Tatsächlich ist sie ja nicht nur ein Kind vom plattdeutschen Strand, sondern auch groß geworden mit den Stücken der Ohnsorg-Ikonen Heidi Kabel und Henry Vahl – »Ich war wirklich noch Ohnsorg-süchtig, während die anderen Mädels in meiner Klasse schon Boygroups toll fanden« – und sie hätte vielleicht doch einen Jungbauern geheiratet, hätte er ausgesehen wie Jürgen Pooch und ihr in die Augen geschaut wie dieser Schauspieler damals Heidi Mahler auf der Ohnsorg-Bühne.

Nach dem spektakulären Talkshow-Triumph 2004 wird sie erst mal landauf, landab eingeladen, um vom skurrilen Hektarball zu erzählen. Das findet sie schnell langweilig, aber die medialen Trüffelschweine beim NDR wittern das Potenzial einer Ina Müller. Sie bekommt das Angebot, eine eigene Sendung zu moderieren. Nur ein Jahr später geht sie mit »Land & Liebe« auf den Sender, nur sechs Monate danach folgt »Inas Norden«, später »Stadt, Land, Ina!«. Die Sendungen im dritten Programm erreichen traditionell eher ein älteres Publikum, aber, wie man in der NDR-Chefetage feststellt, Ina Müller »bringt eine zweite Ebene hinein«, ihr witziger und frischer Moderationsstil ziehe »auch jüngeres, anders sozialisiertes Publikum an« – Zuschauer also, die sich auch mit trieborientierten Themen und Wortschöpfungen wie »Schwanzverlängerung« und »Pimmelmänner« bestens unterhalten fühlen.

Der NDR kann – verständlich – gar nicht genug kriegen

165

von der kreglen Sabbeltasche. Noch mehr Müller soll her, eine Late-Night-Sendung wäre gut, »etwas Norddeutsches« stellt sich der Sender vor, vielleicht aus dem St.-Pauli-Theater. Ina Müller sieht schon mit Bangen »eine Mischung aus Harald Schmidt und Anke Engelke am Schreibtisch mit Matrosenchor dahinter«. Das will sie auf keinen Fall und schreibt lieber ein eigenes Konzept. Die Musikerin möchte am liebsten eine Musiksendung machen, als Talkshow getarnt, denn »bei Musik schalten die Leute immer gleich aus«, hat man ihr gesagt. Sie möchte Bands einladen, die noch nicht so bekannt sind, einen Shanty-Chor vor der Tür stehen haben, Blick auf die Elbe und, und, und. Der zuständige NDR-Redakteur schüttelt betrübt den Kopf und brummt: »Wer soll das bezahlen?« Dann liest er die Namen der total unbekannten Bands, die sie sich wünscht, und lacht sich kaputt über so viel Naivität. »Da war ich«, sagt Müller, »natürlich zutiefst beleidigt.«

Doch dann greift NDR-Intendant Jobst Plog persönlich ins Rad der Showgeschichte. Er ist ein großer, unerschütterlicher Müller-Fan und rollt ihr den roten Fernsehteppich aus. »Wenn die sich alle so dusselig anstellen, was willst du denn machen?« »Haifischbar reloaded!«, sagt sie. Die Kultsendung der sechziger und siebziger Jahre, aufgefrischt fürs 21. Jahrhundert, aber immer noch »klein, wild und verraucht«. Eine Hafenkneipe muss her. In Hamburg keine unlösbare Aufgabe, aber sie will gefunden werden. Also geht's auf Kneipentour. Ina Müller steckt im Stau, die zuständige NDR-Redakteurin sitzt erst mal allein in der winzigen Spelunke »Zum Schellfischposten« an einem der drei Tische, um sie herum besoffene Matrosen, sie simst verzweifelt und beleidigt: »Ein fürchterlicher Laden. Ich danke schön, dass du mich so lange alleine sitzen lässt.« Kurz darauf springt Ina Müller, die nach dieser deprimierenden Botschaft eigentlich schon wieder umkehren wollte, aus dem Taxi,

166

kommt rein und weiß sofort: »Das ist es!« Genau so und nicht anders hatte sie sich ihre Haifischbar vorgestellt. Hier kann sie zeigen, was später einen Grimme-Preis verdient, nämlich dass »gekonnte Unterhaltung weder eine Showtreppe noch aufwendige Lichtregie braucht«. Sie strahlt: »Was für ein Zufall, dass ich doch noch hingefahren bin!«

Und ist sie nun neugierig auf die Zufälle, die das Leben vielleicht noch für sie bereithält? Nein, sagt sie, der Zufall ist doch eher ein Weichensteller für junge Leute, der entscheidet: In Würde melken und im Kuhstall die Euter zählen oder sich unbeschwert und narrenfrei durchs Showbusiness sabbeln und süffeln. Ina Müller braucht ihn nicht mehr, spätestens seit sie im »Schellfischposten« ihr musikalisches Seemannsgarn spinnt und der Shanty-Chor vor dem Fenster die Matrosen-Hymne »What Shall We Do With a Drunken Sailor« schmettert. Ahoi.

»Man muss ja so tun,
als gäbe es keinen Zufall,
weil man einen Zufall
nicht einplanen kann,
aber gerade zu Beginn
einer Karriere spielt
er eine große Rolle.«

Dieter Nuhr

# Dieter Nuhr

## Kabarettist

»So entspannt ist kaum einer, gibt's ganz selten.« Der Backstage-Mitarbeiter, der mich eilig zu meinem Platz bringt, muss es wissen. Er hat den Überblick, denn viele andere Künstler treten hier auf, von Hansi Hinterseer bis Rea Garvey, von Helge Schneider bis Cindy aus Marzahn oder den Kastelruther Spatzen, das ganze Jahr hindurch, die typischen Stadthallen-, Kongresszentren- und Arenen-Bespieler eben.

Heute ist es Dieter Nuhr. Es ist kurz vor 20 Uhr, gleich wird er auf die Bühne kommen, dort zweieinhalb Stunden stehen und den Menschen erzählen, was ihm so durch den Kopf geht, Fragen ans Leben, mögliche Antworten: »Wie schaffe ich es, so viel Geld zu versaufen, dass die EZB sagt: Der Deckel geht auf mich!« Oder: »Warum drucken die Amis immer neues Geld? Weil sie keiner daran hindert.« Davor haben wir uns in der kahlen, resopalglatten Künstlergarderobe getroffen und über den Zufall geredet. Bis zehn Minuten vor seinem Auftritt, dann hat er sich ein bisschen Gel ins Haar gemacht und gesagt: »Dann bis gleich! Viel Spaß.« Da waren es noch sechs Minuten, bis er ein paar Tausend Menschen allein gegenübersteht. So entspannt ist wirklich kaum einer.

Womöglich ist er so zur Welt gekommen. Jedenfalls hat er schon als Kind lieber dagesessen und »selbstvergessen mit den Füßen gespielt,« als zu toben und zu schreien wie andere. Entspannt und gelassen geht er auch die Schule an, war »faul wie Sau« und hatte dementsprechende Noten, aber fürs Abi hat es trotzdem gereicht. Aber was dann? Die Welt außerhalb der Lehrgebäude ist unwirtlich, erkennt er, überall Leistungsdruck, Konkurrenz und struggle for life, »da liegt es nahe zu sagen«, und er guckt einen mit ernstem Gesicht und diesen Knopfaugen an, »ich will wieder in meine Anstalt. Ich wäre gerne Lehrer geworden, das ist behütet, sicher und hat etwas Heimeliges – zumindest wenn die Schüler unbewaffnet erscheinen und ansatzweise die Sprache des Lehrers verstehen.« Also Lehramtsstudium, Kunst und Geschichte.

Dieses Studium fordert zum Glück keinen Rund-um-die-Uhr-Einsatz, zumindest nicht von entspannten Studenten, da stehen unverhofften Zufällen quasi Tür und Tor offen. Der erste lässt nicht lange auf sich warten: Die Theatergruppe seines alten Gymnasiums braucht dringend Verstärkung. Dieter Nuhr bekommt einen Anruf und willigt in die Bühnenlaufbahn ein, obwohl ihm »das nun wirklich gar nicht lag«, aber es stellte sich heraus, dass in der Laienschar ein Mädchen mitspielt, das schon allein Grund genug für ein Ja war. Cherchez la femme.

»Wir haben da groteske Dinge gemacht. Mit dem Düsseldorfer Jugendsymphonieorchester zusammen haben wir die ›Dreigroschenoper‹ aufgeführt – was für Laien eigentlich völlig unmöglich ist, allein vom technischen Anspruch her. Mackie Messers »Ruf aus der Gruft« kann kein Mensch einfach so auf einer Bühne vor 500 Leuten singen.« Eine Herausforderung. Sie haben sich nicht abschrecken lassen, haben geübt, »und dann ging es irgendwann«. Nuhr meint sich zu erinnern, dass es am Ende »auch irgendwie gut angekommen« ist. Und, als der Philosoph unter den Komikern, hat er auch gleich ein erstes Resümee parat: »Ich glaube, die innere Haltung, mit der man einem Zufall begegnet, entweder bereit zu sein sich durchzubeißen oder zu sagen: Geht nicht, mach ich nicht, spielt eine große Rolle dabei, ob ein Zufall eine positive Entwicklung nimmt oder nicht.«

Der Zufall gestaltet sich auch deshalb positiv, weil der ehemalige Lateinlehrer, einst Ensemble-Mitglied des Düsseldorfer Kom(m)ödchens, ein comicus latinus sozusagen, die Regie bei der ambitionierten Truppe übernommen hatte und vorschlug, auch eigene Texte zu schreiben und auf die Bühne zu bringen. Nuhr erobert sich auch dieses unbekannte Terrain, findet Spaß daran und bleibt der Schauspieltruppe treu, die infolge bestandener Examina und abgeschlossener Studiengänge immer mehr Abgänge zu verzeichnen hat. Plötzlich waren's nur noch zwei. Das Duo V. E. V.-Kabarett wurde geboren.

Nebenbei studiert auch Dieter Nuhr zu Ende, schafft das erste Staatsexamen und sieht sich plötzlich am Vestischen Gymnasium in Bottrop einer Schulklasse gegenüber: »Ich war damals 24, die Kinder um die 20, zum Teil ausgesprochen attraktiv und gut gelaunt. Ich betrat die Klasse und fand die Mädchen aus der letzten Reihe ganz vorne vor, alle in weißen Blüschen, geöffnet bis zum Bauchnabel, grinsend und gut entwickelt. In diesem Moment wusste ich: Dieser Beruf wird dir einmal strafrechtliche Probleme bereiten.« Es war seine letzte Unterrichtsstunde. Und ist bis heute eine beliebte Bühnenanekdote. Aber es ist eben eine Anekdote und nicht der ausschlaggebende Grund, warum er nicht Lehrer wurde. Damals hatten sich eher Nuhr'scher Freiheitdrang und Abenteuerlust durchgesetzt: »Wir konnten schon leben von dem, was wir gemacht haben. Da habe ich gedacht, das machen wir noch zwei Jahre. Das kannst du danach nie wieder tun. Es werden bestimmt wunderbare zwei Jahre!«

Es wurden sieben Jahre. In der »Dreigroschenoper« wird der Held Macheath »von des Geschickes Zorn« in die Gruft verschlagen, bei Nuhr scheint es ein eher gut gelauntes Geschick gewesen zu sein, das ihn auf die Kleinkunstbühnen des Landes schubst. Nicht ganz so gut meinen es die Schicksalsmächte mit seinem Partner Frank Küster, jedenfalls nicht an jenem einen Abend 1992. Am nächsten Tag soll Premiere sein, ein neues Programm des V. E. V.-Kabaretts, ein letztes Mal gehen sie alles durch, Generalprobe. »Es gab eine Szene, wo er mit einem großen japanischen Messer eine Möhre abschnitt, die er in der Hand hielt und dabei einen japanischen Samurai nachmachte. Ho-Jo, machte er und schlug zu. Dann drehte er sich zu mir und sagte: ›Könntest du mich ins Krankenhaus fahren.‹ Das werde ich nie vergessen. Ich habe gedacht, was hat er jetzt, kennt er seinen Text nicht? Und dann guckte ich und sah, wie diese Hand halb runterlappte. Er hatte sich alle Sehnen abgeschnitten, die man sich abschneiden kann.«

Der Veranstalter reagiert ziemlich ungehalten, als Nuhr ihm von der fünfstündigen Operation und dem vorläufigen Ausfall seines Partners erzählt. »Der dachte, ich wollte ihn verarschen, glaubte wahrscheinlich, wir sind mit unserem neuen Programm nicht fertig geworden.« Also macht Nuhr einen Vorschlag zur Güte und bietet an, allein zu kommen und dem Publikum wenigstens zu erzählen, was es gesehen hätte, wenn sie aufgetreten wären. Das war neu, die Leute fanden es sehr komisch. »Das habe ich aber erst Jahre später verstanden. Damals dachte ich, sie fanden das neue Programm so gut, dabei haben die Leute darüber gelacht, dass ein Einzelner kommt und sagt: Ich spiele ein Duo-Programm.« Dieser Einzelne kommt aber auch auf den Geschmack. An jenem Abend beschließt Dieter Nuhr, künftig als Solist aufzutreten.

Zu dieser Entscheidung fügt sich passend der nächste Zufall.

174

Ein kabarettinteressierter, türkischstämmiger Theaterdirektor aus Mönchengladbach sieht ihn auf der Bühne, ihm gefällt, was er sieht, er spricht den jungen Mann an und stellt ihm sein Theater für erste Soloauftritte zur Verfügung, zum Üben sozusagen. Nuhr sagt ja, nimmt das Gemaule seines Partners in Kauf, er lässt sich nun mal nichts vorschreiben, außerdem muss der sich keine Sorgen machen, man hatte eine »sozialverträgliche Kündigungsfrist von zwei Jahren« vereinbart. Der Theatermann schlägt ihm in seinem gebrochenen Deutsch vor, ohne Requisiten aufzutreten. Er soll einfach auf die Bühne gehen und erzählen. »Ich dachte, der spinnt. Wir haben bis dahin immer mit dicken Mützchen oder Perücken gespielt, weil wir dachten, man muss ein bisschen die Sau rauslassen auf der Bühne.« Der neue Mentor besteht darauf, dass der kommende Solist diesen Krempel nicht brauche, und wird Geburtshelfer des Nuhr'schen Naturalismus, mit dem er bis heute die Hallen füllt. Seine Kollegen ziehen zu enge Rautenpullunder oder pinkfarbene Trainingsanzüge an, setzen sich Dauerwellperücken und blaue Sonnenbrillen auf, zelebrieren eigene Macken und Marotten oder scheuen kein noch so altes Mann-Frau-Klischee, sie machen sich prolliger, hässlicher, türkischer oder unverschämter, als sie sind. Dieter Nuhr ist einfach nur Nuhr. Nuhr pur. Weil in Mönchengladbach Anfang der neunziger Jahre ein Bühnenprofi mit gutem Gespür das Glaubwürdigkeitspotenzial dieses Mannes erkannte und förderte.

»Nuhr am Nörgeln« hieß sein erstes Soloprogramm 1994, schon für sein zweites, »Nuhr weiter so«, bekam er den Deutschen Kleinkunstpreis, für seine »altehrwürdige Formbeherrschung der Solojuxerei«, in welcher er seine Generation, die Dreißiger, plaudernd verreißt, sich etwa fragt, was sie außer baumwollenen Einkaufsbeuteln und selbstgedrehten Zigaretten zu hinterlassen haben wird.

Von da an läuft es fast von selbst, der Zufall wird nicht mehr gebraucht. Alle zwei, drei Jahre ein neues Programm und immer größere Veranstaltungshäuser – wie: »Nuhr so weiter«, »Ich bin's Nuhr«, »Nuhr die Wahrheit«, »Nuhr die Ruhe« – außer den Bühnenauftritten jede Menge Fernsehen, eigene Sendungen, Quiz- und Showmoderationen, und last but not least gönnt sich der Fußballfan zu EM oder WM Ausflüge in die Sportreportage.

Dass er den Spagat zwischen E und U, zwischen Kabarett und Comedy, mühelos schafft, erklärt sich das Feuilleton damit, dass die eine Hälfte der Zuschauer »über seine Gags und die andere über die Anspielung dahinter« lachen kann. Nuhr für alle also. Er selber findet die Unterscheidung »völlig idiotisch« und typisch deutsch. Die Grundlage seiner Komik sei immer gleich, nämlich »die Hybris der Menschen«, erklärt er, »dass der Mensch in seinem beschränkten Geist glaubt, man sei unsterblich, man wüsste immer Bescheid, und am Ende hat man natürlich von nichts eine Ahnung«.

»Als ich anfing, wirklich ausschließlich allein zu spielen, das war 1994, fast sieben Jahre nach dem Studium, da hätte ich mir immer noch vorstellen können, Lehrer zu werden.« Die solide Beamtenlaufbahn als beruhigende Option in der Hinterhand, falls das entspannte Blödeln im Hier und Jetzt nicht funktioniert? »Das Entscheidende«, sagt er, »war die Alternative. Wenn man keine Alternative hat, hat man auch keine Freiheit.« Die innere Freiheit ist für ihn »das Allerwichtigste« geblieben, heute verschafft ihm die sein Geld. »Das ist der Punkt, wo ich mich oft ärgere, wenn die Leute annehmen, das sei Zufall. Zufall, dass man Geld hat, Zufall, dass man diese Freiheit hat. So, wie man Bayern München vorwirft, dass die immer die tollsten Spieler kaufen können. Aber die haben 40 Jahre dafür gearbeitet, die haben das Geld nicht geschenkt bekommen, von keinem

Scheich, keiner russischen Gasfirma, sondern die Bayern haben das selbst verdient, durch ihren Erfolg, und gut damit gearbeitet. Das ist dann eben kein Zufall mehr. Da spielt das persönliche Geschick dann eine große Rolle.« Das lässt ihn glauben, dass er wahrscheinlich in jedem Fall ein zufriedenstellendes Leben geführt hätte. »Ich wäre, glaube ich, auch als Lehrer nicht weniger zufrieden als jetzt, weil ich ja nicht wüsste, was mir fehlt. Vielleicht wäre ich auch, wenn ich mich im Leben an einigen Stellen anders entschieden hätte, längst Ölmilliardär.«

Aber er räumt ein, dass man schon ein bisschen »Anfangsglück« brauche. Wie bei Monopoly: Wenn man am Anfang kein Würfelglück hat und immer nur auf der Badstraße landet, »das holt man nie mehr auf, wenn die anderen schon die Schlossallee und alles andere eingesammelt haben.«

Interessant findet er in diesem Zusammenhang, was heute alles schwadroniert werde, wenn jemand Erfolg hat: dann habe es zum Beispiel plötzlich am geschickten Marketing oder Ähnlichem gelegen, »so, als wäre das alles einfach nur ein Trick, den sonst keiner kennt«. Er habe die meisten Entscheidungen schlicht und einfach aus dem Bauch heraus getroffen, und das habe ihn »im Leben weitergebracht als jede Planung«.

Der Zufall offerierte die Möglichkeit, der Bauch entschied: Etwa wegen einer schönen Frau in eine Theatergruppe einzusteigen. Oder die Rolle des durch einen Möhren-Unfall außer Gefecht gesetzten Partners spontan mitzuspielen. Oder auf die Ratschläge eines nur gebrochen Deutsch sprechenden Theaterleiters zu hören. »Man kann ja im Nachhinein immer sagen, dass es keinen Zufall gibt, weil sich alles folgerichtig entwickelt hat, aber es ist natürlich völliger Unsinn zu glauben, es hätte keine andere Entwicklung stattfinden können.«

»Ehrgeiz hatte ich nicht eine Sekunde in meinem Leben. Ich war einfach überzeugt davon, dass es nicht schiefgehen kann, dass ich mit meinem Talent und a bisserl Glück auf jeden Fall überleben tu.«

Manfred Deix

# Manfred Deix

## Österreichischer Karikaturist

Es war kurz vor Mitternacht, als das Telefon klingelte. »Hello, this is Billy Wilder!« Es ist nachvollziehbar, dass Manfred Deix Zweifel an der Identität des Anrufers hatte. Der fuhr ungerührt fort: »Ich habe ein Buch von Ihnen geschenkt bekommen, das ist wunderbar! Wissen Sie, ich habe, bis ich 19 war, in Wien gelebt, und die Arschlöcher, die Sie da zeichnen, die haben damals genauso ausgeschaut wie heute.« Der Zeichner war immer noch etwas ungläubig, aber nun auch geschmeichelt. Zumal eine Einladung folgte: »Kommen Sie zu mir, besuchen Sie mich in Kalifornien, Sie müssen hier bekannt werden!« »Ich habe gesagt: ›Ja, wunderbar, das werde ich mir überlegen‹, aber ich habe nie ernsthaft erwogen, wirklich hinzufahren. Andere hätten vielleicht zwei Tage später im Flugzeug gesessen, aber ich habe gedacht: Der Mann ist drei Nummern zu groß für mich, ich könnte nicht mithalten, bei all dem, was er erlebt hat, seine Wiener Jahre, seine Berliner Jahre und dann diese Hollywood-Karriere, nein, ich habe es mir überlegt, aber ich hatte Schiss davor – wirklich.« So hielt man noch ein wenig Kontakt, eine Karikatur mit Widmung traf in Hollywood ein, ein herzliches Dankeschön in Wien, das war's.

Eine vertane Chance? »Ja, auf alle Fälle, ganz sicher. Aber es war mir nicht wichtig genug. Ehrgeiz ist mir wesensfremd. Hätte ich den, dann wäre ich heute weiter. Aber ich lebe sehr gut, mir fehlt es an nichts.«

Mit seiner Frau Marietta und 51 Katzen lebt Manfred Deix in Klosterneuburg in der Nähe von Wien und in der Nähe von Krems, wo er 2001 sein eigenes Karikaturmuseum bekommen hat. Ihn zu sprechen oder gar zu treffen ist nicht ganz einfach: Verabredungen hält er nicht ein, vergisst sie, verschiebt sie immer wieder und versichert jedes Mal treuherzig und voller Überzeugung, dass es beim nächsten Mal ganz sicher und auf jeden Fall klappen werde.

»Ich bin stecken geblieben in meiner Kindheit.« Was Manfred Deix sagen will, ist: Gezeichnet hat er schon immer, und er tut es bis heute. Und er hat auch nie etwas anderes machen wollen. »Ich war überhaupt nicht bereit, mir einen Kopf über meine Zukunft oder über meinen Beruf zu machen. Ich habe gewusst, ich werde mit dem Zeichenstift altern und sterben.« Wiener Schmäh? Bedeutet Talent zu haben auch unweigerlich, irgendwann damit erfolgreich zu sein? Setzt Talent sich grundsätzlich durch?

Als Dreijähriger habe er jede Papiertüte bemalt, berichtete einst die Mutter. Mit sieben Jahren hatte er seine ersten regelmäßigen Einkünfte, inspiriert von dem zufällig erhaschten Blick auf die nackten Brüste einer Nachbarin: »Den großen Busen, den hab ich mir gemerkt. Und nachgezeichnet. Die Buben in meiner Klasse sind mit roten Ohren um mich rumgestanden. Da hab ich Bestellungen aufgenommen und die Bilderl um 15 Groschen das Stück verkauft. Da ich nicht gewusst hab, wie die Frauen untenrum aussehen, hab ich denen auch Zumpferl gezeichnet. Oben große Dutteln, unten kleine Zumpferl.« Das Sujet hat sich – bis auf die Richtigstellung der Details – nicht wesentlich verändert seit damals, heraus kommt immer das, wofür er bekannt geworden ist: eine Deix-Figur.

Aber der Durchbruch ließ auf sich warten. Mit elf Jahren illustrierte er zwar auf Initiative eines dem hübschen Knaben sehr geneigten Pfarrers seinen ersten Roman, eine Pfadfinder-geschichte in 50 Folgen, und wurde einer größeren Öffentlich-keit bekannt, den rund 200 000 Abonnenten der Niederöster-reichischen Kirchenzeitung: »Jeder Bauer hatte die damals auf dem Küchentisch. Die Leut sind dann zu meinen Eltern ins Wirtshaus gekommen und wollten mich anschaun.« Aber nach-dem er sich von St. Pölten nach Wien abgesetzt hatte, nährte das Talent erst mal nicht seinen Meister. »Es war aber schön. Ich war bitterarm. Ich habe gejobbt, habe jeden Scheiß gemacht, nachts gearbeitet, um irgendwie zu überleben. Letztlich habe ich für ein Porträt aber immer eine Eierspeis und ein Viertel Roten bekommen.«

Die Professoren und Lehrmeister der Höheren graphischen Lehr- und Versuchsanstalt und anschließend auch die der Aka-demie der bildenden Künste hatten kein Verständnis für den hauptsächlich durch Abwesenheit glänzenden Studenten, der meinte, in den Wiener Kaffeehäusern mehr für seine Kunst zu lernen als von ihnen. So wurde er der akademischen Häuser verwiesen, er flog raus.

Aber es war die Aufbruchszeit Anfang der siebziger Jahre, in Österreich kamen die ersten gesellschaftskritischen Magazine heraus, brauchten kreative Köpfe. Eine junge Studentin, die beim neugegründeten »Profil« als Layouterin arbeitete und Schriften klebte, erinnerte sich an den begabten Kommilitonen Manfred Deix, empfiehlt ihn dem Chefredakteur Oskar Bronner. »Ich bin hin, hatte eine Mappe mit 12 Bildern dabei, typische hässliche, lustige Figuren mit sexuellem Touch, schöne detail-verliebte Aquarelle. Die haben eine Explosion ausgelöst in den

Köpfen der Redakteure: ›Auf Sie haben wir gewartet! Das ist genau, was wir wollen, wir brauchen Sie ab morgen!‹ Ich habe sofort den ersten Auftrag kassiert, eine ganze Doppelseite. Das Magazin wollte frech, schonungslos, aufklärerisch sein, da hat die Redaktion sofort gemerkt: Gott hat uns diesen Mann geschickt!«

Darunter macht er's nicht, Gott muss es schon gewesen sein. »Ja, ich ziehe die Autoritäten an, die mir Steigbügelhalter waren!« Aber eigentlich war es eben doch die Studentin, die namenlose, unbekannte, von der man nicht weiß, war sie nur eine Bewunderin der Deix'schen Zeichenkünste oder doch seiner Virilität? Ihre Motive werden höchstwahrscheinlich auf ewig im Dunkeln bleiben. »Ich habe sie nie wieder gesehen, ich weiß nicht einmal, wie sie heißt.« Billy Wilder hätte sicher ein schönes Drehbuch daraus gemacht.

*»Wie man so sagt:
Zur rechten Zeit am richtigen Ort.«*

Billy Wilder

# Billy Wilder

## Regisseur

1986 wurde Billy Wilder 80 Jahre alt. Aber das war nicht der Grund, warum ich zu ihm nach Hollywood zu einem »Spiegel«-Gespräch fuhr. Der große Filmemacher, der als Journalist in Wien und später in Berlin gearbeitet hatte – in Berlin lebte er eine Zeitlang mit Egon Erwin Kisch in einer Wohnung, und die beiden spielten da auch gegeneinander Fußball –, verfiel schnell der Faszination eines neuen Mediums: des Films. Er drehte unter anderem mit Kollegen wie Robert Siodmak 1930 den legendären Stummfilm »Menschen am Sonntag« und schrieb das Drehbuch für »Emil und die Detektive«. 1933, nach dem Reichstagsbrand, floh er nach Paris und kam über Paris nach Hollywood, wo er nach schweren Jahren (er wohnte einmal im Vorraum der Damentoilette im berühmten Hollywood-Hotel Chateau Marmont) zum erfolgreichen Drehbuchautor avancierte, unter anderem schrieb er für den von ihm verehrten Ernst Lubitsch 1939, am Fuße des Zweiten Weltkriegs, die hinreißende Komödie »Ninotschka«, in der Greta Garbo zum ersten Mal lachte.

In den goldenen Jahren Hollywoods schuf er als Regisseur unvergessliche Filmklassiker, so einen der besten Filme der

Schwarzen Serie »Double Indemnity«, auf Deutsch »Frau ohne Gewissen«, von 1940. 1950 folgte »Sunset Boulevard«, das großartige Melodram vom Abschied des Stummfilms und seiner Verdrängung durch den Tonfilm.

1950 war das Jahr, wo das Fernsehen als neues Medium neben dem Film auftrat. Und »Sunset Boulevard« schildert einen ähnlichen Epochenbruch in der Medienlandschaft. Seine berühmteste Komödie, wohl die wetterfesteste Komödie in der Filmgeschichte überhaupt, ist »Some Like It Hot«. Und eine moralische Zeitenwende, die sexuelle Revolution, hielt er in der ebenso großartigen Komödie »Das Apartment« fest. Auf einmal durften Mann und Frau auch im Film miteinander schlafen. Bloß so, ohne verheiratet zu sein. Und auch nur zum Spaß. Aber Wilder wäre nicht Wilder, wenn er nicht gewusst hätte, dass das auch neue Unglücksmöglichkeiten barg. In »Some Like It Hot« brillierte die Monroe neben Jack Lemmon und Tony Curtis; im »Apartment« Shirley MacLaine neben Jack Lemmon. Auf sechs Oscars brachte es Billy Wilder mit seinem Lebenswerk.

Und er fiel noch einmal in eine Umbruchszeit gewaltigen Ausmaßes, als er in Berlin 1961 die Komödie »Eins, Zwei, Drei« am Brandenburger Tor drehte, wo er den Siegeszug von Coca Cola in die kommunistische Welt, die dadurch ihren Kommunismus einbüßt, prophetisch voraussah. Die DDR und die Sowjetunion machten ihm einen Strich durch diese Komödienrechnung. Sie hatten die Unverfrorenheit, mitten in die Dreharbeiten am Brandenburger Tor »eine Mauer zu errichten«. Unverdrossen drehte Wilder mit Lieselotte Pulver und Horst Buchholz in München weiter: Er ließ sich in den Bavaria-Studios einfach ein Brandenburger Tor nachbauen.

Aber die Komödie erfror in der Frostzeit des darauf einsetzenden Kalten Krieges. Niemand konnte und wollte über das geteilte Berlin lachen und darüber Witze auf der Leinwand sehen.

Und nun kommt mein Besuch bei Billy Wilder ins Spiel. 1986, also wenige Jahre vor dem Fall der Mauer, waren Ostberlin und das SED-Regime bereits wieder eine komische Nummer. In Studenten- und Programmkinos avancierte der Film »Eins, Zwei, Drei« zum Kultfilm, neben der »Rocky Horror Picture Show« der Lieblingsfilm eines jugendlich aufgekratzten Publikums, das die Dialoge mitsprechen konnte. Leider war es für die hinreißende Lieselotte Pulver zu spät, eine zweite Monroe neben James Cagney und Horst Buchholz zu werden.

Ich fuhr jedenfalls nach Hollywood und interviewte Wilder zu dem triumphalen Comeback von »Eins, Zwei, Drei«. Er erklärte mir den Unterschied zwischen einer Komödie und einer Tragödie: Wenn jemand auf einer Bananenschale ausrutscht und hinfällt und dann wieder aufsteht, ist das komisch. Wenn jemand auf einer Bananenschale ausrutscht und tot liegen bleibt, ist das überhaupt nicht komisch. Die »Bananenschale« 1961 mit dem Mauerbau war zunächst ein tödlicher Unfall, aber kurz vor dem Mauerfall und nach dem Mauerfall stand die Totgeglaubte wieder auf, und man lachte sich kaputt über den Kommunismus, der, eins, zwei, drei, zum Kapitalismus mutiert, von Hammer und Sichel zu Coca Cola.

Der damalige Besuch Billy Wilders in Berlin war Bertelsmann zu verdanken. Zufällig hatte der Presse- und Werbechef von Bertelsmann, Herr Schuckis, meine »Spiegel«-Geschichte und mein Interview mit Billy Wilder gelesen und ihn daraufhin zu einem Vortrag eingeladen. Wilder kabelte zurück: »Einen Vortrag halte ich nicht, aber ein Zwiegespräch mit Hellmuth Karasek führe ich gerne.« Aus diesem Zufall entstand mein Billy-Wilder-Buch. Und noch ein anderer Zufall war am Werke. Wir gingen spät am Abend den Kurfürstendamm entlang, und ich zeigte Billy Wilder in einem Schaufenster einer Buchhandlung das neue Buch von dem grandiosen Karikaturisten und genialen Zeichner Manfred Deix und schickte ihm den Band nach Amerika. Daraufhin hat er Deix mitten in der Nacht angerufen, wie der später erzählte, und ein Bild bestellt. Die gemütvollen bis bestialischen Porträts des Österreichers, vor allem Wieners, hatten den gleichen Nerv bei Willy Wilder getroffen. Er hat zu einem späteren Deix-Buch ein wunderbares Vorwort geschrieben. Wilder ärgerte sich damals wahnsinnig über Kurt Waldheim, dessen Nazivergangenheit ans Tageslicht gekommen war. Der Umgang mit seiner österreichischen Heimat war ohnehin nicht ohne Sarkasmus. Mit gutem Grund: Seine Mutter und seine Großmutter sind nach dem Anschluss Österreichs in Auschwitz umgebracht worden. Wilder hat das über Österreich, das später so tat, als wäre es das erste Opfer Hitlers gewesen, so ausgedrückt: »Die Österreicher haben das Kunststück fertiggebracht, aus Beethoven einen Österreicher und aus Hitler einen Deutschen zu machen.« Und zu Manfred Deix fiel ihm im Vorwort folgender wunderbarer Beginn ein:

Man wird mir sicher zustimmen, wenn ich sage, dass wir alle manchmal gute Tage und dann wieder schlechte haben. Jeder von uns – das schließt auch den lieben Gott ein. An einem Seiner guten Tage schuf Er den Kolibri und diese fabelhaften Regenbögen und die Salzburger Nockerln. An einem schlechten verfiel Er auf alle diese schrecklichen Pfuschereien: das Rhinozeros zum Beispiel, das hässlichste, gemeinste und überflüssigste Vieh, das man sich denken kann; oder eingewachsene Zehennägel; oder Al Capone, auch nicht unbedingt ein Bursche, dem man seine Tochter zur Frau geben möchte. Unterm Strich allerdings, glaube ich, neigt sich die Waagschale doch eher zu Seinen Gunsten.

Hat Er uns denn nicht neben anderen Freuden Manfred Deix geschickt? Nun, ich habe Deix niemals persönlich kennengelernt, aber ich bin einer seiner größten Bewunderer. Jedesmal wenn jenes österreichische Magazin erscheint, läuft mir das Wasser im Mund zusammen beim Gedanken, was er wohl diesmal wieder mit Kurt Waldheim angestellt haben mag.

Die Episode, wie Billy Wilder Journalist wurde, ist, frei nach dem Stück von Marivaux, »Das Spiel von Liebe und Zufall«. Oder genauer, von Liebe und Seitensprung. Billy Wilder wollte Reporter werden und ging Klinken putzend in der Zeitungsmetropole Wien von Redaktion zu Redaktion ohne, wie er sagt, »auch nur ignoriert zu werden«. Aber dann kam der Zufall. O-Ton Wilder: »Meine Stunde schlug, als ich zur falschen Zeit zur ›Stunde‹ kam.« Die Redaktion lag in der Canisiusgasse 9. Die »Stunde« war eine Mittagszeitung, die zum Imperium von Imre Békessy gehörte, der damals der allgewaltige Pressezar von Wien und damit Österreichs war. Die »Stunde« ging um 11 Uhr in den Druck, um 12 Uhr war sie auf der Straße. Und so erzählte mir das Billy Wilder:

Als ich nachmittags in die Redaktion kam, war sie wie ausgestorben. Kein Mensch schien dort zu sein, nur Putzfrauen, die den Flur säuberten. Ich klopfte an viele Türen, keine Antwort. »Wo sind die alle?«, fragte ich eine der Putzfrauen. »Ist denn niemand da?« – »Niemand.« Eine Putzfrau deutete mit dem Daumen nach oben. »Probieren Sie's im ersten Stock!«, sagte sie mit einem Grinsen. Ich ging hinauf. Alle Türen zu den leeren Büros waren offen – bis auf eine.

Ich hörte ein Geräusch. Da war jemand. Ich klopfte vorsichtig. Keine Antwort. Das gleiche Geräusch. Als ob jemand Asthma hätte. Ich klopfte noch einmal. Dann öffnete ich die Tür.

Da waren ein Mann und eine Frau und ein Kanapee. Der Mann klein, korpulent, mit einem grauen Spitzbart. Das Gesicht, das mir bekannt vorkam, hochrot. Er stand auf und zog sich die Hose herauf. Die Frau schob ihr Kleid über die Knie, griff nach einem Stenogrammblock und schlüpfte ins Nebenzimmer.

»Was suchen Sie hier?«, fuhr mich der Mann an.

»Ich suche Arbeit.«

»Da haben Sie aber Glück gehabt, dass ich heute länger gearbeitet habe.«

»Richtig«, sagte ich. »Wie man so sagt, zur rechten Zeit am richtigen Ort.«

So bekam Wilder als 19-Jähriger seinen ersten Job. Klar ist, dass Wilder den Zufall dort wüten lässt, wo er am stärksten ist, wo er die stärkste Kraft hat, die der verbotenen Liebe, die der Libido.

Als Journalist kam Wilder nach Berlin, weil er dem berühmten Paul Whiteman Orchester 1926 im Wiener Hotel Bristol als Dolmetscher ausgeholfen hatte. Gerade durch Zufall zur richtigen Zeit. Es begannen hungrige Jahre, in denen er auch als Eintänzer arbeitete, was ihn zu einer grandiosen Reportage verführte (an die sich jetzt sogar der Adlon-Fernsehfilm erinnerte und Wilder leibhaftig auftreten ließ, obwohl der nicht im Adlon Gigolo respektive Eintänzer war, sondern im Eden). Billy Wilder wohnte zur Untermiete am Viktoria-Luise-Platz. Bei seinem ersten Berlinbesuch – es existierte noch die Mauer – führte mich Wilder zu dem ehemaligen Haus. Dort hing ein Schild: »Hier wohnte ...« Wilder staunte und lächelte geschmeichelt und sagte dann scheinbar entrüstet: »Sie hätten mich doch wenigstens fragen können!« Als wir näher kamen, erkannten wir, dass das Schild dem Komponisten Ferruccio Busoni gewidmet war, der hier gewohnt hatte. Bei seinem nächsten Besuch war die Panne behoben, und neben Busoni hängt jetzt auch ein Schild, das an Billy Wilder erinnert. Diesem Zimmer am Viktoria-Luise-Platz verdankt es Wilder, dass es ihm gelang, sein erstes Filmexposé zu verkaufen. Im Nebenzimmer nämlich wohnte die Tochter der Wirtsleute, von der Wilder nicht mehr wusste, ob sie Inge oder Lulu hieß, als er mir die folgende Geschichte erzählte:

Ich weiß nur noch, dass sie ein freigebiges Mädchen war (sie ging später übrigens mit ihrer Familie nach Südamerika und hat mir von dort einen Brief geschrieben, als ich längst schon in Amerika war) und dass ihr Verlobter sehr eifersüchtig war und Heinz hieß. Heinz besaß das berühmte Lesben-Lokal »Die Silhouette« in der Nähe vom »El Dorado«.

Eines Nachts also konnte ich wieder nicht schlafen, diesmal aber nicht wegen der rauschenden Toilette, sondern wegen der Geräusche, die aus Inges (oder Lulus) Zimmer drangen. Sie hatte nämlich Besuch, Herrenbesuch. Auf einmal klingelte es. Im Nebenzimmer geht ein erregtes Tuscheln los. Das Klingeln wird ungeduldiger, das Flüstern aufgeregter. Ich höre die Tür des Nachbarzimmers aufgehen, dann öffnet sich im Dunkeln meine Zimmertür, ich sehe schwach die Umrisse eines Mannes, der offenkundig seine Hosen und Schuhe in den Händen hält. Er steht in meinem Zimmer, die Tür wird geschlossen. Ich höre, wie die Wirtstochter zur Wohnungstür geht, um dort, ziemlich schlecht übrigens, die soeben aus dem Schlaf Gerissene zu spielen. Sie fragt gähnend, wer denn da sei, öffnet dann, als sie »Ich bin's, Heinz!« hört, indem sie die Kette aufhakt und aufschließt, scheinbar schlaftrunken die Tür. »Was ist denn los?«, murmelt sie. »Wo ist er? Wo steckt er?«, tobt ihr Heinz, stürzt in ihr Zimmer und durchsucht es. »Ich werde ihn umbringen.« Sie beruhigt ihn schließlich und bittet ihn, nicht das ganze Haus zusammenzuschreien. »Du wirst noch unseren Untermieter wecken!«

Während der ganzen Zeit steht der Mann in den Unterhosen schlotternd in meinem Zimmer. Ich flüstere ihm zu: »Mein Name ist Wilder.« Und er antwortet flüsternd: »Mein Name ist Galitzenstein. Können Sie mir einen Schuhlöffel leihen?« Ich sage: »Galitzenstein? Der Galitzenstein vom Maxim-Film?« Und er erwidert stolz: »Jawohl. Direktor und alleiniger Inhaber.«

Ich gab ihm also einen Schuhlöffel, und während er sich anzog, ging mir durch den Kopf, wen mir der Zufall da ins Zimmer geschickt hatte. Während ich tagsüber mit meinen Filmexposés von Filmgesellschaft zu Filmgesellschaft Klinken putzen gehe, wobei ich nie zu den Verantwortlichen vordringe, sondern meist schon in den Vorzimmern abgewimmelt werde, steht jetzt, mitten in der Nacht, mir auf Gnade und Ungnade ausgeliefert, einer der Filmallmächtigen Deutschlands in Unterhosen in meinem Zimmer. Ein anderes Exempel meines Glücks: wieder der richtige Mann zur richtigen Zeit.

Schnell entschlossen hole ich also ein Manuskript und überreiche es dem Wehrlosen: »Hier habe ich einen besonders interessanten Stoff für Sie, Herr Galitzenstein, den ich Ihnen schon lange geben wollte.« Er antwortet kurz angebunden: »Gut. Kommen Sie morgen damit in mein Büro! Ich werde es morgen lesen.« Ich sage: »Morgen? Morgen erinnern Sie sich schon nicht einmal mehr, wer ich bin. Jetzt müssen Sie es lesen! Sofort!« – »Ich habe meine Brille nicht dabei.« – »Dann lese ich's Ihnen vor!« – »Gut. Dann kaufe ich den Stoff gleich jetzt.« Und gibt mir 500 Mark.

Er macht die Tür leise auf, die Luft ist rein, er schleicht vorsichtig aus der Wohnung. Das Exposé hat er gar nicht erst mitgenommen.

*Hellmuth Karasek*

»*It's statistics, you know ... it's the chances ... it happened ...*«

Carl Djerassi

# Carl Djerassi

## Chemiker, »Mutter der Pille«

Unter dem Datum des 15. Oktober 1951 steht im Laborbuch der kleinen Pharmazie-Firma Syntex in Mexiko »Se disuelve 1.0g. de eter enol de 19-norandrostendiona en 25cc. de Tolueno anhidro.« Vom Spanischen ins Deutsche übersetzt, ist das auch nicht verständlicher, es besagt lediglich, dass den Forschern die Synthetisierung von 19-Nor-17a-ethinyl-testosteron gelungen war. Daran hatten sie monatelang gearbeitet: Sie wollten ein Hormonpräparat entwickeln, das Frauen einfach schlucken können, ohne dass es von den körpereigenen Enzymen und Säuren zerstört wird. »Wir forschten in dieser Richtung, weil Progesteron zu dieser Zeit bei der Behandlung von Menstruationsstörungen benutzt wurde, bei bestimmten Formen von Unfruchtbarkeit und, auf Forschungsebene, bei der Behandlung von Gebärmutterhalskrebs.« So erklärt Carl Djerassi, damals 28 Jahre alt und Laborleiter bei Syntex, seine Forschungsarbeit. Weder ihm noch seinen Kollegen war damals klar, was sie gerade geschaffen hatten: die chemische Grundlage für die sexuelle Revolution der sechziger Jahre, für eine freiere Gesellschaft, für selbstbestimmtere Frauen – sie hatten die Pille entdeckt. Rein zufällig.

Zum Millenniumswechsel veröffentlichte die Londoner *Times* ihre Liste der »Top Thirty« des zurückliegenden Jahrtausends, darunter, wenig überraschend, Columbus, Leonardo da Vinci oder Galileo. Aber nur ein einziger noch lebender Mensch kam in dieser Aufzählung vor: Der in Wien geborene und während der Nazizeit in die USA emigrierte Chemiker Carl Djerassi.

Djerassi ist ehrlich genug, seine Befriedigung über die Listenpräsenz zuzugeben. Er hält sich zweifellos für bedeutend. Im Treppenaufgang hängt ein überlebensgroßes, wie ein Kunstwerk aufgemachtes Foto von ihm, und es macht ihm sichtlich Freude, eine kleine Ungenauigkeit im Interview mit mildem Lächeln zu korrigieren: nicht 24, nein, 27 Ehrendoktorwürden sind ihm bisher angetragen worden, und bis zur Vollendung seines 90. Lebensjahres ist er zuversichtlich, die 30 zu knacken, denn zwei weitere sind bereits avisiert. Aber trotz dieser gerne genommenen Trophäen hat er Distanz zum Wissenschaftsbetrieb und der Bedeutung des Einzelnen. Newton, Galileo, Einstein und all die anderen wissenschaftlichen Genies auf dieser Liste, also auch er, seien nicht als Personen wichtig, sagt er, sondern vielmehr als Repräsentanten von Entdeckungen und Erfindungen – die es nach seiner Meinung aber sowieso irgendwann gegeben hätte, nur halt von einem anderen klugen Kopf, zu einem anderen Zeitpunkt. Tatsächlich hatte bereits der Innsbrucker Physiologe Ludwig Haberlandt in den zwanziger Jahren festgestellt, dass Progesteron ein natürliches Verhütungsmittel ist, denn Frauen produzieren während der Schwangerschaft ununterbrochen Progesterone, damit in dieser Zeit keine weiteren Eizellen heranreifen. Aber durch den Freitod Haberlandts und die Kriegswirren in Europa waren seine Entdeckungen für lange Jahre in Vergessenheit geraten, bis Djerassi zufällig wieder darauf stieß. Für ihn ist Haberlandt der legitime »Vater der Pille«.

Womit verständlich wird, was Djerassi gleich zu Beginn unseres Gesprächs sagt: Alles, einfach alles in seinem Leben sei maßgeblich durch den Zufall bestimmt gewesen.

Er hat eigentlich keine Zeit für ein längeres Gespräch, er schreibt an seiner neuen Autobiographie, »Der Schattensammler«, das Manuskript soll in wenigen Tagen an den Verlag gehen. Vor 20 Jahren hat er eine erste Autobiographie geschrieben, aber erst jetzt, mit knapp 90 Jahren, setzt er sich auch mit seinen jüdischen Wurzeln und seiner Heimatlosigkeit auseinander.

Vom Balkon der kleinen Maisonette-Wohnung hat man einen prächtigen Ausblick über die Stadt Wien, die Stadt, aus der er vor über 70 Jahren mit seiner Mutter vor den Nazis in die USA geflohen ist. Zum Jahrtausendwechsel kam ein offizieller Brief. Mit Amtssiegel. Wenn er einverstanden sei, dann wolle man ihm die österreichische Staatsbürgerschaft zurückgeben. »Ja«, sagt er gedehnt, »sie haben mich damals rausgeschmissen, mir das Studium verweigert und mir die Heimat genommen. Ich habe über 50 Jahre meine Muttersprache nicht mehr gesprochen, kaum ein einziges deutsches Wort.« Djerassi macht eine längere Pause. »Aber, wäre alles gekommen wie geplant, dann hätte ich hier Medizin studiert wie meine Eltern, wäre Arzt geworden wie sie. Ein Wissenschaftler, ein Forscher und gar die ›Mutter der Pille‹ wäre ich sicher nicht geworden.«

Er hat lange darüber nachgedacht, ob er das Angebot der Alpenrepublik annehmen sollte. Schließlich siegte der Pragmatiker in Carl Djerassi, ein EU-Pass vereinfacht manchen Grenzübergang, für ihn, den immer noch Vielreisenden, sei das ein wichtiger Aspekt gewesen, sagt er leicht grinsend. Was er nicht sagt, ist, dass es vielleicht auch so etwas wie einen Wunsch nach Versöhnung gab. Vor sechs Jahren stiftete er der Albertina in Wien die Hälfte seiner Paul-Klee-Sammlung, rund 70 Exponate im Wert von ca. 10 Millionen Dollar, die andere Hälfte seiner

Sammlung hat er San Francisco vermacht. Je eine Hälfte für die Wahl- und die wahre Heimat.

»Wenn etwas Unerwartetes passiert«, fragt Djerassi, hält kurz inne und blickt mich milde an, »weiß man dann immer gleich genau, ob es glücklich oder unglücklich ist? Zunächst passiert einfach etwas.« Sein Blick wandert zu seinem Bein, das ausgestreckt auf einem kleinen Klapphocker liegt. Er hat solchen Hocker stets bei sich, seit das Bein Ende der fünfziger Jahre versteift wurde und er es nicht mehr beugen kann. »Nehmen wir mein Bein als Beispiel: Mein Vater hat mich 1938, kurz nachdem hier viele meiner Landsleute jubelnd Hitlers Soldaten willkommen geheißen haben, mit nach Bulgarien genommen, nach Sofia, während meine Mutter in London auf ein amerikanisches Visum für uns wartete. Ich bin Skifahren gegangen, hatte einen Unfall. Es schaute viel grausamer aus, als es wirklich war, man hat es nicht einmal operieren müssen. Aber es entzündete sich, ›Wasser im Knie‹, hieß es, heute würde man sagen, ›eine posttraumatische Synovitis‹, also die Entzündung der Synovilmembran im Knie. Dann habe ich, wie so viele andere Kinder, die in dieser Zeit in Großstädten gelebt haben, eine Tuberkulose bekommen. Eine leichte. Aber Tuberkulose. Und damals hat es ja noch keine Medikamente dagegen gegeben, es hieß lediglich: Geh in die Sonne, an den Strand. So habe ich einfach bei meinem Vater am Schwarzen Meer in der Sonne gesessen. Dabei bemerkte leider niemand, dass die Infektion in das Knie wanderte und es zu einer chronischen Entzündung kam. Es wurde schlechter und schlechter, und jedes Jahr hab ich es weniger bewegen können, die Schmerzen wurden immer schlimmer. Fast genau 20 Jahre, nachdem es passiert war, habe ich schon 24 Aspirin am Tag genommen und ging an Krücken.« Djerassis Blick fällt wieder nachdenklich auf sein Bein, er streicht mit der Hand leicht über das Knie. »Ja, das war arg.

Aber ein anderes Resultat des Unfalls war: Wegen meines Knies hat man mich beim Militär nicht genommen. Ich wäre gerne in die U.S. Army gegangen, ich wollte gegen die Nazis kämpfen, meinen Teil dazu beitragen, diesen wahnsinnigen Krieg zu beenden, zur Not mein Leben dafür opfern, so fühlten die meisten Immigranten damals. Aber es ging eben nicht. Ich war 18 Jahre. Also habe ich angefangen zu studieren, während die anderen in der Armee waren.«

Doch in den USA Medizin zu studieren kostete Geld, viel Geld, »... da habe ich arbeiten gehen müssen. 1942 fand ich eine Laborstelle bei Ciba, einer Schweizer pharmazeutischen Firma. Und in diesem Jahr, ich war 19 Jahre alt, hab ich zusammen mit einem anderen, älteren Chemiker namens Charles Huttrer, eines der ersten Antihistaminika entdeckt. Mit 19 Jahren! Du machst eine Entdeckung, von der schon nach kurzer Zeit Zigtausende Menschen profitieren! Da hab ich gedacht: Ja, phantastisch! Das will ich weiter machen! So bin ich zur medizinischen Chemie gekommen. Also durch einen Zufall. Totaler Zufall. Total.«

Im Herbst 1945 kehrte Djerassi nach seiner Promovierung an der University of Wisconsin zu Ciba zurück. Er war frisch naturalisierter Amerikaner, Ehemann und Doktor der Chemie und brannte darauf, an einer verbesserten Synthese des Cortisons zu arbeiten, dem gerade erst entdeckten Wundermittel. Als dies bei Ciba nicht möglich war, nahm er spontan das überraschende Angebot einer neugegründeten Firma im »wissenschaftlichen Notstandsgebiet« Mexiko an, die ihm alle wissenschaftlichen Freiheiten versprach: 1949 wurde Djerassi, 26 Jahre alt, chemischer Forschungsleiter bei Syntex. »Ich spürte intuitiv, dass Mexiko der richtige Ort für mich war. Syntex und ich hatten das gleiche Ziel: Wir wollten uns einen Ruf erwerben.« Djerassis Instinkt sollte recht behalten: Zunächst gelang die Synthetisierung des Hormons Cortison, dann, 1951, die Synthetisierung des progesteronähnlichen Steroids Norethisteron, die Grundlage des ersten oralen Verhütungsmittels.

»This was serendipitous! Wie so oft in den Naturwissenschaften! Ich würde sagen, bestimmt bei 85 Prozent aller Entdeckungen. Deshalb gebrauchen wir den Begriff »Serendipity« so häufig, it means the accident of finding something good or useful without looking for it. Es gibt kein gutes deutsches Wort dafür, vielleicht am ehesten »Glücksfund« oder »glücklicher Zufall«. Amerika wurde 1492 so entdeckt, das Penicillin, der Sekundenkleber, Linoleum, Nylonstrümpfe und was weiß ich noch alles. Aber der besondere, große Zufall bei der Pille war nicht nur *was* wir entdeckt hatten, sondern *wann*: In den sechziger Jahren, als die Pille auf den Markt kam, hatten wir ein ungewöhnlich offenes Klima, wir hatten Flower-Power und die Hippies, Sex, Drugs & Rock 'n' Roll, die Anfänge der Frauenbewegung, insgesamt eine Lockerung der bis dahin sehr konservativen Moralvorstellungen, die Menschen wünschten sich mehr sexuelle Freiheit. Diese Stimmung wurde nicht durch die Pille ausgelöst, sondern, im Gegenteil, diese Stimmung verhalf der Pille zum Erfolg.«

1965, fünf Jahre nach der Erstzulassung, wurde die Pille in den USA bereits von 41 Prozent der verheirateten Frauen unter 30 Jahren verwendet. Djerassi ist überzeugt, wären die Forscher nur 15 Jahre später dran gewesen, wir hätten bis heute keine Pille! »Wenn ich daran denke, dass die Pille in einem Land wie Deutschland bis heute die populärste Verhütungsmethode ist – die Deutschen sind eine extrem chemophobe Gesellschaft, sie wollen möglichst Naturmedizin, keine gentechnisch veränderten Lebensmittel, am liebsten gar keine Chemie. Es gibt kaum ein anderes Land, in dem so viele Kräuter genommen werden. Und dann die Pille! Künstliche Hormone! Teufelswerk!«

Die Pille. Djerassi ist sicher, ohne sie wäre er ein anderer. Zwar immer noch ein Chemiker, ein ehrgeiziger Naturwissenschaftler, aber keiner, der den Dialog außerhalb seines Wissenschaftszirkels gesucht, sich sozial engagiert hätte. »In den sechziger Jahren habe ich gesehen, was für einen Rieseneffekt unsere Entdeckung hatte. Die Leute denken dabei hauptsächlich an die sexuelle Revolution – die war natürlich wunderbar, und ich habe sie selbst sehr genossen – aber das wirklich Sensationelle waren die Möglichkeiten in Bezug auf die Bevölkerungsexplosion in den armen Ländern, also Afrika, Lateinamerika, Asien damals. Alle haben gedacht: Das wird jetzt die Lösung sein! Ein sicheres Verhütungsmittel. Aber ich habe früh gesehen, dass es viel komplizierter ist, viele religiöse, kulturelle, politische, ökonomische Probleme zu lösen sind. Ich fing an, mich damit zu beschäftigen.« Positive Beispiele, wie Mexiko oder China, waren für Djerassi ermutigend: Im größten Land der Welt bekam eine Familie vor 60 Jahren durchschnittlich fünf oder sechs Kinder. Jetzt haben sie weniger als zwei. Genau wie in Europa. Das ging sehr schnell. Aber in Ländern wie Nigeria oder Pakistan verdoppelt sich die Bevölkerung nach wie vor innerhalb von 25 Jahren. Das habe nichts mit Verhütungsmitteln, sondern vor allem mit der Rolle der Frauen zu tun, erklärt Djerassi: »Wenn man in Nigeria das legale Alter für die Heirat von 14 auf 18 verschieben würde oder wenigstens auf 17, nur diese drei Jahre, dann würde das einen größeren Effekt haben als Verhütungsmittel. Während dieser Jahre könnten die Frauen außerdem eine Ausbildung machen.«

Der Pädagoge in Djerassi, der Professor, der jahrzehntelang an der Universität gelehrt und auf der ganzen Welt Vorträge gehalten hat, bricht durch, der pragmatische Wissenschaftler, der an rationale Lösungen glaubt: »2050 wird Verhütung in Europa kaum noch ein Thema sein. Junge Frauen und Männer lassen ihre Eizellen und Spermien einfrieren, gehen anschließend zur Sterilisation, haben damit keine Verhütungsprobleme mehr, und Abtreibungen gehören der Vergangenheit an.« Sowohl Spermien als auch junge Eizellen werden eingefroren auf den Tag ihrer Benutzung warten, zum passenden Zeitpunkt aufgetaut und in vitro zu einem Wunschkind zusammengefügt. Das liege vor allem an der dramatisch veränderten Rolle der Frauen, erläutert Djerassi seine Zukunftsvisionen, sie seien immer besser ausgebildet, kämen immer öfter in Machtpositionen, und das Kinderhaben müsse warten. Das gelte zwar nicht für alle Frauen, aber für immer mehr. »Irgendwann sagen diese Frauen: Ich will ein Kind haben! Romantisch! Nur mit dem größten Orgasmus meines Lebens! Aber nicht jetzt! Vielleicht morgen. Oder übermorgen. Bevor sie sich umsehen, sind diese Frauen 35. Und eine Frau mit 35 Jahren hat 95 Prozent ihrer Eier schon verloren, die letzten fünf Prozent altern sehr schnell. Wenn die Frau mit 35 oder älter immer noch hofft, auf die romantische Art ein Kind zu bekommen, dann macht sie einen Fehler. Mehr und mehr Frauen verstehen das. Sie werden ihre jungen Eier in einer Bank deponieren. Als Versicherung. Dann kommt der Tag, wo sie sagen, es wäre romantischer mit einem Penis, aber ich nehme lieber ein Reagenzglas. Ich werde keinen Orgasmus haben, aber ich werde ein Kind haben.«

Djerassi hatte zwei Kinder, Sohn Dale und Tochter Pamela. Die Tochter, eine Künstlerin, bringt sich mit 28 Jahren um, überraschend, unerwartet und unfassbar schmerzhaft für den Vater: »Das eigene Kind zu überleben ist das Schlimmste, was es überhaupt gibt. Das ist wider die Natur, antibiblisch sozusagen. Und so ein Tod ist auch noch etwas anderes, als das Kind durch Unfall oder Krankheit zu verlieren.« Djerassi bringt das Wort Selbstmord einfach nicht über die Lippen, auch nach so vielen Jahren nicht. »So ein Tod ist eine Botschaft für die Überlebenden, eine Botschaft, die man hören sollte, die man hören muss.«

Djerassi, der durch seine Firmenanteile an Syntex Millionen verdient hat, gründete nach dem Tod der Tochter auf seiner Ranch in Kalifornien eine Künstlerkolonie, stellt dort bis heute Künstlern einen Monat lang alles zur Verfügung, was sie zum Leben und Arbeiten für ihre Kunst brauchen. Weit über 2000 Künstler haben bisher in Woodside gelebt. »Ich bin mir nicht sicher, ob ich von allein die Klugheit gehabt hätte, etwas so Sinnvolles ins Leben zu rufen, wenn nicht diese Tragödie meines Lebens passiert wäre.«

»Es geht im Leben immer auch darum«, resümiert er, »Zufälle zu verstehen, gute wie schlechte, die Chancen darin zu erkennen, die Richtung zu ändern oder unbeirrt seinen Weg weiterzugehen. Gewöhnlich sind diese Zufallsmomente ja nur kurz. Dann heißt es: Entweder – oder.«

»Es gab viel Schwieriges, viel Trauriges, aber letztlich haben die glücklichen Zufälle mein Leben geprägt.«

Hildegard Hamm-Brücher

# Hildegard Hamm-Brücher

## Politikerin

Ihr erster Satz: »Der größte Zufall in meinem Leben ist ja wohl, dass ich die Nazizeit überlebt habe. Im Gegensatz zu so vielen anderen meiner Familie.«

Im ersten Moment denke ich, dieser Satz passt nicht in den sonnigen Sommernachmittag in München-Grünwald, zu dem ersten Pflaumenkuchen des Jahres, den sie auf den Wohnzimmertisch gestellt hat. Er passt nicht in das helle, dank großer Fensterfronten lichtdurchflutete Wohnzimmer, zu all den hellen Möbeln – Sofa, Tisch, Sideboard –, dem mattweißen Steinfußboden, und er passt nicht zu der lächelnden, nicht zuletzt dank ihrer weiß leuchtenden Haare hell strahlenden alten Dame. Ich habe erwartet, etwas über ihren Beginn als Berufspolitikerin zu hören, etwas über ihre Entscheidung, vor über 64 Jahren in die FDP einzutreten, etwas über erste prägende Begegnungen – aber dann wird mir klar: All dies steckt in ihrem ersten Satz.

Hildegard Hamm-Brücher, Jahrgang 1921, gehört einer Generation an, deren Leben durch die schwierigsten Zeiten des 20. Jahrhunderts geprägt wurde. Umso erstaunlicher ist, was sie rückblickend sagt: »Es war nicht nur Zufall, dass ich die Nazizeit überlebt habe. Es war auch Zufall, dass ich studieren und einen Beruf erlernen konnte, mit dem ich immer durchs Leben kommen würde. Ja, wenn ich darüber nachdenke, haben eher die glücklichen Zufälle mein Leben bestimmt.«

Als die Nationalsozialisten im Januar 1933 die Macht ergreifen, Hitler als Reichskanzler vereidigt wird, sind die elfjährige Hildegard Brücher und ihre vier Geschwister gerade Vollwaisen geworden. Der Vater war an einer eitrigen Blinddarmentzündung gestorben, die Mutter überlebte ihn nur elf Monate, dann lässt auch sie die Kinder allein, stirbt Ende 1932 unerwartet, vielleicht an Kummer oder, so möchte es sich die Tochter Hildegard lieber vorstellen, an einem Tumor, hatte die Mutter doch immer diese furchtbar quälenden Kopfschmerzen. Sie möchte nicht weiter darüber sprechen, mit Zufall habe das nichts zu tun gehabt, das sei eine Tragödie gewesen, eine furchtbare Tragödie, das Ende ihrer Kindheit. Die Großmutter in Dresden nimmt die Kinder auf, krempelt ihr ganzes Haus um, damit die fünf sich möglichst wie zu Hause fühlen, aber 1935 treten die Nürnberger Rassengesetze in Kraft, die Großmutter, obwohl längst zum christlichen Glauben konvertiert, galt den Nazis weiterhin als Jüdin, in Hildegard und ihren Geschwistern sah das Regime damit »Halbjuden«. Das Internat Salem musste sie verlassen, konnte aber in Konstanz 1939 Abitur machen.

September 1939. Hildegard Brücher hat ihre sechs Pflichtmonate beim Reichsarbeitsdienst hinter sich, will studieren, aber Hitler entfesselt den Krieg. Sie muss auf unbestimmte Zeit weiter Arbeitsmaid bleiben. Es war kurz vor Weihnachten, die Mädchen standen frierend beim Morgenappell um die Fahne, die jeden Morgen unter Absingen nationalsozialistischer Lieder gehisst wurde, als die Stabsführerin eine überraschende Frage in die Runde schnarrte: »Wer von den Abiturientinnen Medizin oder Chemie studieren will, soll vortreten!« »Ich habe nie daran gedacht, Chemie zu studieren, aber ich trat vor, einfach einer Intuition gehorchend, ohne viel nachzudenken. Wir waren etwa 400 Mädel, darunter auch einige Abiturientinnen, aber nur zwei haben sich gemeldet. Ein anderes Mädchen, das Medizin studieren wollte, und ich. 48 Stunden später war ich ein freier Mensch – soweit man damals überhaupt ein freier Mensch sein konnte.«

An der Uni München bewirbt sie sich um einen Studienplatz. Sie bekommt sofort eine Absage, als »Halbjüdin« ist sie nicht erwünscht. Umso überraschender die Einladung des damaligen Dekans Walther Wüst, eines strammen Nazis – Parteimitglied der ersten Stunde –, der später maßgeblich an der Verhaftung der Geschwister Scholl beteiligt sein wird: »Fräulein Brücher, es tut mir so leid, dass es mir meine Vorschriften nicht erlauben, Sie hier studieren zu lassen, wo doch Ihr Vater im Ersten Weltkrieg gekämpft hat, Ihr Bruder gerade im Polenfeldzug verwundet und ausgezeichnet wurde. Deshalb gebe ich Ihnen einen Tipp: Es gibt ein Chemisches Staatsinstitut, die nehmen es mit dem Ariernachweis nicht so genau, Chemiker werden schließlich dringend gesucht, vielleicht können Sie dort unterkommen.«

Direktor dieses Instituts war Heinrich Wieland. Die Augen von Hildegard Hamm-Brücher leuchten, wenn sie von ihm erzählt, sie bewundert ihn bis heute, diesen Wissenschaftler, der nie »zum willigen Vollstrecker von Hitlers Wissenschafts- und Hochschulpolitik wurde«.

Als Nobelpreisträger für Chemie und als »kriegswichtiger« Forscher auf dem Gebiet von Giftstoffen und Hormonen war er nicht so leicht angreifbar, gegenüber etwaigen Zugriffen der Nazischergen leidlich geschützt, aber trotzdem nicht sakrosankt. Er wurde ihr Doktorvater, ermöglichte Hildegard Brücher nicht nur das Chemiestudium, sondern beschützte sie auch, als die Studenten des Widerstandskreises »Weiße Rose«

verhaftet wurden, zu deren weiterem Umfeld auch sie gehörte, bewahrte sie vor der Gestapo, vor Verhören und vermutlich auch Schlimmerem. Wieland rettete ihr das Leben, und ausgerechnet einer der aktivsten nationalsozialistischen Wissenschaftsfunktionäre, der Dekan Wüst, schickte sie zu ihm. Warum er das tat? Hildegard Hamm-Brücher weiß es nicht, aber sie ist nicht naiv, sie weiß, dass ein hübsches 18-jähriges Mädchen harte, auch kruppstahlharte Männerherzen rühren kann. »Nennen wir es einen glücklichen Zufall, dass dieser Dekan eine kleine Sympathie für mich hatte ...«

Es gab außer Heinrich Wieland noch einen Zweiten, der für ihr Überleben unter den Nazis verantwortlich war. 1942 lernt sie im Bach-Chor der Uni Sophie Scholl und andere Studenten der »Weißen Rose« kennen. Deren Verhaftung und Hinrichtung erschüttert sie zutiefst, dazu kommt ein weiterer schwerer persönlicher Verlust: »1942 nahm sich meine Großmutter mit Schlaftabletten das Leben. Sie sollte nach Theresienstadt deportiert werden, dabei konnte sie nur noch mit zwei Stöcken gehen und sich nicht einmal mehr alleine an- und ausziehen. Der Selbstmord meiner Großmutter und die Hinrichtung meiner Kommilitonen haben mich in eine tiefe Verzweiflung gestürzt. Warum lebe ich noch? Wie kann ich weiterleben, wenn meine Freunde ihr Leben geopfert haben? Ich war wild entschlossen, auch in den Widerstand zu gehen, mein Leben ebenso für unsere Überzeugungen zu riskieren wie sie.« Zunächst aber wird Hildegard Brücher schwer krank, kommt mit einer Lungenentzündung ins Krankenhaus. Als sie aus ihren Fieberträumen erwacht, sitzt an ihrem Bett ein Studentenpfarrer, ihr zweiter Lebensretter in dieser dunklen Zeit, in der sie meinte, alles nicht weiter ertragen zu können: »Hören Sie! Sie müssen überleben! Es können nicht alle hingerichtet werden. Am Schluss, wenn der Krieg verloren ist, müssen Sie leben und weiter dafür kämpfen, wofür Ihre Freunde und Kommilitonen ihr Leben geopfert haben!«

Es gibt Momente, wo Menschen für einen Augenblick in sich selbst versinken, den Blick auf etwas richten, was ihr Gegenüber nicht sehen kann, zum Beispiel ein Münchner Krankenhaussaal vor fast siebzig Jahren, in den letzten Kriegsmonaten. »Ihre Fragen machen alles wieder lebendig. Ich kann mich genau erinnern, wie ich damals dachte, ja, er hat recht, mein Leben ist mir geschenkt worden, um etwas daraus zu machen. Ich wusste nur noch nicht, was und wie.«

Warum hat Hildegard Hamm-Brücher so einen besonderen Platz im politischen Personal der Bundesrepublik gehabt? An ihren Ämtern kann es nicht liegen, die waren nicht so spektakulär. Warum wird sie noch als über 90-Jährige in Talkshows eingeladen und nach ihrer Meinung zu aktuellen politischen Entwicklungen gefragt? Vielleicht hat eine ganze Generation von ihr gelernt, was Haltung ist: Als der FDP-Vorsitzende Hans-Dietrich Genscher 1982 beschloss, die sozialliberale Koalition zu verlassen und durch den Sturz von Helmut Schmidt den CDU-Mann Helmut Kohl an die Macht zu bringen, begründete Hildegard Hamm-Brücher vor dem Deutschen Bundestag, warum sie diese »Wende« nicht mitmachen und das Misstrauensvotum gegen Helmut Schmidt nicht unterstützen werde: »Ich finde, dass beide dies nicht verdient haben, Helmut Schmidt ohne Wählervotum gestürzt zu werden, und Sie, Helmut Kohl, ohne Wählervotum zur Kanzlerschaft zu gelangen.« Kohl hat bis zum heutigen Tage nie wieder ein Wort mit ihr gesprochen, sie nie wieder »eines Blickes oder eines Wortes gewürdigt«. Doch das habe sie immer kaltgelassen, wie sie achselzuckend sagt. Man glaubt es ihr sofort. Sie hat es schließlich gelernt, sich von Anfeindungen und übler Nachrede nicht in ihrem Innersten berühren zu lassen.

213

Als die 29-jährige Hildegard Brücher 1950 in den Bayerischen Landtag gewählt wird, ist sie die einzige Frau in der FDP-Fraktion und findet dort wenig Schutz vor den Anfeindungen der Kollegen aus der allmächtigen CSU-Fraktion, an die sie sich als ziemlich ungemütlichen Haufen erinnert: »Bauern, Klerikale, verängstigte Mitläufer und re-christianisierte Nazis. Da gab es kein Pardon, vor allem nicht gegenüber einer Frau.« Und schon gar nicht gegenüber einer Frau, die als »Preußin« (heißt einfach Nicht-Bayerin!) und Protestantin das tradierte Rollenbild konterkarierte, nicht einfach nur mütterlich, fromm und fleißig sein, sondern auch noch öffentlich ihre eigene Meinung vertreten wollte. Berge von Landtagsprotokollen, mit allen, manchmal grenzwertigen Zwischenrufen, wenn die »Landtags-Emanze« sprach, zeugen davon, was die junge Frau im Hohen Hause ertragen musste, Titulierungen von »Bissgurke« (Alfons Goppel) bis »Krampfhenne« (Franz Josef Strauß), und sie schämt sich nicht, zuzugeben, »dass manchmal mehr oder weniger heimlich Tränen über die Flegeleien der CSU-Abgeordneten flossen«.

Als »rühmliche Ausnahme« erwies sich der Abgeordnete Erwin Hamm, der ihr immer wieder Schützenhilfe leistete und versuchte, einigen Situationen mit Humor die Schärfe zu nehmen. Die beiden hatten sich bereits im Münchner Stadtrat kennengelernt. Und ineinander verliebt. 1954 bringt Hildegard Brücher den gemeinsamen Sohn Florian zur Welt, als ledige Mutter, heimlich, bei ihrem Bruder in Holland. »Stellen Sie sich das mal vor, ein nicht geschiedener, katholischer CSU-Politiker und diese lästige, aufmüpfige Ketzerin aus der FDP, das wäre ein Knüller gewesen!« Trotzdem ist immer klar und sie »wild entschlossen«, dieses Kind zu bekommen, dafür nimmt sie alle Schwierigkeiten in Kauf. Die ersten Monate zieht Hamm-Brüchers Schwester Baby Florian auf, 1956 dann, nachdem Erwin

Hamm endlich geschieden war und die beiden heiraten konnten, ist die kleine Familie schließlich vor aller Augen vereint.

Entscheidend für ihrem Weg in die Politik und damit letztlich auch für diese Ehe ist ein Zufall, den Hildegard Hamm-Brücher als *den* Zufall ihres Lebens« bezeichnet, eine Begegnung, die ihren weiteren Weg bestimmt hat. Nach dem Krieg verdient die promovierte Chemikerin als Wissenschaftsredakteurin bei der *Neuen Zeitung* Geld für sich und ihre beiden jüngeren Geschwister, lernt bei dem Feuilletonchef Erich Kästner das journalistische Handwerk und erklärt in ihren ersten Artikeln den Lesern: Was ist Penicillin? Was ist DDT-Puder? Wie funktioniert die Atomspaltung? Im Oktober 1946 soll sie für die *Neue Zeitung* über die Anfänge der neuen Schulpolitik in der amerikanischen Besatzungszone berichten. Sie fragt sich in Stuttgart bis zur Technischen Hochschule durch. »Ich laufe da hoffnungslos durch die Gänge, die Fenster waren vernagelt, alles war ganz duster und kalt, da kommt mir ein Herr entgegen, und in meiner Not frage ich ihn: ›Ich komme von einer Zeitung für die ganze amerikanisch besetzte Zone und möchte gerne den Kultusminister sprechen?‹ Er grummelt: ›Hier gibt's keinen Kultusminister. Hier gibt's nur einen Kultminister und das bin ich!‹ Das war der Theodor Heuss. Wir haben gleich einen Draht zueinander gehabt, und er hat mir erzählt, welche Pläne er hat, wie er versucht, die Lehrer zum Umdenken zu bewegen – er war der erste Deutsche nach Kriegsende, der mir etwas Positives über Demokratie erzählte. Vorher habe ich Ähnliches immer nur von den Amerikanern gehört. Aber er hatte nicht so viel Zeit, deshalb fragte er mich spontan, ob ich am Abend noch da sei, dann solle ich ihn doch besuchen: ›Wir wohnen in einem Zimmer in Stuttgart-Degerloch, meine Frau würde sich sicher freuen, Sie kennenzulernen.‹«

So kam Hildegard Brücher zu den Heussens. An diesem

Abend servierte die spätere erste First Lady der Bundesrepublik Elly Heuss-Knapp selbstgebackene Roggenkekse, »die eher kleine Pflastersteine waren, und zweimal aufgegossenen Pfefferminztee«, ihr Mann, noch nicht einmal ahnend, dass er nur drei Jahre später das erste Staatsoberhaupt der jungen Bundesrepublik sein würde, erzählte aus seiner Zeit als Reichstagsabgeordneter der Weimarer Republik, verteidigte die damalige Verfassung und bedauerte, es habe nur zu wenig Demokraten gegeben. »Die meisten Menschen waren damals noch kaisertreu und obrigkeitsstaatsgläubig, Diskussionen und Palaver im Parlament, das hat der Mehrheit nicht gefallen. Und jetzt wollten die Amerikaner das wieder mit ihnen machen. Der Heuss hat so lebendig erzählt, ich guckte mit großen Augen, war völlig hingerissen und stellte Fragen über Fragen. Am Schluss, wie ich mich verabschiedete, sagte er: ›Mädele, Sie müsset in die Politik!‹ So bin ich in die Politik gekommen.«

Heuss verließ sich aber nicht darauf, dass Hildegard Brücher schon für die Politik gewonnen war. Er bat Thomas Dehler, den damaligen Justizminister Bayerns, sich um die junge Frau zu kümmern, »die will, aber noch nicht weiß, was«. Thomas Dehler kümmert sich, und 1948 kandidiert Hildegard Brücher für den Münchener Stadtrat, der Weg in die Politik war beschritten, für die wissenschaftliche Karriere als Chemikerin war sie für immer verloren.

Sehr zum Bedauern von Nobelpreisträger Wieland, den sie noch einmal an seinem Alterssitz am Starnberger See besucht: »Ach, Fräulein Brücher, in der Chemie hätten Sie wenigstens unsterblichen Ruhm errungen!« Aber ihr Lebensziel war nicht Ruhm, sondern eine liberale Gesellschaft, mit aufgeklärten und selbstbewussten Bürgern. Ein Lebensziel, das ganz sicher nicht zufällig war.

»Zufall oder Schicksal – ich würde nicht auf die Idee kommen, darüber zu philosophieren, entscheidend ist, sich den unerwarteten Ereignissen im Leben zu stellen.«

Helmut Schmidt

# Helmut Schmidt

## Bundeskanzler a. D.

Wer an den Zufall glaubt, sollte zum Arzt gehen – nein, das hat er natürlich nicht gesagt, aber Helmut Schmidt hat mit dem Zufall ähnlich viel am Hut wie mit Visionen. Selbstverständlich gibt es unvorhergesehene Ereignisse, »das Leben ist schließlich eine Aneinanderreihung von Zufällen«, aber es ist vollkommen müßig, im Nachhinein darüber zu sinnieren, ob alles auch ganz anders hätte kommen können. Es war nun einmal so und nicht anders, Punkt.

Das klingt schroffer, als dieses Gespräch tatsächlich verlief. Schroff ist er sowieso nie, es geht meist sehr freundlich und sachlich zu im Büro des *Zeit*-Herausgebers. Es ist kaum verraucht diesmal, die Sonne scheint, und die Fenster sind geöffnet. Der Altkanzler sitzt hinter seinem Schreibtisch, schnell ein Blick in das Kästchen mit den Zigaretten, offensichtlich noch genug drin, dann ein Blick auf die Liste mit den Besuchern und Themen dieses Tages. Ein erster Zug aus der Zigarette, leichtes Kopfschütteln: »Zufall? Was haben Sie sich da bloß für ein Thema ausgesucht?«

Er räumt aber ein, dass es vier große Zufälle gab in seinem Leben, Sollbruchstellen, die den Hamburger Jung aus dem

Arbeiterviertel Barmbek schließlich bis ins Kanzleramt geführt haben. Doch es sind nicht freundliche Offerten des Schicksals, keine einladenden Weichenstellungen, sondern unabänderliche »Ereignisse, die ich selbst nicht herbeigeführt habe und die trotzdem eine große Rolle für mich gespielt haben«. Also eher Herausforderungen, die eventuell im Schiller'schen Sinne – »Den Zufall gibt die Vorsehung, zum Zwecke muss der Mensch ihn gestalten« – ein positives Ende genommen haben.

Der erste Zufall in dieser Viererkette ereilt ihn 1933. Helmut Schmidt ist 14 Jahre alt, wie fast alle Jungen seines Alters möchte er gerne auf Wanderfahrt gehen, an Lagerfeuern sitzen, Heimabende und Gemeinschaft erleben und deshalb in die Hitlerjugend eintreten. Die Eltern indes verweigern unnachgiebig ihre Zustimmung. Schließlich offenbart die Mutter dem enttäuschten Sohn, worüber der Vater erst Jahre später mit ihm sprechen wird: Er hat einen jüdischen Großvater, einen Privatbankier, der »sich nach Sachsen aus dem Staub gemacht hat, nachdem er offenbar durch eine finanzielle Zuwendung dafür gesorgt hat, dass sein Kind von dem ungelernten Hafenarbeiter Gustav Schmidt und dessen Frau an Kindes statt angenommen worden war«. Völlig unvermittelt lebt der junge Helmut Schmidt von nun an in einer anderen Welt. Nun könnten ihm und seiner Familie plötzlich die Nürnberger Rassengesetze zum Verhängnis werden. Eindringlich mahnt seine Mutter: »Du darfst mit niemandem darüber reden, das ist lebensgefährlich.«

Der Sohn beherzigt die Warnung, tatsächlich wird er erst Jahrzehnte später, wenn der Zweite Weltkrieg schon Geschichte ist, zum ersten Mal außerhalb der Familie darüber reden und seinem Freund, dem französischen Präsidenten Giscard d'Estaing, von diesem Großvater erzählen. In die Hitlerjugend kommt der junge Schmidt damals ironischerweise trotzdem noch, weil die Nazis den Ruderverein seiner Schule, in dem er stolz als Mannschaftskapitän fungiert, kurzerhand der Marine-HJ einverleiben. Doch zu dem Zeitpunkt hat der Prozess seiner Immunisierung gegen plumpe NS-Parteipropaganda längst begonnen. Auf eine Wand im Keller der Heimabende kritzelt er 1936 rebellisch eine Wanderlied-Zeile: »Freiheit ist das Feuer, ist der helle Schein, solange sie noch lodert, ist die Welt nicht klein.« Die HJ schmeißt ihn raus, mehr passiert ihm nicht. »Mein jüdischer Großvater«, sagt der Altkanzler, »hat mich davor bewahrt, ein kleiner Nazi zu werden.«

Ein Jahr später macht sein Jahrgang vorzeitig Abitur, Hitler braucht Soldaten. Schmidt meldet sich 1937 vorzeitig zum Wehrdienst, dann, so seine Hoffnung, könnte er noch vor seinem 21. Geburtstag wieder Zivilist sein, das geplante Architekturstudium aufnehmen und Städtebauer werden. Der Plan schien aufzugehen, Ende September 1939 sollte er entlassen werden, aber Hitlers Überfall auf Polen kommt dem zuvor. Gemeinsam mit seinen Kameraden von der Flakartillerie sitzt Schmidt am 1. September vor dem Radio, sie empfinden den Ausbruch des Krieges »wie ein Naturereignis: Ich glaubte tatsächlich, die Polen hätten den Sender Gleiwitz überfallen, weshalb wir Deutschen uns jetzt wehren müssten.« Der Wehrmachtsangehörige Schmidt wird zum Wachtmeister der Reserve befördert und zieht in den Krieg, von den neun jungen Flaksoldaten überleben nur zwei.

Den Krieg überlebt zu haben – war das Zufall? Schicksal? Gottgewollt? »Ich würde nicht auf die Idee kommen, darüber zu philosophieren«, sagt er, das ist einfach »müßig, vollkommen überflüssig«. Haarsträubend naiv findet er natürlich heute seinen Entschluss, 1941 seinen Posten beim Oberkommando der Luftwaffe in Berlin aufgegeben und sich zur kämpfenden Truppe beworben zu haben. Er war »unzufrieden mit dem ruhmlosen Papierkrieg« und wollte sich nicht länger »auf den

Straßen Berlins, auf dem Ku'damm ohne Tapferkeitsorden sehen lassen«. Fast wie ein wenig um Nachsicht bittend, fügt er hinzu: »Eine ziemlich kindische Vorstellung, ich weiß. Aber ich war gerade 22 Jahre alt geworden.« Loki steht weinend am Bahnsteig, als ihr Helmut Anfang Juli 1941 zum Einsatz an die Ostfront abfährt. Fünf Monate später ist er aus Schlamm vor Leningrad und Kälte vor Moskau zurück in Berlin, mit einem Eisernen Kreuz 2. Klasse, doch die Sehnsucht nach einer ordengeschmückten Heldenbrust hat er endgültig begraben. So wie viele seiner Kameraden.

Eines »der schlimmsten Erlebnisse, die ich im Krieg gehabt habe«, steht ihm aber noch bevor. 1944 gerät er als Batteriechef einer Flakeinheit während der entsetzlich überflüssigen, mörderischen Ardennen-Offensive der Wehrmacht in den Bombenhagel der US-Armee. Da, so erzählt er leiser, fast tonlos, habe ein Soldat »eine Explosivgranate in den Unterleib bekommen. Die Sanitäter wollten diesen schreienden Mann nicht verbinden. Ich war der Batteriechef. Da musste ich selber ran. Das habe ich auch getan. Wir haben ihn noch bis auf den Hauptverbandsplatz gebracht, und da ist er dann gestorben«. Bilder, die man nie vergisst? »Erfahrung, die man nicht vergisst.«

Der zweite entscheidende Zufall trifft den Kriegsgefangenen Helmut Schmidt. In einem belgischen Lager macht er 1945 die Bekanntschaft des Pädagogen und Hochschulprofessors Hans Bohnenkamp. 15 Jahre älter als Schmidt, hat jener schon zum zweiten Mal einen Weltkrieg hinter sich. Der Mann war zwar »bis zum Hals rauf mit Eichenlaub und so 'nem Scheißkram dekoriert gewesen«, aber hatte sich »in der Weimarer Zeit zu einem religiösen Sozialisten entwickelt«. Vor den Kriegsgefangenen spricht er über das »verführte Volk«, rechnet rigoros mit den Nazis ab. Schmidt ist nicht nur beeindruckt, er erkennt auch einen Gleichgesinnten, einen »von denen, die auch meinten, als

222

Soldat ihre Pflicht erfüllen zu sollen«. Bohnenkamp ist überdies wohl der Erste, der dem jungen Ex-Oberleutnant auf eine offene, bedrückende Frage eine ganz konkrete Antwort liefert: Schmidt weiß seit seinem 18. Lebensjahr, wogegen er ist, aber nicht wofür. »Er hat mir nicht nur beigebracht, was Demokratie ist, er hat mich zum Sozialdemokraten gemacht.« Im März 1946 unterschreibt Schmidt einen Aufnahmeantrag bei der SPD.

Das neue Zivilleben in Hamburg beginnt pragmatisch. Das Ehepaar Schmidt lebt von Lokis Lehrerinnensalär. Der 26-jährige Kriegsheimkehrer ohne jede zivile Ausbildung hakt die Städtebauerträume ab und entschließt sich »zu einem Studium, welches möglichst kurz ist«, obwohl ihm die Ökonomie eher fremd ist. Einer seiner Professoren ist der 35-jährige Nationalökonom Karl Schiller, der nebenbei auch für den Hamburger Senat arbeitet. Als Schmidt 1949 sein Studium beendet hat, bietet Schiller – inzwischen Senator für Wirtschaft und Verkehr in Hamburg – dem frisch gebackenen Ökonomen an, sein persönlicher Referent zu werden. Warum gerade ihm? »Wahrscheinlich Intelligenz.« Diese lapidare Feststellung ergänzt Schmidt einen Zigarettenzug später mit dem Hinweis, dass Schiller »übrigens NSDAP-Mitglied war«, aber, angedeutetes Schulterzucken, »viele Menschen waren damals irgendwie in die Hierarchien des Dritten Reiches verwickelt bis auf wenige Ausnahmen«.

Der Verleger und CDU-Bundestagsabgeordnete Gerd Bucerius ist eine dieser Ausnahmen. Schmidt lernt ihn bei Schiller kennen, denn dort trafen sich regelmäßig die Hamburger Bundestagsabgeordneten. Der Professor »erklärte ihnen die wirtschaftspolitischen Probleme, von denen sie keine Ahnung hatten, und er auch nur ein bisschen.« Später hat sich dieses Kränzchen aufgelöst, aber Bucerius und Schmidt werden ab 1953 Kollegen, gemeinsam sitzen sie im Bundestag, die unterschiedlichen Parteizugehörigkeiten hindern sie nicht an einer fruchtbaren Zusammenarbeit. »Mit vereinten Kräften« und der Unterstützung von Altvorderen wie Max Brauer und Wilhelm Kaisen betrieben sie »mit Erfolg den Wiederaufbau einer deutschen Handelsflotte«, wie Schmidt nicht ohne Stolz berichtet.

Er war eben schon früh »der Macher«, und es bleibt erstaunlich, dass gerade er für seinen politischen Weg den Zufall für sich reklamiert. In dem wohl persönlichsten seiner über zwanzig Bücher, der zum 90. Geburtstag erschienenen Lebensbilanz »Außer Dienst«, weist er gleich auf der ersten Seite darauf hin, dass er »mehr aus Zufall« Berufspolitiker wurde, »aber nachdem ich es einmal geworden war, bin ich es aus eigenem Willen geblieben«. Immerhin klingt das nach einer gelungenen Synthese.

Im Herbst 1953 kommt Schmidt nach Bonn. Drei SPD-Wahlkreise waren ihm, dem damals schon alerten Redner und debattenfreudigen Genossen, für diese Bundestagswahl angeboten worden. Er befand, es könnte »eine interessante Erfahrung« sein, für vier Jahre in den Bundestag zu gehen »und sich am Wiederaufbau des Landes zu beteiligen«, kandidierte und wurde über die Hamburger Landesliste gewählt. Es sind turbulente Jahre in Bonn, er greift offensiv ein in die heftigen Debatten um die deutsche Wiederbewaffnung, und dem Kanzler Adenauer schwant schon bald: »Der ist noch am Sich-Entwickeln, aus dem wird noch was.« Rasch verdient sich der schneidige Jungparlamentarier das Lebensetikett »Schmidt-Schnauze«, »vor allem aber«, so sagt der heute fast 95-Jährige, habe er »innerhalb dieser vier Jahre Freunde gewonnen und Vorbilder gefunden«, die SPD-Recken Fritz Erler oder Ernst Reuter etwa und »Ruth Loah, meine heutige Lebensgefährtin, die ab 1955 in Bonn meine Sekretärin war«.

1961 verlässt Helmut Schmidt aber erst mal wieder die Bonner Bühne und nimmt das Angebot an, in Hamburg Innensenator zu werden. Zeit für den dritten, vielleicht wichtigsten Zufall im Leben des Helmut Schmidt.

Die große Flutkatastrophe 1962 überrascht die Hamburger im Schlaf. In der Nacht vom 16. auf den 17. Februar kommt die Sturmflut, Deiche brechen ein, ein Fünftel der Stadt steht unter Wasser. Schmidt ist damals gerade ein paar Wochen Chef der damaligen Polizeibehörde. Er nutzt seine Kontakte, schickt Bundeswehr, Feuerwehr und Polizei zum Katastrophenort. »Bei der spontan zu improvisierenden Rettungsaktion habe ich damals mehrere Gesetze und wahrscheinlich auch das Grundgesetz verletzt. So haben sich Truppen der Bundeswehr meiner unbefugten Weisung unterstellt; wir haben gefährdete Menschen gegen ihren Willen aus ihren Wohnungen geholt; wir haben den geretteten Menschen entgegen dem Haushaltsrecht Geld in die Hand gegeben, damit sie sich in den intakt gebliebenen Stadtteilen das Nötigste kaufen konnten.« Ein Krisenmanager ist geboren, fortan hat Schmidt den Ruf als Macher endgültig weg. Und tatsächlich ist es das, was Schmidt als den großen Zufall ansieht: »Diese Flutkatastrophe und meine Rolle dabei haben mich in der ganzen Nation bekannt gemacht.«

Die Flut spült Schmidt letztlich zurück in den Bundestag. 1965 tritt er wieder an, und als die schwarz-gelbe Koalition unter Ludwig Erhard 1966 zerbricht, bilden CDU/CSU und SPD die erste Große Koalition. Fritz Erler, der Fraktionschef der SPD und Schmidts politischer Ziehvater, war zu diesem Zeitpunkt schon todkrank, und was lag näher, als Helmut Schmidt zu bitten, die wichtige Scharnierfunktion des Fraktionsvorsitzenden zu übernehmen? Er hielt das auch für eine gute Idee.

Als Willy Brandt Ende Oktober 1969 nach 20-jähriger CDU-Regierungszeit erster sozialdemokratischer Kanzler wird, geht

Schmidt als Verteidigungsminister ins Kabinett. »Hab mich schwer dagegen gesträubt«, hat er immer behauptet, denn ihm sei von Anfang an klar gewesen, dass die SPD-Linken ihm mit Vergnügen, wo immer es möglich sein würde, »Knüppel zwischen die Beine werfen« würden. Die wollten Brandts Entspannungspolitik und »Mehr Demokratie wagen«, aber keinesfalls die atomaren Trägerraketen, die der ehemalige Oberleutnant Schmidt für unerlässlich hielt.

Das nächste Ministeramt wird nicht komfortabler. Als Karl Schiller, neben Franz Josef Strauß der andere populäre Minister aus dem Erfolgsduo »Plisch und Plum« in der Großen Koalition, sein Superministerium im Juli 1972 wegen einer Währungskrise aufgibt, kommt Brandt wieder auf Schmidt zurück. Pflichtbewusst willigt dieser ein, aber nur für die vier Monate bis zu den Neuwahlen. »Dann hat er die Wahl gewonnen mit 45 Prozent und an mich appelliert, ich solle meine Entscheidung korrigieren. Ich habe das getan und bin geblieben. Er hatte schon zwei Finanzminister verbraucht. 1969 hieß sein Finanzminister Alex Möller, dann hieß sein Finanzminister Karl Schiller, ich war der dritte Finanzminister innerhalb von drei Jahren – ein bisschen viel.«

»Die gewonnene Bundestagswahl 1972 war zwar Brandts größter Erfolg, aber«, so Egon Bahr, Berater, Minister und Freund seit der Berliner Bürgermeisterzeit, »eindeutig auch der Scheitelpunkt – von da an ging es bergab.« Der häufig depressive Kanzler Brandt zog sich manchmal unangekündigt zurück und regelte vom Krankenbett aus nicht einmal das Nötigste. Schmidt und Herbert Wehner mussten übernehmen. Auch Schmidt kam in die Krise und erwog ernsthaft, aus der Politik auszusteigen: »Ich habe da schlichtweg die Schnauze voll gehabt.« Er blieb aus »preußischem Pflichtgefühl«, hatte mit Ölkrise, schwächelnder Konjunktur und Arbeitslosigkeit

226

alle Hände voll zu tun und war fassungslos, als er die Nachricht erhielt, Brandt wolle zurücktreten.

Nur 17 Monate nach seiner Wahl übernahm Brandt die politische Verantwortung dafür, dass es der DDR gelungen war, den Spion Günter Guillaume jahrelang in seiner unmittelbaren Nähe zu platzieren. Schmidt versucht, Brandt vom Rücktritt abzuhalten: »Für so 'n Quatsch tritt man nicht zurück.« Vergebens. Am 7. Mai 1974 tritt der erste sozialdemokratische Bundeskanzler zurück. Und wieder hat Brandts Verhalten weitreichende Folgen für Schmidt: Außer ihm ist niemand da, der die Nachfolge von Brandt antreten kann. Auch wenn damals viele meinten, so unrecht sei ihm das nicht gewesen – Schmidt bleibt auch fast 40 Jahre danach dabei: An einem sommerlichen Nachmittag, in der sechsten Etage des *Zeit*-Verlages in Hamburg, sitzt der Altkanzler an seinem Schreibtisch, schmaucht gelassen seine Mentholzigarette und sagt immer noch, er habe dieses Amt nicht gewollt. »In meinen Augen hat Willy Brandt aus nach wie vor nichtigem Grund seinen Rücktritt erklärt.« Es sei der vierte und letzte große Zufall in seiner bewegten Vita gewesen.

War es wirklich ein so großer Zufall? Wäre die Kanzlerschaft nicht ohnehin irgendwann auf ihn hinausgelaufen? »Nein. Es war unvorhersehbar.« Vielleicht war es für Schmidt unvorhersehbarer als für alle anderen. Er hatte schon mehr Verantwortung übernommen, als er je wollte, und er hatte sich wohl wirklich innerlich bereits von Brandt entfernt. Der Fraktionsvorsitzende Schmidt fühlte sich schon Ende der sechziger Jahre beim Durchsetzen der Notstandsgesetze ungerührt vom Kanzler Brandt im Stich gelassen. Während Schmidt um die Zustimmung der Parlamentarier rang, sei Willy Brandt den Demonstranten entgegengekommen. Bis 1968 wäre er für Brandt durchs Feuer gegangen, danach stellt er nur noch nüchtern das Entzücken der anderen fest: »1972 Friedensnobelpreis, große

Begeisterung, großer Enthusiasmus der Deutschen, glänzender Wahlerfolg.« Und dann muss er wegen Brandt also auch noch Kanzler werden.

»In einer Zeit wachsender Probleme konzentrieren wir uns in Realismus und Nüchternheit auf das Wesentliche«, verspricht er in seiner Regierungserklärung. Er hat sein Versprechen gehalten. Als er 1982 sein Amt aufgeben muss, weil die sozialliberale Koalition zerbricht und Genscher sich und der FDP den Machterhalt sichert, indem er das Misstrauensvotum von Helmut Kohl gegen den Kanzler Schmidt unterstützt, hat der pflichtbewusste Hanseat sich lautlos und still aus dem Staatsdienst verabschiedet. Erfreut begrüßte er nach wenigen Monaten den »Glücksfall«, dass ihm ein anderer, befreundeter »Überzeugungstäter«, der Verleger Bucerius, einen Herausgeberposten anbot. Bucerius prognostizierte, Schmidts Meinung würde »nicht oft die der *Zeit* sein«, aber er ahnte offensichtlich auch, dass man die Meinung dieses Staatsmannes noch lange im Land würde hören wollen.

Ließe er sich im Nachhinein in seinem Leben noch einmal so in die Pflicht nehmen? »Man kann im Nachhinein nichts korrigieren, was geschehen ist.« Aber man kann sich das Gedankenspiel leisten, zu überlegen, wie wohl eine andere Entscheidung das eigene Leben beeinflusst hätte? »Ich neige nicht zu Spielereien. Ich neige auch nicht zum Glücksspiel.« Das hätte Kant auch antworten können, dessen asketischen Wertekanon Schmidt stets auch für sich reklamiert hat: »Ich hab mich«, sagt er, »in die Pflicht genommen. So gesehen bin ich ein Kantianer. Ich bin zufrieden, wenn ich das Gefühl habe, eine Aufgabe anständig erfüllt zu haben.« Wie genau das geschieht, ist nicht immer entscheidend – siehe die Flut anno 1962 –, da ist er »gestrickt wie Deng Xiaoping«, dessen Aperçu er sogleich zum Besten gibt: »Es ist egal, ob die Katze schwarz ist oder weiß, die

Hauptsache ist, sie fängt Mäuse.« Nach einer winzigen Pause – wenn er lächelt, sieht er einen immer ganz direkt an – übersetzt er: »Helmut Kohl würde sagen: Es kommt darauf an, was hinten rauskommt.«

Der Politiker Schmidt muss sich darum keine Sorgen machen. Die Deutschen verehren diesen preußischen Hanseaten – der wohl nicht von ungefähr an den Alten Fritz erinnert, und zwar nicht erst, seit er wie dieser stets mit Krückstock zu sehen ist – wie ein nationales Heiligtum. Wenn er sich auch nicht als erster Diener seines Staates betrachtet, so doch als »leitender Angestellter des Staatsunternehmens Bundesrepublik Deutschland«. Im 21. Jahrhundert hängen ihm dafür Jung wie Alt in reiner Verzückung an den Lippen, zumal wenn der Spiritus Rector von der Waterkant Weltmächte, globale Finanzmärkte und historische Verantwortung erklärt. Erstaunlich genug, denn oft genug schreibt er seinem Volk unbequeme Wahrheiten ins Stammbuch, mahnt, dass »unsere Rechte auf Dauer nicht gesichert sind, wenn nicht unser Pflichtbewusstsein hinzutritt«. Keine Gesellschaft freier Bürger könne auf Dauer ohne die Tugenden dieser Bürger bestehen.

Gehorsam, Tugend und Pflichtbewusstsein – welche Eltern erziehen ihre Kinder heute noch an erster Stelle nach diesen Maximen? Es sind die Werte, die Helmut Schmidt verinnerlicht hat und die ihn zu einem moralischen Monolithen machen, zum unbestechlichen, verlässlichen Lotsen in stürmischer See, den man zum 90. Geburtstag auch schon mal zum »coolsten Kerl Deutschlands« wählen kann. Das ist ja auch eine Art Orden. Und würde man allen Respekt und alle Zustimmung, die Schmidt als Elder Statesman widerfährt, in Orden ausdrücken, dann würde die Brust vom »kleenen Schmidt«, der sich als junger Mann die sichtbare Anerkennung so sehr wünschte, sicherlich nicht ausreichen.

Zum Thema Zufall deckt sich Schmidts Haltung letztlich wohl am ehesten mit der lakonischen Sicht des von ihm geschätzten französischen Philosophen Michel de Montaigne: »Weiß man denn, was einen gesund gemacht hat? Die Heilkunst, das Schicksal oder Omas Gebete?«

»Die Natur besteht nur aus unbeherrschbarem Chaos, darin gibt es keine Zufälle, sondern nur Naturgesetze.«

Reinhold Messner

# Reinhold Messner

## Bergsteiger

Folgt man der Vorstellung unserer großen Dramatiker, wonach die ganze Welt eine Bühne ist, dann ergibt sich im Welttheater des Bergsteigers Reinhold Messner für den Zufall bloß eine Nebenrolle. Da blinzelt der Zufall als schmalbrüstiges Kerlchen eher rührend putzig aus der Kulisse und huscht gelegentlich verstohlen über die große Bühne. In den monumentalen Inszenierungen des Südtiroler Überlebenskünstlers sind kosmische Charakterkräfte die tragenden Säulen.

»Zufall«, sagt er, »nennen die Menschen das, was sie nicht verstehen.« Und sie verstehen seiner Meinung nach vor allem die Natur nicht. Die Mysterien der Natur sind die Kernstücke des Messner'schen Weltbildes. Die Natur ist gleichermaßen Freund und Feind des Menschen – eine überwältigende Geliebte oder erbarmungslose Kontrahentin. Natur ist himmlische Schönheit ebenso wie abgrundtiefes Grauen. Der Gott dieses Universums offenbart sich nicht in den traditionellen Religionen. Auf dem Messner'schen Olymp thront ein einsamer Weltenlenker, der keine Propheten oder Stellvertreter auf Erden beschäftigt und sich gegenüber der Welt und ihren Bewohnern überhaupt nicht äußert: »Alle Götter, die wir kennen, sind von cleveren Menschen erfunden, die sich nützliche soziale Regeln ausgedacht haben.«

Wie sein theologisches Vorbild Goethe ist Messner ein Pantheist, für den sich Gott allein in der Schöpfung manifestiert. Die Natur aber ist das reine, unbeherrschbare Chaos, in dem keine blinden Zufälle regieren, sondern die Naturgesetze. Wenn ein mörderischer Steinschlag den Bergsteiger aus der Steilwand schleudert, liegt das allein an der Schwerkraft. »Die Natur«, sagt Messner, »macht keine Fehler, nur die Menschen«, wenn Verstand und Intuition pausieren. Der Glückliche duckt sich unterm Überhang und überlebt die Lawine, der Unglückliche ist schlicht »zur falschen Zeit am falschen Ort«. Mit fünfzig Jahren, noch immer eine Ikone der Bergsteigerkunst, ist es Messner, der dieser unglückseligen Mischung zum Opfer fällt.

Es ist das *annus horribilis* 1995: Zunächst versucht Messner mit seinem Bruder Hubert zu Fuß die Arktis zu überqueren, aber sie geraten gleich zu Beginn zwischen Eispressungen, riesige berstende Platten, verlieren einen ihrer beiden Schlitten und »sind auf schwankenden Eisplatten zwischen Leben und Tod«, bis sie sich wieder ans Festland retten können. Die unverhoffte freie Zeit (vier Monate waren für die Arktis eingeplant) will Messner nun nutzen, um mit seiner Frau in Sibirien den Belucha, einen heiligen Berg am Rande des Altai-Gebirges, zu besteigen. Sie kommen bis kurz unter den Gipfel, als ein Wettersturz aufkommt, wie ihn dieser erfahrene Kletterer »nie vorher oder nachher erlebt« hat. Zuerst finden sie wegen dichten Nebels kaum zum Lager zurück, dann zwei Tage und Nächte Sturm mit Schnee, Blitz und Donner, schließlich Regen, »wir lagen tief im Wasser, wir konnten nicht rausgehen, wir konnten nicht runtergehen, wir waren einfach an den Berg gefesselt«. Zum zweiten Mal in diesem Jahr eine fast tödliche Situation, »beinahe wären wir umgekommen«.

Wieder daheim in den Dolomiten, die Schrecken der vergangenen Monate sind kaum verdaut, kommt die Familie Messner nach einem Abendessen mit dem TV-Moderator Günther Jauch zurück nach Hause auf die Burg Juval. Dort gibt es allerdings ein Problem – die Schlüssel sind nicht da und nirgendwo ein hilfreicher Geist, der das Tor öffnet. Keine Sorge, sagt der Burgherr leichthin, ein Ersatzschlüssel liegt versteckt hinter der Umfriedungsmauer. Er klettert außen auf die regennasse, glitschige Mauer, rutscht in der absoluten Dunkelheit innen an einem Stein ab und stürzt so unglücklich, dass sein Fersenbein vielfach zersplittert. Eine komplizierte, langwierige Behandlung bringt den Pechvogel mühsam auf die Beine, richtig verheilt der Fuß aber nie wieder. Eine unglaubliche, einzigartige Kletterkarriere scheint beendet: Reinhold Messner, der Abenteurer und weltberühmte Bergsteiger, der unzählige Male das Schicksal herausgefordert, die Titanen des Himalaya bezwungen hat – dieser Gipfelstürmer fällt von einem unscheinbaren Mäuerchen aus lächerlichen vier Meter Höhe und wird, metaphorisch gesprochen, von einem Gartenzwerg niedergestreckt.

Ein schlechter Scherz des Schicksals? Ein Racheakt erzürnter Gebirgsgeister, denen der Abenteurer aufs Dach gestiegen ist? Mit derartigen Spekulationen hat Messner nichts am Hut: Es war schlicht »eine Dummheit«, »eine Kette unglücklicher Umstände«, weil er ein einziges Mal nicht nachgedacht hatte (es ist dunkel, du siehst nichts, was ist, wenn du fällst, da reicht ein Meter, dann kannst du dich nicht abfedern). Und seine Instinkte haben sich in einer scheinbar so harmlosen Situation wohl nicht gefordert gefühlt? Aber Messner ist nicht in der Laune zu scherzen: »Vielleicht war es eine Warnung«, sagt er in dem diffusen Licht des verhangenen Münchener Vormittags nachdenklich, »vielleicht hätte mich meine Leidenschaft für Grenzgänge sonst umgebracht.« Ungeachtet dessen ist er fünf

235

Jahre später wieder auf den Beinen, Expeditionen zum Nanga Parbat, Patagonien, in den Himalaja folgen.

Schon in ganz jungen Jahren ist er instinktsicher und willensstark wie kein anderer. Mit acht Geschwistern wächst er in bescheidensten Verhältnissen im Südtiroler Dörfchen St. Peter auf. Für die Kinder gibt es einen einzigen Schlafraum. Der Vater ist Lehrer, ein düsterer, strenger Patriarch, der die Söhne bisweilen mit der Hundepeitsche verprügelt, aber Reinholds Kletterbegabung lobend fördert. Die Mutter, sanft und versöhnlich, macht das Familienleben erträglich. Messner erlebt die Alpen, lange bevor sie zu Après-Ski-Paradiesen mit Schneekanonen, Milka-Kühen und Hüttenzauber mutieren. Mit fünf Jahren besteigt das geniale Kind mit seinem Vater den 3027 Meter hohen Dolomiten-Riesen Sass Rigais, von nun an lebt er am liebsten »in der Senkrechten«, in den Schründen und Steilwänden der Hochalpen. Mit zwölf Jahren erklimmt er Gipfel, die sonst nur Erwachsene bewältigen.

Für Mädchen hat der besessene Gipfelstürmer kaum einen Blick. Er empfindet sie in jungen Jahren »als Hinderungsgrund für harte Erlebnisse in kühnen Wänden«. Lediglich Helga, eine ältere und für ihn unerreichbare Frau, fasziniert ihn, aber nicht als erotische Herausforderung, sondern wegen ihrer grandiosen Kletterkünste, sie war ihm ebenbürtig, »machte fast die gleichen schwierigen Touren« wie seine Kameraden und er. »Meine Pubertät«, schreibt er, »habe ich in den Wänden ausgelebt.« Für die schroffe Furchetta-Nordwand entwickelt er so intensive Gefühle, dass er sie in einem Gedicht verherrlicht: »Schöner kann ein Mädchen kaum sein. Mir glüh'n schon die Wangen, wenn ich dich sehe.« Bis 1968 hat der leidenschaftliche Freikletterer fast alle alpinen Hochrisiko-Touren absolviert, ob Ortler- oder Eiger-Nordwand, und 1967 die erste Solo-Begehung, am Piz de Ciaváces, hinter sich gebracht: »Das Bewusstsein, eine Grenzsituation ohne Hilfe anderer bewältigt zu haben, gibt ein Gefühl der Unabhängigkeit, der Freiheit.« Schnell wird ihm klar, eine neue Faszination ist geboren: die Alleingänge. Doch die Bergsteigerei ist kein Beruf, keine Existenzgrundlage. Nach dem Abitur geht Messner daher erst mal zum Hoch- und Tiefbaustudium nach Padua.

Ende der sechziger Jahre schummelt sich einer dieser zwergenhaften Zufallsmomente in seine Biographie: In einer Tiroler Anden-Expedition wird durch eine Absage, wirklich ganz zufällig, ein Platz frei. Messner springt ein und eröffnet ein neues Lebenskapitel. Nun treibt ihn ein unstillbarer »Durst nach Todesgefahr« (frei nach dem revolutionären Wiener Bergsteiger des ausklingenden 19. Jahrhunderts, Eugen Guido Lammer, dem spektakuläre neue Touren, viele davon im Alleingang, glückten) und die »Leidenschaft für Grenzerfahrungen«, die Sucht nach der »Eroberung des Nutzlosen«. Der ekstatische »Jung-Siegfried« (Selbsteinschätzung) nennt sich nun »Grenzgänger«, der nicht die Gefahr sucht, »sondern eine Welt, in der er umkommen könnte, um nicht umzukommen«. In Extremsituationen macht Messner mehrfach die Erfahrung, mit dem Tod einverstanden zu sein, wenn seine Lage hoffnungslos erscheint und keine Rettung mehr möglich. Dieses »Einverstandensein«, in einer solchen Situation zu sterben, gibt ihm ein Gefühl der Erlösung, und um *dieses* Gefühl geht es ihm: »Ich hoffe jedes Mal, dass ich es wieder haben kann, dass dabei aber nichts passiert.«

»Der Tod kam nicht vor. Er traf immer nur die anderen«, schreibt Messner über seine alpine »Sturm- und Drangzeit«. Mit dieser Hybris steigt er auch 1970, 26 Jahre alt, in die 4500 Meter hohe Rupalflanke am Nanga Parbat, die höchste Eis- und Felswand der Welt. Ohne sein Wissen klettert ihm sein Bruder Günther vom letzten Lager aus hinterher. Die Expedition endet in einer Tragödie, über deren Ursache jahrzehntelang gestritten wird. »Beim Abstieg über die Diamir-Wand«, so erzählt Messner, »ist mein Bruder offenbar von einer Lawine erfasst und getötet worden, was mit dem Fund seiner Leiche 2005 bewiesen ist.« Messner-Kritiker hingegen behaupteten hartnäckig, er habe den völlig erschöpften, höhenkranken Bruder seinem Ehrgeiz geopfert und über die Rupalwand allein in die Eishölle zurückgeschickt. 35 Jahre später, als die Überreste von Günther Messner gefunden sind, wird durch den Fundort bestätigt, dass die beiden Brüder zusammen den Abstieg über die Westseite versucht haben. Trotzdem fühlt Messner sich mitschuldig, meint, er hätte damals die Gipfelbesteigung aufgeben und mit dem Bruder umkehren müssen, als dieser ihm nachgestiegen kam. »Ich trage die Verantwortung für den Tod meines Bruders.«

Trotz dieser Katastrophe ist Messners Gipfelobsession ungebrochen. Aber fortan will er möglichst nur noch in kleinen Gruppen oder allein unterwegs sein, wobei er keine Verantwortung für andere übernehmen muss. Das »Unmögliche ganz allein möglich machen« und die »Exposition samt aufputschenden Adrenalinstößen auskosten – das Flow – eine Art Rauschzustand«, den eine bürgerlich-akademische Laufbahn im Baugewerbe nur geringfügig zu bieten hat und auf die er deshalb verzichtet. Nun zieht er als »moderner Zigeuner« durch die Wildnisse dieser Erde, ins Weltreich der Gebirge, Ozeane und Wüsten, immer auf der Suche nach Mythen und heiligen Bergen. Nun scheint Reinhold Messner die Heldenrolle im Steil- und Breitwand-Drama um Leben und Tod zu spielen. »In Wirklichkeit«, so erklärt er, »wachsen mir Demut und Respekt vor der großen Natur zu, was mich überleben lässt, immer wieder.«

Er besteigt sämtliche Achttausender-Majestäten, den Mount Everest sogar ohne Sauerstoff, gegen den Rat der Mediziner, die es für unmöglich halten, dass ein Mensch in dieser Höhe ohne

Flasche überleben kann. Er erträgt unsägliche Strapazen, verliert Zehen und Fingerkuppen im ewigen Eis. Vor jeder Expedition hinterlässt er ein Testament. Manchmal ist es ein Wunder, dass er überlebt. »Ein Wunder«, sagt er, »ist das Ereignis, das gegen alle Wahrscheinlichkeit eintritt, also etwa drei Tage ohne Wasser, fünf Tage ohne Essen bei minus 40 Grad zu überleben.« Am Everest stürzt er 1980 beim Alleingang in eine Gletscherspalte und überlebt nur knapp – durch »einen günstigen Zufall« und weil er »instinktiv den richtigen Ausgang« entdeckt. Er marschiert mit Arved Fuchs 2800 Kilometer durch die Antarktis, erspäht und belauscht 1986 erstmals den »schwarzen, zotteligen« tibetanischen Schneebären, die Vorlage für unseren Grusel-Yeti, der so schrecklich »zwischen Mund und Nase pfeifen kann wie eine Gämse« und ihn dermaßen erschreckt, dass er »eine Nacht lang bis ins nächste Dorf läuft«. Der in Legenden kundige Dalai Lama beruhigt ihn: Er identifiziert den unheimlichen Schneemenschen als einen tibetanischen Schneebären.

»Nicht oft, höchstens an die hundert Mal« befindet er sich, nach eigener Schätzung, in absoluter Lebensgefahr. »Nicht so viel bei 3500 Klettertouren und 100 Expeditionen«, befindet Messner. Bedrückend lang aber ist die Liste tödlich verunglückter Bergsteigerkameraden. Im Chaos der Naturgewalten »haben viele von ihnen wohl einfach Pech gehabt oder einen Fehler gemacht – oft reicht ein kleiner Fehler und du bist tot«. Scharen von Schutzengeln aber wachen anscheinend über den großen Südtiroler Grenzgänger, der sich selbst für einen »ängstlichen Menschen« hält und sich allein auf seine Instinkte verlässt. Die Angst, sagt er, »hilft mir, nicht umzukommen«, weil sie die Instinkte hellwach macht. Der Philosoph Peter Sloterdijk beschreibt diesen außergewöhnlichen Menschen so: »Er lässt sich von seiner Angst sagen, was er zu tun hat, um sie in Schach zu halten. Das führt geradewegs in die Extremsituationen. Da er an den Gefahren wächst, wird er ein erfolgreicher Therapeut in eigener Sache.«

Die Angst paart sich mit einer erzwungenen Überdosis Egoismus. »Je mehr wir mit dem Rücken zur Wand stehen, desto egoistischer werden wir«, sagt er. »Niemand kann auf dem Gipfel des Everest einen Sterbenden allein auf den Buckel nehmen und runterschleppen.« Für Messner ist Bergsteiger-Romantik pure Heuchelei und die Liebe zu den Bergen reines Wunschdenken. Und die Liebe an sich, auch sie nur eine schöne, unerfüllbare Passion? »Ich kenne niemanden, der so sehr geliebt werden möchte und so wenig dafür tun kann«, sagt seine erste Frau Uschi Demeter. All seine Liebe habe er in Felswände gesteckt. Wenn Journalisten nach seinen Motiven forschen, kontert er mit einem seltenen Anflug von Ironie und Humor: »Jeder gibt den Bergen seinen ganz persönlichen Sinn. Dass Klettern unnütz, ja lächerlich ist, weil es affenartigen Verhaltensmustern unterliegt, gefällt mir. Lieber Affe als Mittelmaß.«

Nunmehr, im »Nicht-Ruhestand«, ist aus Jung-Siegfried ein bescheidener »Sonntagsbergsteiger« geworden, der feststellen muss, wie die Kräfte nachlassen. 2004 hat sich der Unermüdliche noch einmal mit dem lädierten Fuß 2000 Kilometer weit durch die Wüste Gobi gequält und dem grässlich pfeifenden Schneebären überwiegend zu Pferd nachgestellt. »Es ist nun Zeit, auf die großen Abenteuer zu verzichten«, sagt er. Vielleicht fällt es ihm leichter, weil den geliebten Bergen überall auf der Welt »Stille, Weite und Harmonie abhandengekommen« sind. Selbst auf seinem Hausberg, dem Everest, hecheln jetzt »prestigehungrige Touristen im Pulk zum Gipfel«. Sloterdijk liefert auch dazu die Analyse: »Messner verabscheut den billigen Höhentourismus, weil zum Gipfel nur der kommen soll, der eine innerlich notwendige Verabredung mit dem Äußersten hat.«

Im dolomitischen Retiro hat er mit fünf Berg-Museen »sein

Erbe eingebracht«. Sich auch ein Denkmal gesetzt? »Nein«, entgegnet er, »meine Taten und diverse soziale Projekte, die ich angeschoben habe, sind genug.« Trotzdem misstraut so mancher Südtiroler dem seltsamen Heiligen mit dem missionarischen Aufklärungsdrang. Auch Bergsteiger-Kollegen (»eifersüchtige!«) gehen auf Distanz zu dem charismatischen Einzelgänger, schelten ihn ruhmsüchtig und irrwitzig waghalsig. Für die Yeti-Suche gab es viel Spott, für Messner geradezu unabdingbar: »Nur weil die Leute ihre Vorurteile nicht aufgeben wollen!« Es scheint ihn einfach nicht zu erreichen. Wenn der Berg ruft, will er noch als 100-Jähriger einen Dreitausender besteigen und zufrieden wie einst als Fünfjähriger »hinter die nächste Bergkette schauen«, ins Tal auf die Almwiesen gucken und noch einmal »dieses Gefühl der Unsterblichkeit auf der Haut genießen«.

Am Ende des Gesprächs eine Widmung ins Buch, und zum ersten Mal bewegen sich seine Gesichtsmuskeln auf ein Lächeln zu. »Ich weiß«, sagt der tolerante Pantheist, »dass ich damit nun alles vorher Gesagte wieder infrage stelle«, aber er schreibt die tibetanische Glücksbotschaft trotzdem auf: »Lhágyelo – die Götter waren gnädig«, erklärt er und lächelt vieldeutig. Stimmt, die Götter schon, nur nicht der dämonische Zufallskobold, der ihn 1995 von der Burgmauer kippte.

»Ich bin wirklich blind von
Schritt zu Schritt geleitet
von einer Notwendigkeit,
die ich nicht kannte,
die es aber sicher gab.«

Martin Walser

# Martin Walser

## Schriftsteller

Käthe Walser kommt an die Gartentür und schaut mich fragend an. »Guten Tag, ich bin mit Ihrem Mann verabredet, wir wollen über den Zufall reden.« »Ach, weiß er das?« Im Prinzip schon, aber: Eine Verwechslung der Tage im Kalender, der Besuch daher eine Überraschung, wenn nicht gar Überrumpelung. Aber Martin Walser, Routinier im Umgang mit Journalisten, lässt mich in die Schreibstube unterm Dach führen, kommt kurz darauf nach, sinkt in seine Sofaecke und eröffnet mit einem entschlossenen Seufzer den Zufallsdisput.

»Ich habe mir natürlich vor unserem Gespräch überlegt, ob ich irgendeinen Zufall in meiner Biographie feststellen kann, und ich habe keinen entdeckt. Ich kann nur sagen, was ich schon oft empfunden und auch formuliert habe: Zufall ist eine noch nicht durchschaute Gesetzmäßigkeit, basta.«

Eine Gesetzmäßigkeit? »Ja, denn immer, wenn man sagen kann *Warum*, auch wenn man das erst nachträglich sagen kann, ist es doch kein Zufall oder? Etwas, das einen Grund hat, ist kein Zufall. Kann es etwas geben, das keinen Grund hat? Nein.« Mit dieser Auffassung ist der wortgewaltige Prosaist vom Bodensee in erlesener Gesellschaft, schon Voltaire stellte fest: »Zufall

ist ein Wort ohne Sinn; nichts kann ohne Ursache existieren.«
Walser geht sogar noch weiter, besteht auf Notwendigkeit: »Ich
kann sagen, für alles, was in meinem Leben geschehen ist: Das
konnte nicht anders sein.«

Martin Walser wächst mit seinen beiden Brüdern in Wasserburg auf, die Eltern haben dort eine Gastwirtschaft und einen Holz- und Kohlehandel, Ende der zwanziger Jahre droht
die Zwangsversteigerung. Martin Walser ist neun Jahre alt, als
der Vater ihm sein erstes Buch schenkt: »Robinson Crusoe«,
eine Jugendausgabe. Nur ein Jahr später stirbt der Vater, der
Zehnjährige muss nun mit anpacken, zusammen mit dem älteren Bruder der Mutter helfen, trotzdem findet er Zeit für seine
neue Leidenschaft, die Bücher. Denn sie sind ein Schutzschild
gegen die »überentwickelte Ängstlichkeit« der Mutter, die sie
in jeder Hinsicht auf ihre Kinder übertragen habe, ob sie wollte
oder nicht. »Wenn ich Karl May gelesen habe, der ununterbrochen Gefahr produziert und ununterbrochen Rettung aus der
Gefahr – ich habe nie wieder einen Autor gelesen, bei dem es
so viele Gefahren, also auch so viele Rettungen gegeben hat –,
wenn man den spannungsgepeinigt liest, fürchtet man ein bö-
ses Ende, liest trotzdem in der Hoffnung auf den guten Ausgang, und wenn der kommt, ist man für einen Moment wieder
erlöst.«

Der Glaube seiner Mutter an ein besseres Jenseits, ihr Glaube an Gott und alle Heiligen sei für sie eine unverzichtbare Ret-
tungsvorstellung gewesen, die ihr die tägliche Misere erträglich
gemacht habe, mutmaßt der Sohn. »Das ist ja schon eine literarische Konzeption, hier leiden und dort erlöst werden.« Reli-
gion sei eben letztlich das Gleiche wie Literatur, da dürfe man
sich keine falschen Vorstellungen machen, redet Walser sich
in einen Furor poeticus, »die Genesis, Jakob und Esau, Hiob,
das ist Literatur, gegen Hiob ist Beckett doch ein Kindergarten-

autor! Gott ist ein literarisches Konzept. Wörter für das, was es nicht gibt: Unsterblichkeit, Jenseits. Das ist Literatur.«

Leidenschaftlicher als er kann kaum einer über Literatur sprechen, man ist sofort von der Notwendigkeit überzeugt: Etwas anderes als der Schriftsteller Martin Walser ist schwer vorstellbar. Der Prediger Walser wäre noch denkbar – und auch kein Widerspruch, siehe oben. Diese Option gab es aber nur kurz in Kindertagen, kam dann bei dem, was Walser für sich im Leben als »das Richtige entdeckte«, nie wieder vor. »Ich wollte Literatur studieren, weil mir das das Liebste war, ohne Vorstellung, was ich damit machen würde. Ich bin wirklich blind von Schritt zu Schritt geleitet von einer Notwendigkeit, die ich nicht kannte oder die ich nicht formulieren musste, die es aber sicher gab.«

Im Sommer 1944, 17 Jahre alt, meldet sich Walser freiwillig zum Militärdienst, so konnte er noch die Waffengattung selber wählen, kurz darauf hätte die Infanterie gedroht, für ihn »eine Horrorvorstellung, irgendwo mitmarschieren zu müssen«. Er kommt zu den Gebirgsjägern und wird als Oberschüler automatisch ROB, Reserveoffiziersbewerber, »also alles kein Zufall«. Ganz sicher sei zudem, dass er nicht mehr leben würde, wenn das nicht genau so gelaufen wäre, wie es gelaufen ist: Nach der Ausbildung in Garmisch ist die Kompanie angetreten, der Kompaniechef liest vor, welche Bewerber nach Mittenwald »zur feineren Offizierslaufbahnausbildung« kommen. »Ich war nicht dabei. Da bin ich natürlich nachher hin und habe gefragt: ›Herr Oberleutnant, warum nicht?‹ Hat er gesagt: ›Ihr Oberjäger, zuständig für Ihre praktische Ausbildung, hat bestätigt, Sie haben keinerlei Führungsqualität, Sie können nicht gehorchen. Wer nicht gehorchen kann, der kann auch nicht befehlen.‹« Mit dem Oberjäger hatte Walser oft Krach gehabt, »ich sollte einfach den Mund halten, und das konnte ich nicht«. Also keine

Offizierslaufbahn. Was ihm das Leben rettet: »Die, die nach Mittenwald hinübergekommen sind, sind fast alle in der Frühjahrsoffensive in den Ardennen verheizt worden. Ist das jetzt ein Zufall? Nein. Ich habe keine Führungsqualitäten. Das ist höchste Notwendigkeit.«

Walsers älterer Bruder Josef wird als 19-Jähriger im Krieg getötet. Im »Springenden Brunnen«, seinen Kindheitserinnerungen, beschreibt Walser über 50 Jahre später, wie der Ortsgruppenleiter die Todesnachricht überbringt. Über Stunden sitzen die beiden jüngeren Söhne mit der Mutter im dunklen Raum, halten links und rechts ihre Hände, können sich nicht bewegen, bis die Mutter sie schließlich frei gibt. Sind Überleben und Tod gleichermaßen Notwendigkeiten? Walsers Stimme ist kaum zu verstehen, als er sagt, darüber könne er nichts sagen. Bei ihm wäre es halt so gewesen, dass er dem soldatischen Auslesesystem nicht entsprochen habe, was sein Glück gewesen sei. Wäre der Bruder auch bei seinem Haufen geblieben, hätte vielleicht auch er überlebt. Ziemlich genau 100 Jahre vorher schreiben die Brüder Grimm in ihrem »Deutschen Wörterbuch«: »Zufall ist das unberechenbare Geschehen, das sich unserer Vernunft und Absicht entzieht.«

Studienjahre. Nachwehen des Kriegs bestimmen die Auswahl der Lehranstalt: »Wenn man in Freiburg angenommen werden wollte, musste man sechs Wochen Aufbauarbeit an der Universität leisten. Da ich als Schüler schon so viel Kohlen schippen musste, habe ich gesagt: Nein, das habe ich schon hinter mir, ich habe die Nase voll vom Körpertum.« Also Regensburg, philosophisch-theologische Hochschule, später die Universität Tübingen. Dort spielte Walser im Studententheater mit und schrieb 1949 ein Kabarett-Programm zum 200. Geburtstag des Weimarer Genius loci – welches ein Radioredakteur sich just zu der Zeit ansah, als der neugegründete, aus dem *Radio*

*Stuttgart* der Amerikaner hervorgegangene *Süddeutsche Rundfunk* dringend Nachwuchs suchte. Und in dem 22 Jahre alten Martin Walser auch fand.

»Es gab auch da keinen Zufall, dass ich nach Stuttgart gekommen bin. Der Journalist hatte den Auftrag, sich in Südwürttemberg umzusehen, was da läuft. Dass er sich dann, wenn er nach Tübingen kommt, auch das Studententheater anschaut, ist kein Zufall. Jetzt kann man sagen, dass es gerade das Goethe-Kabarett war, das ist ein Zufall, denn ich habe auch schlechtere Texte geschrieben, auf die hätte er mich vielleicht nicht angesprochen. Aber dann muss man immer noch fragen, was aus einem Zufall wird. Wird der Zufall lebensbestimmend oder bleibt es eine Bagatelle?«

Gemessen am Lebensziel Literatur ist die Stuttgarter Rundfunkzeit eher eine Bagatelle, finanziell gesehen ist sie existenziell. Währungsreform. Kein Geld. Walser bekommt vom Kreis Lindau für sein Studium ein Darlehen von 1500 der neuen D-Mark. »Es hieß, wenn ich es zu was gebracht habe, muss ich es zurückbezahlen. Wegen des Geldes habe ich in Stuttgart sofort Ja gesagt.« Die flotten studentischen Kabarettpreziosen öffnen ihm aber nicht die Redaktionsstuben von Literatur und Hörspiel, sondern die der Unterhaltung. Jeden Samstagnachmittag erfreut die *Wochenpost* ihre Hörer, unter anderem mit der »Nörgelecke der Hausfrau«. »Die habe ich dann übernommen. Da habe ich sofort Szenen in Schwäbisch geschrieben, 20 Mark gab es dafür. Außerdem wollten sie Couplets, zu vertonende Sechszeiler, pro Stück noch mal 20 Mark.« Macht jede Woche 40 Mark. Nach einem Jahr: Politik und Zeitgeschehen. 50 Mark pro Reportage. »Das waren alles Notwendigkeiten. Man hat einfach alles gemacht, um das Geld zu verdienen, um über die Runden zu kommen. Wenn man nicht schon verheiratet und nicht schon Vater gewesen wäre, hätte man sich vielleicht den

Luxus leisten können zu warten, bis ein edlerer Zufall serviert wird. Ich musste alles einfach akzeptieren.«

Die große romantische Attitüde, das Pathos überwältigenden Gefühls, wird dem Zufall als Amors Helfer zuteil, er bringt zusammen, wer sich sonst nie getroffen, nie wahrgenommen und somit nie ineinander verliebt hätte. Davon sind viele Menschen überzeugt, viele hoffen gar inständig auf den Zufall fürs Liebesglück. »Ha!«, entfährt es Walser, »das ist doch das äußerste Gegenteil von Zufälligkeit, das Sichverlieben!« Dass man sich in einen anderen verliebe, das läge doch an dem anderen und an dem einen! »Da ist doch der Grund, wie sie ausgesehen hat, was er für Erwartungen hatte, wie er ausgesehen hat, was sie für Erwartungen hatte.« Walser beschwört die zwei, die unausweichlich »etwas miteinander zu tun haben«. Es mutet ein bisschen biblisch an. Wie heißt es im ersten Buch Mose, in der Genesis? »Und Adam erkannte sein Weib Eva.« Nun ja, zumindest bei Adam und Eva, bei diesen beiden war die Liebe ganz sicher kein Zufall, und die Notwendigkeit lässt sich auch nicht bestreiten ...

Als Walser 1945 aus dem Krieg kommt, findet er in Wasserburg einige Veränderungen vor. Die Mutter hat die Gastwirtschaft an eine Wirtsfamilie aus Friedrichshafen verpachtet, die ausgebombt worden ist. Zu dieser Familie gehört auch Tochter Katharina, genannt Käthe. Sie und der 18-jährige Martin Walser, diese zwei verlieben sich, fünf Jahre später sind sie verheiratet. Und sind es immer noch. In der Dauerhaftigkeit einer Beziehung manifestieren sich für Walser sogar »äußerste Notwendigkeiten«. Die würden auch in dieser sogenannten Liebe so erlebt: »Dich gibt es nur einmal! Und diese schöne Vorstellung gibt es dann auf der anderen Seite auch.«

In seinem ersten Roman, »Ehen in Philippsburg«, den er im Herbst 1954 beginnt, beschreibt Walser ein Land jenseits der Liebe, ein Deutschland zu Beginn der Wirtschaftswunderjahre, in dem es um Karriere und Macht, Untreue, Abtreibung und verlogene bürgerliche Moral geht, ein, wie es damals im Klappentext hieß, »in der kritischen Beschreibung der selbstverständlich gewordenen Unmoral höchst notwendiges Buch«. Ergo, auch beim ersten Buch schon: Notwendigkeit.

Auch wenn er zu dieser Zeit noch beim SDR arbeitet, inzwischen beim Fernsehen, ist ihm klarer denn je: Er »muss schreiben«, es war »einfach Maßschneiderei meiner eigenen Seele zuliebe«. Aber »zur gleichen Zeit war die Frau schwanger zum zweiten Mal, und wir wohnten, wo nicht ein zweites Kind unterzubringen war, also mussten wir ausziehen«. Walser entscheidet sich für Friedrichshafen, dort hat der Schwiegervater ein Haus, »wir kriegen eine Wohnung – drei Zimmer, und wir sind sicher, die wird nie mehr als 190 Mark kosten. Das war die Basis meiner Kalkulation.« Gesagt, getan, im Winter 1956 auf 1957, noch bevor der erste Roman erschienen ist, ziehen die Walsers um, und der Journalist Walser, der auch »seinen Nebenehrgeiz hatte«, fährt nach Warschau, um einen Film über den kommunistischen Arbeiterführer Gomulka zu drehen. Anfang Februar zurück, ist er sehr krank, Gallengangverschluss, er muss für 13 Wochen ins Krankenhaus nach Ulm, »und dann kam ich mit einem Lebendgewicht von 124 Pfund aus dem Krankenhaus heim, hatte ein Korsett, dass die Narbe nicht erschüttert wird«, und eine weitere kleine Tochter. Inzwischen waren seine »Ehen in Philippsburg« Korrektur gelesen worden, noch vor Erscheinen des Buches reicht er das Manuskript für den neu ins Leben gerufenen Hermann-Hesse-Preis ein.

30 Jahre alt und einen der höchst dotierten Literaturpreise in der Tasche. »Einen Scheck mit 10 000 Mark. Den Scheck habe ich genommen und habe ihn nach Wasserburg getragen und meiner Mutter gegeben. Ich wollte meiner Mutter demonstrieren, dass ein Schriftsteller auch Geld verdienen kann. Ich

war sehr stolz. Das Schreiben hatte eine Notwendigkeit.« Der von Walser so geschätzte Friedrich Nietzsche (»Du *musst* bei Nietzsche nachlesen, keiner hat lebendiger über den Zufall geschrieben!«) stellt 1875 in einem Brief an Richard Wagner Überlegungen zu dessen Biographie an: »Ich habe immer, wenn ich an Ihr Leben denke, das Gefühl von einem *dramatischen* Verlaufe desselben: als ob Sie so sehr Dramatiker seien, dass Sie selber nur in dieser Form leben und jedenfalls erst am Schlusse des fünften Aktes sterben könnten. Wo alles zu einem Ziele hin drängt und stürmt, da weicht der Zufall aus, er fürchtet sich, scheint es. Alles wird notwendig und ehern.« Es liest sich, als hätte der Philosoph auch schon an einen Schriftsteller aus Wasserburg gedacht, der ein gutes Vierteljahrhundert nach seinem Tod auf die Welt kommen wird.

Walsers Biograph Jörg Magenau ist überzeugt, dass Walsers Bücher »sein Leben ganz und gar ausdrücken. Nicht faktisch, aber atmosphärisch«. Für seine literarischen Helden, von Anselm Kristlein bis zu Gottlieb Zürn, habe er vermutlich Modell gestanden – beispielsweise überreicht im »Schwanenhaus« der Makler Gottlieb Zürn seiner Mutter die 10 000 Mark der ersten Provision –, trotzdem wäre es falsch, Walser in seinen Figuren entdecken zu wollen. Sie seien keine Spiegelbilder, sondern Detailvergrößerungen.

Im Walser'schen Personal, einem Kaleidoskop der bundesrepublikanischen bürgerlichen Gesellschaft, gibt es neben dem Makler, dem Journalisten, dem Vertreter, dem Spekulanten, dem Anlageberater und vielen anderen auch den Spieler. Auch dies eine Figur, die Walser aus eigenem Erleben schildern konnte. War wenigstens der Casinospieler Walser einer, der auf den glücklichen Zufall hoffte? Aber nein, nein, nein, »man möchte eine Gesetzmäßigkeit wittern, sonst kann man nicht bis nachts um drei im Januar in Lindau unter zehn übrig gebliebenen Verzweifelten um den Spieltisch herum sitzen und einen Einsatz nach dem anderen entscheiden, wenn man *nicht* glaubt, einer Gesetzmäßigkeit zu folgen, die erfolgreich sein wird«. In den sechziger Jahren gerät Walser kurzzeitig in den Sog einer solchen Illusion, versucht, seinen Lebensunterhalt im Casino zu verdienen, meint, er könne »die Maschine überlisten«, und verspielt am nächsten Tag das Geld für die neue Waschmaschine, welches er am Abend zuvor gewonnen hat. Heute ist der Spieltisch der einzige Ort, wo er einen Zufall zu konzedieren bereit ist: »Wenn Zufall hier gleich Glück ist, wenn das so übersetzt werden kann, durch diese Hintertür lasse ich das Wort Zufall zu.«

Für sein Schreiben – das ihn in über 50 Jahren mit einem umfangreichen und vielseitigen Werk zu einem der wichtigsten Schriftsteller Deutschlands nach 1945 machte – lässt er ausschließlich »Notwendigkeiten« zu. Auch wenn er zu Beginn eines Romans oft nicht so genau wisse, was ihm die Feder führe, letztlich kläre sich dies immer: »Nachträglich weiß ich von jedem Roman, warum ich ihn geschrieben habe.«

Es hat den ganzen Tag geregnet, ist kaum richtig hell geworden, aber nun ist es so dämmerig, dass ich nur noch die Umrisse von Walsers Gesicht erkennen kann, die Teereste sind eiskalt. Leider, bedauert er, können wir keinen Dämmerschoppen zusammen trinken, die Ärzte haben jeglichen Alkohol verboten. Also, ganz nüchtern ein letztes Argument gegen den Zufall: »Man sagt: Das ist ein reiner Zufall. Das heißt ja schon ein gewisses Misstrauen in dieses Wort, das durch dieses Eigenschaftswort verstärkt werden muss.« In »Messmers Momente« hat er deshalb vom *un*reinen Zufall geschrieben. »Das heißt«, sagt er mit leisem Triumph in der Stimme, »es ist keiner.«

Ein paar Wochen später eine Notiz in der Zeitung: Martin Walser sucht sein Tagebuch, er hat »ein aufgeschriebenes Le-

253

ben verloren«. Dass er es im Zug von Innsbruck nach Friedrichshafen liegengelassen hat, würde er sicher nicht als Zufall gelten lassen, sondern erklären können – Hektik, Müdigkeit, Abgelenktheit –, wie es dazu kam. Aber wenn er es wiederbekäme? Der Verlag hat einen Finderlohn von 3000 Euro ausgesetzt. Wäre wenigstens dies ein glücklicher Zufall, wenn ein Finder die kleine Zeitungsnotiz gelesen und damit die Chance genutzt hätte, ihm das schmerzlich vermisste Buch zurückzugeben? Also noch ein Anruf in Nussdorf: Der Zufall bleibt mit Martin Walser nicht verhandelbar. Wäre das Notizbuch aufgetaucht, wäre dies kein Zufall, sondern einem Wunder gleichgekommen ...

»Es fällt mir bei vielen Ereignissen in meinem Leben schwer, sie als Zufälle zu bezeichnen. Ich habe so oft das Gefühl, für Momente die Fäden eines Gewebes zu sehen, wie ein verborgenes Muster der Welt, das ich ab und zu wahrnehme, ohne es zu verstehen.«

Cornelia Funke

# Cornelia Funke

## Schriftstellerin

Hamburgern fällt es angeblich besonders schwer, ihre geliebte Stadt zu verlassen. »Für mich war das mehr als 20 Jahre lang auch nicht vorstellbar«, bestätigt Cornelia Funke lachend, »aber wenn man es einmal getan hat, gibt es ein berauschendes Gefühl von Freiheit!« Das gelte ihrer Erfahrung nach übrigens für alle großen Entscheidungen im Leben: »Es wird einem im Leben ab und zu ein goldener Schlüssel gereicht. Er ist immer klebrig von Angst, aber anders bekommt man ihn nicht. Jede große Entscheidung ist mit Angst verbunden.«

Seit acht Jahren lebt die Schriftstellerin im Sonnenstaat Kalifornien. Bis dahin war sie mit ihrer Familie im Norden Hamburgs zu Hause und hatte sich dort sehr kommod in einem Leben als äußerst erfolgreiche, wenn auch nicht übermäßig bekannte Kinderbuchautorin eingerichtet.

»Hier sieht es aus wie in Bullerbü«, schrieb der *Stern* über das Rotklinkerhaus mit verwildertem Garten, einer Veranda voller Blumen und zwei Islandpferdchen auf der Weide hinterm Haus. Und so beschaulich wie in der schwedischen Lindgren-Idylle lebten sie dort auch, Cornelia mit Schreibstübchen, Ehemann Rolf und den Kindern Anna und Ben. Jedenfalls bis zum Jahr 2002, da standen die Journalisten plötzlich Schlange.

Ihr Roman »Herr der Diebe«, die venezianische Mantel-und-Degen-Geschichte einer Bande von Straßenkindern und ihrem Anführer Scipio, war in Deutschland zum Beginn des neuen Millenniums mit 120 000 Büchern bei Kindern und Eltern wieder sehr erfolgreich, wurde von den Bestsellerlisten aber wie üblich ignoriert. Zur selben Zeit ist Cornelia Funkes Cousin Oliver zum Doktor der Biologie promoviert worden »und wusste gerade nicht so recht, was er machen soll«. Man sitzt beisammen und dem gedanklichen Funkenflug entspringt ein Vorschlag für den akademischen Frischling: »Du hast jahrelang in England gelebt, warum übersetzt du nicht meine Bücher und verkaufst sie ins Ausland?« Das war sowohl Scherz als Ernst, denn jahrelang hatte sich Cornelia Funke anhören müssen, dass ihre Bücher »sehr deutsch« seien und sich nicht im angelsächsischen Raum verkaufen ließen. »Man träumt immer davon zu sagen: Lass es uns versuchen. Wir machen die Tür einfach mal auf, gehen durch, was kann denn schon passieren? Diese Lebenseinstellung wird meiner Erfahrung nach immer belohnt.«

Zwei Verlage sind interessiert an dem Manuskript, ein »ganz, ganz kleiner« und ein »ganz, ganz großer«. Rein vom Verstand her müsste sie sich für den großen entscheiden, aber Cornelia Funke hört auf ihr »Gehirn im Bauch«, oder wie man in ihrer neuen Heimat sagt, auf ihr »guts feeling«, und das entscheidet sich für den kleinen Verlag – denn dieser heißt »The Chicken House«, da kann die Schöpferin der »Wilden Hühner« einfach nicht widerstehen. So gerät sie an Barry Cunningham, ohne den, wie Joanne K. Rowling einst dankbar feststellte, »Harry Potter immer noch unter der Treppe bei den Dursleys schlafen würde«. Dieses literarische Trüffelschwein war damals Lektor bei Bloomsbury und der Einzige, der das Rowling-Manuskript nicht postwendend zurückgeschickt hat. Nun hat er einen eigenen – kleinen – Verlag, benannt nach dem Hühnerhaus in seinem Garten, und will die englischsprachigen Rechte am »Herrn der Diebe«. Zeitgleich bringt er das Buch in Großbritannien und den USA auf den Markt, und es geschieht, was eine Tarot-Karte Cornelia Funke prophezeit hat: Plötzlich »hält sie die Welt in Händen«, der internationale Durchbruch kommt fast über Nacht.

Woran objektiv vor allem eine Buchbesprechung im *Wall Street Journal* schuld ist, die Mrs. Funke (englisch ausgesprochen *funky*, was so viel wie *abgefahren* heißt) und ihr Buch euphorisch feiert. Die Anfrage nach den Filmrechten für Scipio und seine Freunde lässt nicht lange auf sich warten, all dieses vernimmt man auch in der deutschen Heimat der Autorin, nun gilt die Prophetin auch medial im eigenen Land. Was viele Kinder hier mit einem müden Achselzucken zur Kenntnis nehmen, ihnen ist die »Spionin in ihrer Welt« seit langem vertraut. Aber zurück in die USA, nach New York: Seit wann rezensiert das *Wall Street Journal* eigentlich Kinderbücher? Daran ist subjektiv »eine andere magische Zutat« des Lebens der Cornelia Funke schuld: die Kinder.

Jeffrey Trachtenberg, eines der journalistischen Aushängeschilder vom *Wall Street Journal*, ist Vater eines damals elfjährigen Sohnes. Dieser, wie soll es anders sein, liest »Herr der Diebe« und verlangt anschließend: »Dad, das musst du lesen. Du musst mit der ein Interview machen.« Welcher Vater kann sich da verweigern? »Daraufhin hat Jeff sich, misstrauisch gegen jede Art von Vorschusslorbeeren meines Verlages – o nein, schon wieder eine neue Rowling und der nächste Harry Potter – mit mir in einem Restaurant in Manhattan getroffen, wo er mich so taxierte, wie das halt ein guter New Yorker Journalist tut.« Aber Funke ist so neugierig auf den skeptischen Journalisten, findet ihn so interessant, dass sie ebenfalls Fragen stellt »und er mir schließlich von seinem Sohn erzählte und dass er nur seinetwegen hier wäre. Wir hatten ein phantastisches Gespräch, und dann hat Jeff diesen Artikel geschrieben, der hat mein Leben verändert. Das habe ich alles seinem Sohn zu verdanken.«

Dankbar ist Cornelia Funke auch den »roten Nonnen« vom St.-Ursulinen-Kloster in Dorsten, wo sie zur Schule gegangen ist, wo ihr der »Kopf geöffnet« und »in vieler Hinsicht das Denken beigebracht« wird. Zur Zeit des Radikalenerlasses im öffentlichen Dienst, Anfang der siebziger Jahre, stellen die Nonnen bewusst von der repressiven Einstellungspolitik betroffene Lehrer ein, die mit den Schülerinnen diskutieren, ihr politisches Bewusstsein wecken. Die Nonnen hängen auch Plakate von Amnesty International auf, irgendwann hat die junge Klosterschülerin ein schlechtes Gewissen, weiter daran vorbeizulaufen, und geht, ganz gegen ihre damals sehr zurückhaltende Art, zu einem AI-Treffen. Als die 17-Jährige von der Internierung russischer Intellektueller in Irrenhäusern oder den sadistischen Praktiken der chilenischen Polizei erfährt, die etwa Eltern vor den Augen ihrer Kinder foltern, hat sie »das Gefühl, der Boden zerspringt ihr unter den Füssen«. Sie wird die Gewissheit nie wieder los, »wie leicht wir zu manipulieren sind und in ein totalitäres System gezwungen werden können«. Es überrascht sie deshalb nicht, als sie Jahre später erfährt, dass Joanne Rowling auch bei Amnesty aktiv ist, denn »das phantastische Schreiben setzt sich mit den großen Fragen auseinander, dem Guten, dem Bösen, Mut und Liebe, Angst und Grausamkeit«.

Darüber will sie erzählen – oder zumindest zeichnen. Doch in den ersten Jahren als Kinderbuch-Illustratorin bekommt sie immer nur politisch korrekte, aber phantasielose Geschichten auf den Tisch: »Ich wollte Drachen zeichnen und Seejungfrauen, nicht ständig Kinder auf dem Schulhof. Eines Abends habe ich mich auf mein Bett gelegt und einfach angefangen, ›Die große Drachensuche‹ zu schreiben.« Aus dieser ersten Geschichte wird später ihr erstes großes Buch »Drachenreiter«.

Cornelia Funke behauptet, sie sei nicht wagemutiger oder furchtloser als andere Menschen, wenn sie weitreichende Entscheidungen treffen müsse: »Ich habe genau dieselbe Angst. Ich überwinde sie nur, weil ich neugierig auf das bin, was dann kommt, und weil ich fest daran glaube, dass man den goldenen Schlüssel ohne die Überwindung von Angst nicht bekommt. Je öfter man das im Leben schafft, desto stärker und desto glücklicher wird man. Und dann – pass auf –, dann wird es wild!« Ihre Augen in diesem Moment ein sprühendes Funkenfeuer …

Im Frühjahr 2005 entscheiden die Hamburger Bullerbü-Bewohner nach einem dreimonatigen Aufenthalt in Malibu spontan, ganz in die USA überzusiedeln. Sie haben inzwischen viele Freunde dort, Cornelia kann von Los Angeles schnell mal beim Verfilmen ihrer Bücher in Hollywood vorbeischauen, der zweite Band der Tinten-Trilogie ist gerade fertig und soll im Herbst weltweit erscheinen, und das ehemalige Haus der Oscar-Preisträgerin Faye Dunaway mit Gartenhäuschen als perfektem Schreibplatz ist gerade frei. Zur gleichen Zeit, im Mai, veröffentlicht das *Time Magazine* seine Liste der 100 einflussreichsten Menschen der Welt, darunter, wenig überraschend, der US-Präsident, Steve Jobs und der Dalai Lama, aber auch drei Deutsche: Joseph Ratzinger, gerade gewählter Papst Benedikt XVI., Michael Schumacher, der erfolgreichste Pilot der Formel-I-Geschichte und – Cornelia Funke. Sie ist bis heute der Meinung, dass sie diese Nominierung ausschließlich einem Kind zu verdanken hat. »Es hat mir gegenüber auch einer

261

der Redakteure zugegeben, dass er mit seinen Kindern meine Bücher liest. Da haben wir sie wieder. Die Macht der Kinder.«

Ein *annus mirabilis*. Erfolg, neue Heimat »im Zentrum der Kreativität«, sie schreibt den dritten Tinten-Band, »Tintentod«. Kurz nachdem sie mit dem Manuskript fertig ist, zu Beginn des neuen Jahres, eine niederschmetternde Nachricht: Ihr Mann Rolf ist unheilbar an Krebs erkrankt, nach nur wenigen Wochen stirbt er. »Ich glaube nicht an Zufälle, vielleicht gibt es kleinere. Aber es fällt mir bei vielen Dingen in meinem Leben schwer, sie mit Zufällen zu erklären. Viele Ereignisse, oder Fügungen, um das wunderbar altmodische deutsche Wort zu benutzen, geben mir das Gefühl, für einen Moment das Gewebe der Welt zu sehen, eine Matrix, die ich nicht verstehe, aber mit großem Respekt behandle.«

»Als ich nach dem Tod meines Mannes »Tintentod« Korrektur las, erwartete ich, viel umschreiben zu müssen, nachdem ich dem Tod plötzlich so nah gekommen war. Es war erstaunlich, dass ich kaum etwas am Text ändern musste. Ich musste ganze zwei Sätze umformulieren. Sie standen in dem Kapitel, in dem es darum geht, dass die Witwe von Staubfinger nicht mit dessen Tod fertig wird. Mir selbst war aber klargeworden: Man wird damit fertig. Auf eine andere Art, als ich es gedacht hatte, aber es geschieht. Also habe ich den Text an dieser Stelle geändert. Alles andere hat genau gepasst, was etwas unheimlich war. Die Geschichte las sich, als hätte ich vor dem Tod meines Mannes etwas geschrieben, das mich auf diese Erfahrung vorbereiten sollte.«

Ihre Vorstellung einer existierenden Matrix, eines riesigen weltumspannenden Netzes, möchte Cornelia Funke nicht als einen genau benannten Gott definiert sehen, obwohl sie sich durchaus als religiös bezeichnet. »Aber ich glaube nicht, dass es einen Dirigenten gibt. Falls das so wäre, würden wir ihn wohl bekämpfen müssen. Ich glaube an eine Bewusstheit, die sich in uns manifestiert, an Licht und Dunkel und unsere Entscheidung, Teil des einen oder anderen zu sein. Und ich hoffe doch sehr, dass ich vor dem nächsten Leben erklärt bekomme, wie genau die Welt gewebt ist. Ich bin sehr gespannt auf die Antworten.«

Sie erzählt ein Beispiel aus der Zeit, als sie an der Tinten-Trilogie arbeitete. Wenn es nur ein Zufall war, war er zumindest sehr bizarr: Ein zentraler Charakter der Tinten-Bücher ist der Buchbinder Mo, Vater der zwölfjährigen Heldin und Hauptfigur Meggie. Um ihn zu beschreiben und lebendig zu gestalten hat die Autorin einen alten Shakespeare'schen Trick angewandt: Man sucht sich eine echte Person, die man nachempfindet. So entstand Mo nach dem Vorbild des kanadischen Schauspielers Brendan Fraser, von dessen Stimme sie fasziniert war. Weil Mo im zweiten Band eine Art Robin Hood wird, bekommt er einen neuen Namen, heißt nun »Eichelhäher«, woraus in der englischen Übersetzung »Jay« wird – was Funke für den Namen eines Räubers wenig ausdrucksstark fand. Kurz darauf trifft sie Fraser zu einem Spaziergang.

»Plötzlich bückt er sich und hebt eine Feder auf: ›That's for you. Look, isn't it beautiful?‹ Ich sage: ›That's weird, Brendan. It is a jay's feather.‹ Und Brendan sagt: ›Yes, it's the feather of a Bluejay.‹ Und ich steh da, gucke diese Eichelhäher-Feder an und sage: ›Brendan, I didn't tell you yet, but I called you *Der Eichelhäher* in ›InkSpell‹. Which means the Jay. But Bluejay sounds so much better.‹ Meine Übersetzerin Anthea Bell war begeistert von der im Wald gefundenen Lösung. Aber es wurde noch besser. Wir gingen abends mit Brendan essen. ›Ich wollte dich heute Morgen nicht erschrecken‹, sagte er. ›Aber als ich neun Jahre alt war, habe ich nur ein T-Shirt getragen. Auf dem stand: ‚Blue Jays‘. Der Name meines Hockeyteams.‹ Seltsam.

Wie konnte ich einer Romanfigur, die auf einem realen Menschen basiert, einen Namen geben, den der als neunjähriges Kind auf seinem T-Shirt getragen hat? Da kommen wir zum Konzept der Zeit. Wenn Vergangenheit, Gegenwart und Zukunft eins sind, ergibt das alles Sinn. Wenn wir an eine lineare Zeit glauben, nicht so wirklich.«

Für ihre aktuellen Bücher, die Reckless-Bände über die Brüder Jakob und Will, hat sie viel über das Konzept der Zeit nachgedacht, versucht, die Theorien von Stephen Hawking und Einstein zu verstehen und andere schwere wissenschaftliche Kost. Beim Morgenspaziergang mit dem Hund begegnet ihr im völlig einsamen Canyon ein Mann, offenbar Engländer, man grüßt sich und setzt seinen Weg fort. Aber sie treffen sich wieder, »immer aus verschiedenen Richtungen kommend – vier Mal«. Da bleiben beide stehen und fangen an zu lachen. Der Engländer sagt: »That's interesting, isn't it.« Funke bestätigt: »Yes, indeed.« Es ist mehr als das: »No, it's interesting because actually, I'm a mathematician and work on a concept of time.« Matrix? Funke lächelt. »I think somebody wants to tell us, we should have coffee.« James: »I think so.« Seitdem sind die beiden eng befreundet. Die Zeit- und Zufallsforscherin hat damit einen naturwissenschaftlichen Privatgelehrten an ihrer Seite, der auch noch, o wundersame Mischung, über parapsychologische Talente verfügt.

Aus Erlebnissen wie diesen schließt Cornelia Funke, dass sich Lebenslinien von Menschen in bestimmten Momenten miteinander verflechten, und wenn man »diese Vernetztheit erkennt, begreift man, dass die Welt viel wundersamer ist, als wir uns das vorstellen«. Durch welche Gesetze und Kräfte auch immer diese Verbindungen entstehen, sie ist überzeugt, »dass es wissenschaftliche Erklärungen dafür gibt. Wir kennen sie nur noch nicht.«

Gegen Ende des Gespräches stellt eine der erfolgreichsten Schriftstellerinnen der Gegenwart, mit weltweit über 20 Millionen verkauften Büchern, übersetzt in fast 40 Sprachen, noch einmal fest, dass sie nie gedacht habe, schreiben zu können. Das Schreiben sei ja reine Notwehr gewesen. »Ich frage mich, was wäre passiert, wenn ich nicht so furchtbar frustriert gewesen wäre als Illustrator?« Eine interessante Frage. Und die Antwort? »Ich habe keine Ahnung. Vielleicht gibt es wirklich alle diese parallelen Welten. Vielleicht stimmt es, dass jede Entscheidung eine neue Realität kreiert. Ich hoffe, dass ich in der Realität, in der ich nie Schriftstellerin geworden bin, einen Pilotenschein habe und eine dieser phantastischen Fliegerbrillen trage.«

»Zufall ist im Grunde die Ohrfeige, die dir sagt: Du meinst, du hättest die Kontrolle in deinem Leben? Nein, hast du nicht.«

Ranga Yogeshwar

# Ranga Yogeshwar

## Physiker und Wissenschaftsjournalist

»Es gibt so einen blaugrünen Ton«, sagt er, »den ich nie vergessen werde.« Ranga Yogeshwar ist 26 Jahre alt, als er plötzlich, von einem Moment auf den anderen, überall von diesem blaugrünen Licht umgeben ist. Unter seinen Füßen – nichts. An einem »strahlend schönen Sonnentag« ist er am Himalaya aus der Welt gefallen, in eine Gletscherspalte hinein, hängt eingeklemmt im Eiskamin. Als er aus seiner kurzen Bewusstlosigkeit erwacht, ist der erste Gedanke: »Du bist tot.« Aber dann realisiert er, dass er am Leben ist, der Schlafsack unten im Rucksack seinen Fall abgepolstert hat. Und seinen Eispickel hat er, warum auch immer, ausnahmsweise seitlich und nicht hinten am Rucksack verstaut, so kann er ihn erreichen und sich damit befreien, zurück in die Welt klettern. Aber dort kommt er als ein anderer an. Dieses (Schock-)Erlebnis hat ihn geprägt und für sein weiteres Leben verändert.

Mehr als 25 Jahre ist dieses einschneidende Ereignis her, und Yogeshwar erzählt davon an einem Abend, an dem es um die Bedeutung des Zufalls gehen soll. Es wird ein mehrstündiges physik-philosophisches Privatkolleg, mindestens die Sendezeit von drei bis vier »Quarks & Co«-Ausgaben füllend. Dem Zufall überhaupt Bedeutung einzuräumen, sei ja für viele schon ein Problem, stellt Yogeshwar zunächst verständnisvoll fest, denn »an den Zufall zu glauben, entspricht der Entmündigung der Willensfreiheit«. Aber die Physik ist zum Glück frei von solchen Befindlichkeiten und hält sich ganz nüchtern an das Beweis- und Belegbare. »Diese blöde Spalte übersehen zu haben und eingebrochen zu sein, könnte man für einen Zufall halten«, erklärt Yogeshwar, genauso wie die Tatsache, »dass ich meinen Rucksack so gepackt habe, dass er mir das Leben gerettet hat«. Aber solche Erklärungen sind dem Physiker zu simpel, zu eindimensional, zu »kausalistisch gedacht«.

Für Yogeshwar ist der Zufall viel grundsätzlicher: Die moderne Quantenphysik habe die Absage an kausales Denken eingeleitet und »ist die größte Watsche, die es in der modernen Wissenschaft gegeben hat«, weil die Menschen desillusioniert worden seien: »Diese Welt ist nicht so, wie ihr sie euch vorstellt, nämlich brav aufgebaut, ordentlich, kosmisch, sondern ein waberndes Chaos, bei dem es nur noch um Wahrscheinlichkeiten geht, bei denen Dinge passieren, die in klassischer Weise vollkommen unmöglich sind.« Ja, daran ist schon Einstein verzweifelt, der weiter auf ein Prinzip der inneren Ordnung hoffte – »Gott würfelt nicht!« –, aber vergebens. »Diese Welt ist nicht kausal, wie wir lange hofften und in der wir uns damit trösteten, dass wir zwar noch nicht, aber demnächst alles verstehen werden«, prophezeit Yogeshwar »sondern du kommst prinzipiell an eine Grenze der Erkenntnis.« Das bedeutet, »wir müssen akzeptieren, wir schweben in einem Nebel der totalen Ungewissheit«. In diesem Zusammenhang findet es Yogeshwar spannender, nicht zu fragen, was *ist* Zufall, sondern warum ist der Zufall so schlecht auszuhalten? Und beantwortet diese existenzielle Frage natürlich gleich selbst: »Der Zufall ist im Grunde genommen die Ohrfeige, die dir ständig sagt: Du meinst, du hättest die Kontrolle in deinem Leben? Nein, mein Lieber, du hast sie nicht.«

Zurück zu dem jungen Mann im Himalaya. »Diese Erfahrung«, sagt er, »hat mich geprägt, es verändert die Persönlichkeit. Du wirst dadurch ein anderer als noch im Moment davor.« Zum einen sei ihm bewusst geworden, dass sich das Leben in Mikrosekunden komplett wenden (und enden) kann, zum anderen, dass es immer wir selber sind, die die Welt bestimmen, in der wir leben: Niemand anderer als er, Yogeshwar, habe ja den entscheidenden Schritt daneben gesetzt – und damit die Welt bestimmt, die ihn geprägt hat »und die mich heute zu dem Menschen macht, der ich bin«. Wäre es anders gelaufen, »würde ich in einer anderen Welt leben, mit anderen Erfahrungen«. Und schwups, taucht unser Gespräch in die »Parallelwelten« ein, die auf dem Gedanken basieren, das beobachtbare Universum sei nur ein Teil der gesamten Wirklichkeit, die aus vielen nebeneinander existierenden Welten besteht.

»Das Erstaunliche ist, dass es Systeme gibt, die so empfindlich sind, dass sie schon auf einen Windhauch reagieren«, führt Yogeshwar aus. Sofort denkt man an den berühmten Flügelschlag eines Schmetterlings, der einen Tsunami auslösen kann. Stephen Hawking habe errechnet, dass es 10 hoch 500 Parallelwelten gebe, und in jedem Moment unseres Lebens, mit jeder noch so kleinen Entscheidung, setzten wir für uns eine dieser Welten fest. Yogeshwar pickt eine Olive aus dem Gefäß vor ihm, »wenn ich eine davon esse, wird mein Leben höchstwahrscheinlich in gleicher Intensität ein anderes, als wenn ich vom Auto überfahren werde«.

Was ist besser als das Ausloten des Zufalls entlang der Lebenslinien von Zwillingen, die zur selben Zeit denselben Bauch geteilt haben? Wie Ranga Yogeshwar und sein Zwillingsbruder Pierre. Die Eltern hätten »mit Akribie darauf geachtet«, die

Söhne gleich zu behandeln, »ob bei den Schuhen oder den Weihnachtsgeschenken«, und doch »entfernten sich die Lebenslinien«. Es waren Zufälle, etwa Fahrradtouren, »wo mein Bruder das Pech hatte, dass er einen Platten hatte oder umgekehrt, er genau zum richtigen Zeitpunkt, o Zufall, einen Wasserschaden bei meiner Großmutter behebt und dafür aus vollkommen verdienter Dankbarkeit ein Klavier bekommt. Du merkst, wie Kleinigkeiten ein Leben ändern. Gib dem einen Kind eine Süßigkeit und dem anderen dafür ein Croissant, und du veränderst die Biographien.« Als Zwilling, resümiert Yogeshwar, war er Teil eines ständigen Differenzexperiments, und »wenn du alles gleich machst und es trotzdem in eine andere Richtung geht, wenn du merkst, dass Kleinigkeiten sehr fundamentale Differenzen mit sich bringen, finde ich, kriegt man eine andere Sensibilität für Zufall«.

Ein Jahr ist Yogeshwar in dem asiatischen Gebirgszug unterwegs, wandert über den Himalaya nach Tibet und setzt sich auch durch die Einsamkeit extremen Erfahrungen aus: »Wenn du erst nach vier Tagesmärschen ganz weit weg mal einen Menschen siehst, das musst du aushalten können, das geht an die Substanz.« Mit klaren Vorstellungen über sein weiteres Leben, mit einer »extremen Priorisierung« seiner Werte, »von dem, was mir wichtig ist«, kehrt er im Frühjahr 1986 nach Deutschland zurück.

Am 26. April wartet Yogeshwar in der Abflughalle in Delhi auf seinen Rückflug. Ein Jahr lang war er von der Welt praktisch abgeschnitten, nun hört er über BBC World News zum ersten Mal wieder Nachrichten: alles dreht sich um den Reaktorunfall in Tschernobyl, der sich gerade ereignet hat. Zurück in Köln, ist nun sein physikalisches Fachwissen journalistisch gefragt, schließlich hat er unter anderem im CERN, der Europäischen Organisation für Kernforschung in Genf, sowie im Kernforschungszentrum Jülich gearbeitet. Die lockeren Kontakte zum WDR aus der Vor-Himalaya-Zeit sind schnell wieder geknüpft. Biographisch mutet es wie der – zufällige – Startschuss zu einer außergewöhnlichen Fernsehkarriere als Wissenschaftsjournalist an, aber natürlich ist man zu diesem Zeitpunkt des Gesprächs nicht mehr überrascht, wenn Yogeshwar erklärt, dass sein Weg »absolut nicht vom Zufall, sondern von einer klaren Reflexion geprägt war: »Ich wollte genau das machen, was ich heute tue.«

Also Wissenschaftsjournalismus. Es wären aber auch Unternehmensberatung oder Politik in Betracht gekommen. »Ich habe zwar nicht gewusst, was eines Tages auf meiner Visitenkarte stehen wird, aber ich konnte immer die Qualitäten benennen, die mein Job haben muss.« Es sind ständiges Lernen, wenig Routine, gesellschaftliche Relevanz sowie Verbindung von Künstlerischem und Naturwissenschaft, die Yogeshwar unverzichtbar findet. Er meint, in den drei genannten Berufen all dies zu finden.

Mitte der achtziger Jahre sah der Sohn einer luxemburgischen Kunsthistorikerin und eines indischen Ingenieurs jedoch keine Chance für die Politik: »Mit doppelter Staatsbürgerschaft und indischen Wurzeln wirst du nirgendwo gewählt.« Dabei gab es damals noch nicht einmal den populistischen Tiefschlag der nordrhein-westfälischen Rüttgers-CDU mit ihrem Wahlkampfslogan »Kinder statt Inder«. Heute wäre seine Herkunft kein Problem mehr, wie ein Wirtschaftsminister mit vietnamesischen Wurzeln beweist, aber Yogeshwar ist sich »sehr sicher, dass ich zumindest Politik in der konventionellen Form, wie wir sie kennen, vermutlich nicht gemacht hätte«. Auch die Möglichkeiten eines Unternehmensberaters sah Yogeshwar vor 30 Jahren noch in einem anderen Licht, glaubte damals, »gestalten« zu können, doch »da ist meine Illusion dahin. Heute

273

habe ich den Eindruck, es geht hauptsächlich nur um Excel-Tabellen.« (Vielleicht hat ihm die sein Bruder Pierre gezeigt, der ist nämlich nicht nur auch Physiker geworden, er arbeitet auch als Unternehmensberater in München.)

»Der kreative Mensch ist jemand, der es versteht, glückliche Zufälle auszunutzen«, hat der Münchener Psychologe und Hirnforscher Ernst Pöppel herausgefunden. Und wenn der Professor recht hat und es nicht nur einen hilfreichen Zufall im Leben gibt, dann hat auch Yogeshwar recht: »Wenn es nicht Tschernobyl gewesen wäre, wäre es etwas anderes gewesen.« Wenn man eine gewisse Grundrichtung habe, dann sei die Welt wie »ein großer Nährboden, auf dem diese Blüte aufgeht«. Von Nutzen sei ferner Selbstbestimmtheit. »Mein Maß an Selbstbestimmtheit ist geprägt durch das Neinsagen in Situationen, wo andere vielleicht Ja gesagt hätten«, erklärt Yogeshwar. Als beispielsweise das Frühstücksfernsehen eingeführt wurde, habe man ihm angeboten, dessen erster Moderator zu werden. Das Casting mit ihm hätten die Fernsehmenschen als großartig bewertet, was ihn nicht gehindert habe, die Offerte abzulehnen.

Zu Grundrichtung und Selbstbestimmtheit gesellen sich in seinem Wertekosmos Haltung und Wille. Viele Menschen setzen sich nach seiner Ansicht angesichts einer günstigen Aussicht unter Druck. Sie sagten sich, »das ist die Chance«, und verstünden gar nicht, dass es viel wichtiger wäre, sich zu fragen, was ihre Haltung ist. Denn: »Wenn es nicht diese ist, dann wird die nächste Chance dazu führen, dass die Blume deiner Hoffnung aufgeht.« Der Florist im Physiker weist den Einwand streng zurück, ein solches Denken habe schon fast etwas Religiöses und beharrt auf Haltung und Wille: »Ohne diese Haltung wäre nie ein hoher Berg erklommen worden. Die sind nicht erklommen worden, weil es an dem Tag zufällig schönes Wetter war, sondern das lag einzig am Willen derjenigen, die da hoch wollten.« Unser Leben sei metaphorisch gesprochen das eines Bergsteigers, der mitunter wegen Nebels abbrechen und zurückkommen müsse, »aber das Magische ist, dass es diese Kraft des Wollens gibt«.

Das Thema »Zufall oder nicht« kreist Yogeshwars Meinung nach eigentlich um eine andere Frage: »Gibt es eine determinierte Steuerung oder nicht? Wenn es keine Steuerung gibt, gibt es auch keinen Zufall.« Der Welterklärer versucht es mit Luther und der Legende vom Blitzschlag in Stotternheim: Im Sommer 1505 gerät der lebensfrohe Jurastudent Martin Luther in ein schweres Gewitter. In seiner unmittelbaren Nähe schlägt ein Blitz ein, und Luther wird zu Boden geschleudert. In diesem Moment soll er die heilige Anna angerufen und gelobt haben, die Kutte zu nehmen und fortan Gott zu dienen, wenn er überlebt. Zwei Wochen später löst er das Gelübde ein und wird Mönch im Schwarzen Kloster zu Erfurt. »Für einen Christen war das Vorhersehung, der Blitz vom Herrgott geschickt, für einen Wissenschaftler erklärt vielleicht die Leitfähigkeit dieses Baumes oder eine Wasserader den Blitzeinschlag. Das bedeutet, die Definition ›Zufall‹ ist extrem abhängig vom Betrachter. Der Betrachter bestimmt, ist das Zufall, ja oder nein. Ist Zufall also vielleicht nur eine Frage des Informationsstandes? Wenn der Betrachter von einer vollständigen Kausalität der Ereignisse ausgeht, jedoch nicht alle Faktoren explizit kennt, dann wäre Zufall nur ein Hinweis auf fehlendes Wissen. Dieser scheinbare Zufall basiert jedoch auf einer Welt, die immer noch kausal vernetzt ist. Hätte Luther die Kenntnis der modernen Physik besessen, so hätte er den Blitzschlag womöglich erklärt, ohne diesen als göttliches Zeichen zu deuten, aber das wäre immer noch ein deterministischer Ansatz gewesen.«

Im Herbst des Tschernobyl-Jahres gibt es zur Frankfurter Buchmesse eine Situation – »Du kannst von Zufall reden« –,

275

die rasches Handeln erfordert. Beim Hessischen Rundfunk ist ein Autor pötzlich krank geworden, der für das Magazin *Titel Thesen Temperamente* einen Beitrag über Indien liefern soll. Der HR-Kulturchef ruft in seiner Not den Halbinder Yogeshwar an: »Kennen Sie sich aus in indischer Literatur? Können Sie nach Frankfurt kommen? Wir hängen!« Yogeshwar erbarmt sich und springt ein. Retrospektiv spekuliert er, dass er anschließend vielleicht für den Hessischen Rundfunk hätte arbeiten können, habe er aber nicht, auch Offerten »in vielen anderen Bereichen« nicht angenommen. Man ahnt, warum: das Neinsagen, die Selbstbestimmtheit.

Stattdessen beginnt seine ungewöhnliche, unaufhaltsame Karriere beim WDR. Er wird zum »berühmtesten Wissenschaftler des deutschen Fernsehens«, der mit nur drei Samtjacketts in mehr als 200 Moderationen ausgekommen ist, mit Preisen und Auszeichnungen überhäuft und für »die Erfüllung des Bildungsauftrags des öffentlich-rechtlichen Rundfunks im besonderen Maße« gepriesen wurde. Im März 2011 erhält er so etwas wie eine außeruniversitäre Ehrendoktorwürde: Nach dem Big Bang im japanischen Fukushima resümiert die *FAS*, »dass man sich, am Ende einer Woche voller Talkshows und ›Brennpunkte‹, niemanden anders mehr vorstellen möchte, der den Zuschauern erklärt, wie Brennstäbe gekühlt werden, Kerne schmelzen oder Atome zerfallen«.

Es ist spät geworden, in der kleinen Schale vor uns liegen zwei letzte Oliven, Yogeshwar scheint sie zu fixieren, schüttelt den Kopf und sagt: »Es sind die Details, wir kümmern uns zu wenig um die Details.« Er erzählt eine Geschichte von Gabriel García Márquez: Eine große Hochzeit, ein glückliches Paar. Er schenkt ihr, Symbol großer Liebe, eine Rose. Er kriegt einen Sportwagen. Sie sticht sich an dieser Rose am Finger, niemand beachtet das. Noch in der Nacht fahren sie auf Hochzeitsreise, und der junge Mann, begeistert von dem neuen Sportwagen, fährt mit ihr durch die Nacht Richtung Südfrankreich, sie sitzt daneben. Am frühen Morgen, als die Sonne aufgeht, ist sie tot, sie ist an diesem einen Stich verblutet. »Das Wesentliche«, rekapituliert Yogeshwar, »ist das Kleine, das Detail.« So sei es immer: »Es ist das Lindenblatt auf Siegfrieds Schulter, es ist die Ferse bei Achilles. Die Götter haben uns nie die ganze Kontrolle geben, es gibt immer noch eine Achillesferse.«

In diesem Zusammenhang gebe es verschiedene Möglichkeiten, den Zufall zu verstehen oder sogar sein eigenes Leben aufzufassen. Er, der wie kaum ein anderer dafür steht, komplizierte Sachverhalte zu vermitteln, einfach alles erklären zu können, findet es gar nicht schlimm, wenn auch mal Fragen offenbleiben, im Gegenteil: »Das wäre ein relativ schlechtes Buch, wenn man am Ende sagt: Ah ja, jetzt weiß ich genau, was Zufall ist.« Ja, das gilt sogar für ihn selber: »Es bleibt auch bei mir innerlich offen. Ich kann nur damit leben. So wie ein Atheist ein ziemlich gutes Leben führen kann, obwohl er mit diesem seltsamen Gefühl im Bauch herumläuft und sich fragt: Warum ist das alles so, wie es ist? Der gläubige Mensch hat darauf eine einfache Antwort, der Atheist eben nicht.«

# Biographien

## Mario Adorf

**\*08.09.1930** in Zürich

**1950–1953** Studium der Philosophie, Psychologie, Literatur, Musik und Theater an der Universität in Mainz

**1953–1954** Otto-Falckenberg-Schule in München

**1954** Debut als Filmschauspieler in »08/15«

**1955–1962** Engagement bei den Münchner Kammerspielen

**1957** Die Rolle des psychopathischen Frauenmörders Bruno Lüdke in dem Siodmak-Film »Nachts, wenn der Teufel kam« bringt den künstlerischen Durchbruch, Filmpreis als bester Nachwuchsschauspieler

**1963** Erste Ehe mit Lis Verhoeven, gemeinsame Tochter Stella Maria, Trennung bereits 1964

**1968** lernt er Monique Faye kennen, erst 1985 Heirat

**1975** In Volker Schlöndorffs »Die verlorene Ehre der Katharina Blum« Rolle des Kommissars Beizmenne

**1979** In »Die Blechtrommel« Rolle des Vaters Mazerath

**1982** In Werner Fassbinders »Lola« Rolle des Bauunternehmers Schuckert

**1986** Gastrolle als Klebstoff-Fabrikant Haffenloher in Helmut Dietls Fernsehserie »Kir Royal«

**1992** Rolle als Patriarch in Dieter Wedels vierteiligem Fernsehfilm »Der große Bellheim«

**1994** Goldene Kamera und Adolf-Grimme-Preis

**1998** Tod der Mutter im Alter von 93 Jahren

**2001** Ehrenbürgerschaft der Stadt Mayen

**2004** Nach vier Jahrzehnten gibt er seinen Wohnsitz in Rom auf und zieht zurück nach München

## Campino
(bürgerlich Andreas Frege)

**\*22.06.1962** in Düsseldorf

**1978–1982** Sänger der Punkband »ZK«

**1982** Gründung der »Toten Hosen« im Ratinger Hof in Düsseldorf

**1983** Abitur; nach einer Bonbonschlacht im Klassenzimmer erhält er seinen Spitznamen »Campino«

**1983** Debut-Album »Opel-Gang« der Toten Hosen

**1984–1985** nach acht Monaten Bundeswehr Anerkennung als Kriegsdienstverweigerer und Zivildienst in der Landespsychiatrie Düsseldorf-Grafenberg

**1988** kommerzieller Durchbruch der Band mit »Ein kleines bisschen Horrorschau«

**1997** Bei ihrem 1000. Jubiläumskonzert im Düsseldorfer Rheinstadion stirbt ein 16-jähriges Mädchen im Gedränge vor der Bühne. Für fast zwei Jahre geben die Toten Hosen kein Konzert mehr in Stadien.

**2004** Geburt des Sohnes Lenn Julian

**2006** Mackie Messer in Brechts »Dreigroschenoper«

**2008** Hauptrolle in Wim Wenders' Film »Palermo Shooting«

**2012** Große Jubiläumstour zum 30-jährigen Bestehen der Band, mit »An Tagen wie diesen« und »Altes Fieber« landen die Hosen gleich zwei große Mainstream-Hits

## Manfred Deix

**\*22.02.1949** in St. Pölten, Niederösterreich

**1960** erste Karikaturen in der Niederösterreichischen Kirchenzeitung

**1960–1965** Besuch des Bundesrealgymnasiums in St. Pölten

**1965–1968** Studium an der Höheren Graphischen Lehr- und Versuchsanstalt in Wien endet mit Exmatrikulation

**1968–1975** Studium an der Akademie der Bildenden Künste in Wien endet ohne Abschluss

**1972** erste Veröffentlichungen in den Magazinen *Profil*, *Trend* und *Economy*

**ab 1978** regelmäßige Zeichnungen und Titelbilder für die Magazine Stern, Der Spiegel, Playboy und Titanic sowie eigene Bücher, Bildbände und Ausstellungen

**1984** Heirat mit seiner Jugendfreundin Marietta in Las Vegas

**2001** Eröffnung des Karikatur-Museums in Krems und Mitwirkung als ständiger Kurator

**2005** Goldenes Verdienstzeichen des Landes Wien

**2012** Verleihung des Österreichischen Kabarettpreises

## Carl Djerassi

*29.10.1923 in Wien

1939 Emigration in die USA

1945 amerikanische Staatsbürgerschaft, Promotion in
organischer Chemie

1949 Forschungsleiter bei
Syntex

1951 Entdeckung der che-
mischen Grundlage für die
Pille, das künstlich herstell-
bare Sexualhormon Nore-
thisteron

1960 Zulassung der ersten
Pille in den USA

1959–2002 Lehrtätigkeit an
der Stanford Universität,
Schwerpunkt: Reproduk-
tionsmedizin und ihre Folgen,
bis zum Sommer 2013 hat
er 30 Ehrendoktorwürden
erhalten

1977 Freitod der Tochter
Pamela

1978 Start des »Djerassi
Resident Artists Program«

1985 Beginn einer zweiten
Karriere als Schriftsteller
(»Science-in-fiction«)

2004 österreichische Staatsbürgerschaft

## Cornelia Funke

*10.12.1958 in Dorsten

1977 Abitur am Gymnasium
St. Ursula, anschließend Umzug nach Hamburg

1979 Heirat mit Rolf Frahm

1982 Studienabschluss als
Diplompädagogin

1983–1986 Erzieherin auf
einem Hamburger Bauspiel-
platz, berufsbegleitende Ausbildung zur Buchillustratorin

1986 Beginn als freischaffen-
de Autorin und Illustratorin

1988 erstes Buch »Die große
Drachenschule«

**1989** Geburt der Tochter Anna

**1993–2001** »Gespensterjäger«

**1993–2003** »Die Wilden Hühner« (Film 2005, 2007 und 2009)

**1994** Geburt des Sohnes Ben

**2000** »Herr der Diebe«, ab 2002 in den Bestsellerlisten vor allem in den USA (Film 2006)

**2003–2007** »Tintenwelt«-Trilogie (Film 2008)

**2005** Umzug nach Los Angeles, das Time Magazine zählt sie zu den 100 einflussreichsten Menschen der Welt, die Gesamtauflage ihrer Bücher steigt auf ca. zehn Millionen

**2006** Rolf Frahm stirbt an Darmkrebs

**2010** Beginn der »Reckless«-Reihe

**2012** Gesamtauflage ihrer Bücher erreicht 20 Millionen

**2013** weltweite Einführung der »Spiegelwelt-App«

## Elīna Garanča

**\*16.09.1976** in Riga

**1996–1998** Gesangsstudium an der Lettischen Musikakademie in Riga

**1996–1998** Studienaufenthalte in den USA, Amsterdam und Wien

**1998** erster Opern-Auftritt als Giovanna Seymor in »Anna Boleyn« nach nur zehn Tagen Vorbereitung

**1998–2000** erstes Engagement am Staatstheater Meiningen

**1999** Gewinn des Mirjam-Helin-Gesangswettbewerbs in Finnland

**Seit 2000** Engagements an international führenden Opernhäusern wie München, Paris, London, Berlin, Wien, New York

**2003** internationaler Durchbruch als Mezzosopranistin

mit der Partie des Annio in Mozarts »La clemenza di Tito« bei den Salzburger Festspielen

**2006** Heirat mit Dirigent Karel Mark Chichon

**2007 + 2009** Musikpreis ECHO in der Kategorie Klassik als Sängerin des Jahres

**2010** Moderatorin der Late-Night-Show ARTE-Lounge

**2011** Geburt der Tochter Catherine Louise

## Jürgen Großmann

**\*04. 03. 1952** in Mülheim an der Ruhr

**1970** Abitur

**1970–1977** Studium Wirtschaftswissenschaften, Betriebswirtschaftslehre und Eisenhüttenwesen

**1980–1993** Vorstandsassistent, dann Geschäftsführer und Vorstandsmitglied der Klöckner-Werke

**1985** Heirat mit Unternehmerin Dagmar Sikorski, drei gemeinsame Kinder

**1993–2006** Geschäftsführender Gesellschafter der Georgsmarienhütte nach

einem Management-Buy-out von den Klöckner-Werken

**2007–2012** Vorstandsvorsitzender der RWE AG

**2010** Initiierung des »Energiepolitischen Appells« der vier großen Stromkonzerne, um die Laufzeitverlängerung deutscher Kernkraftwerke zu erwirken; der Naturschutzbund Deutschland verleiht ihm dafür den Negativpreis »Dinosaurier des Jahres«

**Seit 2012** alleiniger Gesellschafter des Mischkonzerns Georgsmarienhütte, Besitzer des Sterne-Restaurants La Vie in Osnabrück und des Luxushotels Kulm in Arosa

# Rüdiger Grube

**\*02. 08. 1951** in Hamburg-Moorburg

**1956** Scheidung der Eltern

**1967** Realschulabschluss nach Wiederholung der neunten Klasse

**1970** gewerblich-technische Ausbildung zum Metallflugzeugbauer bei der Hamburger Flugzeugbau GmbH

**1970er Jahre** Studium Fahrzeugbau und Flugzeugtechnik, Abschluss Diplomingenieur, anschließend Studium Berufs- und Wirtschaftspädagogik. Arbeit als Berufsschullehrer in einer Hamburger Gewerbeschule

**1981–1986** Lehraufträge im Fachbereich Fertigungstechnik an der Universität Hamburg

**1986** Promotion an der Universität Kassel

**1989** Geschäftsfeldleiter für Diversifikation und Neue Technologien in der Messerschmitt-Bölkow-Blohm GmbH (später Daimler-Benz Aerospace AG (DASA)

**1990** Büroleiter von Hartmut Mehdorn bei der Deutschen Airbus GmbH in Hamburg

**1992** Leiter für den Standort Ottobrunn der DASA

**1994** Leiter des Luftfahrt-Stabes der DASA

**1995** Direktor für Unternehmensplanung und Technologie bei der DASA

**1996–1999** Leiter Konzernstrategie der Daimler-Benz AG

**2000–2009** Senior Vice President für Konzernentwicklung bei der fusionierten DaimlerChrysler AG

**seit 2009** Vorstandsvorsitzender der Deutsche Bahn AG und der DB Mobility Logistics AG

# Hildegard Hamm-Brücher

**\*11. 05. 1921** in Essen

**1931/1932** Tod der Eltern

**1933** Umzug nach Dresden zur Großmutter

**1942** Freitod der Großmutter wegen der bevorstehenden Deportation

**1945** Promotion zum Dr. rer. nat. der Chemie bei Nobelpreisträger Heinrich Wieland

**1945–1949** Wissenschaftsredakteurin der *Neuen Zeitung*

**1948** Eintritt in die FDP

**1948–1954** Stadträtin für die FDP in München

**1950–1966** FDP-Landtagsabgeordnete in Bayern

**1954** Geburt des Sohnes Florian

**1956** Heirat mit Dr. Erwin Hamm, Jurist und CSU-Stadtrat in München

**1959** Geburt der Tochter Miriam Verena

**1963–1976** Mitglied des FDP-Vorstands

**1967–1969** Staatssekretärin im Hessischen Kultusministerium

**1969–1972** Staatssekretärin im Bundesministerium für Bildung und Wissenschaft

**1970–1976** FDP-Landtagsabgeordnete in Bayern

**1976–1990** Mitglied des Deutschen Bundestages

**1976–1982** Staatsministerin im Auswärtigen Amt

**1994** Kandidatur für das Amt der Bundespräsidentin

**2002** Austritt aus der FDP nach 54 Jahren wegen rechter und antisemitischer Tendenzen der Partei, in der sie »keine Spuren eines Theodor Heuss und vieler anderer aufrechter Liberaler mehr zu entdecken« vermag

# Roman Herzog

**\*05.04.1934** in Landshut (Bayern)

**1953–1957** Studium der Rechtswissenschaften an der Ludwig-Maximilian-Universität München

**1958** Heirat mit Christiane Krauß, zwei Söhne, Markus und Hans Georg

**1964** Habilitation in München

**1965–1969** Professor für Staatsrecht und Politik an der Freien Universität (FU) Berlin

**1969–1972** Professor für Staatslehre und Politik an der Hochschule für Verwaltungswissenschaften in Speyer

**1970** Eintritt in die CDU

**1973–1978** Staatssekretär und Bevollmächtigter des Landes Rheinland-Pfalz

**1978–1980** Minister für Kultur und Sport des Landes Baden-Württemberg

**1980–1983** Innenminister des Landes Baden-Württemberg

**1981–1994** Mitherausgeber der Wochenzeitung *Christ und Welt – Rheinischer Merkur*

**1983–1987** Vorsitzender des Ersten Senats und Vizepräsident des Bundesverfassungsgerichts

**1987–1994** Präsident des Bundesverfassungsgerichts

**1994–1998** Bundespräsident der Bundesrepublik Deutschland

**1999–2000** Leitung des ersten europäischen Konvents zur Erarbeitung einer Grundrechte-Charta der EU

**2000** Tod der Ehefrau Christiane Krauß

**2001** Heirat mit Alexandra Freifrau von Berlichingen

## Birgit Kober

**\*10. 07. 1971** in München

**1987** Schwerhörigkeit im Zusammenhang einer Antibiotika-Behandlung

**1988** erste epileptische Anfälle

**1997** Abitur auf der Schule für Hörgeschädigte in Essen, anschließend Studium der Medizin und Pädagogik

**2006** Unterbrechung des Studiums wegen Pflege der krebskranken Mutter

**2007** Tod der Mutter

**2007** Behandlungsfehler nach epileptischem Anfall

führen zur Ataxie, seitdem Leben im Rollstuhl

**Seit 2008** Mitglied im TSV Bayer 04 Leverkusen

**2011** WM in Christchurch: Gold im Speerwurf und im Kugelstoßen

**2012** EM in Stadtkanaal und Paralympics in London: erneut Goldmedaillen in den Disziplinen Speerwerfen und Kugelstoßen

**2012** Auszeichnung als Behindertensportlerin des Jahres

**Seit 2012** Ausbildung zur Heilerziehungspflegerin

## Jens Lehmann

**\*10. 11. 1969** in Essen

**1976** Mittelstürmer bei der DJK Heisingen

**1978–1987** Torwart bei Schwarz-Weiß Essen

**1988** Abitur, Beginn der

Profikarriere als Torwart beim FC Schalke 04

**1991** Aufstieg mit FC Schalke 04 in die 1. Bundesliga

**1997** UEFA-Pokal mit dem FC Schalke 04

**1997** als erster Bundesliga-torwart überhaupt schießt Lehmann ein reguläres Feldtor

**1998** Wechsel zum AC Mailand nach Italien

**1999** Wechsel zum Schalker Erzrivalen Borussia Dortmund

**1999** Heirat mit Conny Reinhardt, ein Kind aus ihrer ersten Ehe, zwei weitere gemeinsame Kinder

**2002** Deutsche Meisterschaft mit Borussia Dortmund

**2003** Wechsel zum FC Arsenal London

**2006** Torwart bei der Fußball-WM in Deutschland, legendäres Viertelfinal-Elfmeterschießen gegen Argentinien

**2008** Wechsel vom FC Arsenal London zum VfB Stuttgart

**2010** offizielles Ende der Profikarriere als Torwart, Filmrolle in »Themba – Das Spiel seines Lebens«

**2011** für drei Monate Rückkehr zum FC Arsenal London

**2013** Erwerb der Trainerlizenz

## Ursula von der Leyen

**\*08.10.1958** in Ixelles (Belgien)

**1964–1971** Europäische Schule in Brüssel

**1971–1976** Gymnasium in Lehrte

**1977–1980** VWL-Studium in Göttingen, Münster, London (nicht abgeschlossen)

**1980–1987** Medizinstudium an der Medizinischen Hochschule Hannover (MHH)

**1986** Heirat mit Medizin-Professor und Unternehmer Heiko Echter von der Leyen

**1987 und 1989** Geburt der ersten beiden Kinder

**1988–1992** Assistenzärztin in der Frauenklinik der MHH

**1990** Eintritt in die CDU

**1991** Promotion

**1992–1996** Familie lebt in Stanford (USA), drei weitere Kinder

**1998–2002** Wissenschaftliche Mitarbeiterin Abteilung Epidemiologie an der MHH, zwei weitere Kinder

**2001** Magister in Public Health

**2001–2004** Kommunalpolitische Mandate für die CDU in der Region Hannover

**2003–2005** Landesministerin für Soziales, Frauen, Familie und Gesundheit in Niedersachsen

**2005–2009** Bundesministerin für Familie, Senioren, Frauen und Jugend

**2009–2013** Bundesministerin für Arbeit und Soziales

## Peter Maffay

**\*30. 08. 1949** in Braşov (als Peter Alexander Makkay)

**1963** Übersiedelung aus Braşov (dt. Kronstadt) in Siebenbürgen nach Waldkraiburg / Mühldorf am Inn

**1968** nach zweimaliger Nichtversetzung verlässt er das Gymnasium und beginnt eine Lehre als Chemigraph

**1968** Gründung der Band »The Dukes«

**1970** erste Single »Du« wird der größte deutschsprachige Hit des Jahres

**1975–1979** Heirat mit der Lehrerin Petra Küfner

**1979** Mit dem Album »Steppenwolf« Sprung an die Spitze der Charts und Wandel zum Deutschrocker, seither jedes seiner Alben in den deutschen Top Ten

**1980** Cover des Karat-Songs

»Über sieben Brücken musst du gehen«

**1981–1986** zweite Ehe mit Musikerin Chris Heinze

**1982** Vorgruppe der Rolling Stones bei deren Deutschland-Tour

**1983** Auftritt bei deutscher Friedensgroßkundgebung

**1990–2000** dritte Ehe mit Michaela Herzeg

**1990er** Märchen-Reihe »Tabaluga«: fünf Alben und ein Tournee-Musical

**2000** Gründung eigener Stiftung zum Schutz traumatisierter Kinder

**2003** Heirat mit Tanja Spengler, Geburt des Sohnes Jaris

**2005** Konzert bei deutschen ISAF-Soldaten in Afghanistan

**2011** Konzert »Rock gegen Rechts« in Jena

**2011–2012** öffentlicher Disput mit dem Rapper Bushido um dessen gewaltverherrlichende Texte

## Angela Merkel

**\*17.07.1954** in Hamburg

**1954** kurz nach ihrer Geburt siedelt die Familie in die DDR über, der Vater wird Pfarrer in Quitzow

**1957** Umzug nach Templin, Geburt 1957 Bruder Marcus, 1964 Schwester Irene

**1961–1973** Schulzeit in Templin, Abitur mit Note 1,0

**1970** Konfirmation statt

Jugendweihe, aber Mitglied in der FDJ

**1973–1978** Physik-Studium in Leipzig

**1977** Heirat mit Ulrich Merkel, die kinderlose Ehe wurde 1982 geschieden

**1978–1989** physikalische Chemikerin an der Akademie der Wissenschaften in Ostberlin

**1990** stellvertretende Regierungssprecherin der Regierung Lothar de Maizières in der DDR

**1991–1994** Bundesministerin für Frauen und Jugend

**1994–1998** Bundesministerin für Umwelt, Naturschutz und Reaktorsicherheit

**1998** Heirat mit Joachim Sauer, Partnerschaft seit 1984

**1998–2000** Generalsekretärin der CDU

**1999** in der CDU-Spendenaffäre spricht sie sich für eine Abnabelung der CDU von Helmut Kohl aus

**Seit 2000** Bundesvorsitzende der CDU

**2002–2005** Oppositionsführerin im Deutschen Bundestag

**2005–2009** Bundeskanzlerin der Großen Koalition CDU-SPD

**2009–2013** Bundeskanzlerin der Koalition CDU-FDP

**2012** 2. Platz (hinter Barack Obama) auf der Forbes-Liste der mächtigsten Personen der Welt, höchster Rang für eine Frau überhaupt

## Reinhold Messner

**\*17.09.1944** in Brixen

**1949** Besteigung des Sass-Rigais (3000 Meter) mit dem Vater

**1960er** Jahre Studium Hoch- und Tiefbau in Padua, ein Jahr als Mathematiklehrer

**bis 1964** mehr als 500 Bergführungen, meist durch die Dolomiten

**1969** erste außereuropäische Tour: »Anden-Expedition«

**1970–1986** als erster Mensch Besteigung aller vierzehn Achttausender ohne künstlichen Sauerstoff

**1970** Tod des Bruders Günther am Nanga Parbat

**1978** als erster Mensch Alleinbegehung des Nanga Parbat

**1978** erste Begehung des Mount Everest ohne künstlichen Sauerstoff

**1989/90** Durchquerung der Antarktis (2800 Kilometer zu Fuß)

**1991** Bhutan-Durchquerung (Ost-West)

**1993** Durchquerung Grönlands (2200 Kilometer zu Fuß)

**1995** Arktis-Durchquerung (Sibirien-Kanada) scheitert, Besteigung des Belucha im Altai-Gebirge, Sturz von der Schlossmauer, Folge: zertrümmertes Fersenbein

**1996** Reise durch Osttibet und zum Kailash (Yeti-Suche)

**1999–2004** parteiloser Abgeordneter der Grünen Südtirols im Europäischen Parlament

**2004** Allein-Durchquerung der Wüste Gobi (2000 Kilometer)

**2005** Fund und Verbrennung der sterblichen Überreste Günther Messners auf dem Diamir-Gletscher

**2006–2014** Eröffnung des Messner Mountain Museum (MMM) in Firmian als Zentrum eines fünfteiligen Museumskonzepts: Eis, Heilige Berge, Fels / Dolomiten, Bergvölker, Die großen Wände

## Ina Müller

**\*25.07.1965** in Köhlen

**bis Ende der 1990er** Pharmazeutisch-technische Assistentin auf Sylt

**1994–2005** Kabarett-Duo »Queen Bee« mit Edda Schnittgard

**2001** Deutscher Kleinstkunstpreis für Queen Bee in der Sparte Chanson / Lied / Musik

**ab 2002** Arbeit an eigenen Musikprojekten, besonders zur Pflege der plattdeutschen Sprache

**2002–2009** Hörfunksendung »Hör mal 'n beten to«, vier plattdeutsche Bücher

**2004** Gast in der NDR-Talkshow

**2005–2009** Moderation der NDR-Sendungen »Land & Liebe« und »Inas Norden«

**2006** Soloprogramm »Ina Müller liest und singt op Platt« und erste Solotournee zum Album »Weiblich, ledig, 40«

**seit 2007** Moderation der Late-Night-Show »Inas Nacht« im NDR, seit 2009 in der ARD (2008 Deutscher Fernsehpreis, 2009 Deutscher Comedy-Preis, 2010 Grimme-Preis)

**2008** Album »Liebe macht taub«

**seit 2009** »Stadt, Land, Ina!«

**2009** Album »Die Schallplatte – nied opleggt«

**2011** Album »Das wär dein Lied gewesen«, Jury ESC 2011

**2012** Echo in der Kategorie Künstlerin National Rock / Pop

## Magdalena Neuner

**\*09. 02. 1987** in Garmisch-Partenkirchen

**1991** lernte sie das Fahren auf Alpinski

**1993–2003** Grund- und Realschule in Garmisch-

Partenkirchen mit Abschluss Mittlere Reife

**seit 1996** Biathletin beim Heimatverein SC Wallgau, vier Jahre lang gewann sie jeweils den Deutschen Schülercup

**2003** Sieg im Deutschland-
pokal

**2003–2012** Erste Zollhaupt-
fachmeisterin im Rahmen der
Sportfördergruppe »Zoll-Ski-
Team« des Bundesfinanz-
ministeriums

**2006** Debut im Weltcup
Biathlon der Damen

**2007/08** erster Gewinn des
Gesamtweltcups im Biath-
lon der Damen, es folgten
die Gesamtweltcup-Siege

der Saisons 2009/10 und
2011/12

**2007/11/12** dreimal Auszeichnung zur Sportlerin des
Jahres in Deutschland

**2009** Heirat mit Zimmerer-
meister Josef Holzer

**2010** erfolgreichste deutsche
Sportlerin bei den Olym-
pischen Winterspielen in
Vancouver

**2012** Karriereende und Erwerb der C-Trainerlizenz

## Dieter Nuhr

**\*29.10.1960** in Wesel

**1964** Umzug der Familie
nach Düsseldorf

**1981–1988** Lehramtsstudium
in Kunstpädagogik und Ge-
schichte in Essen

**1987** erster Auftritt als Kabarettist in Sommerhausen
im Duo »V. E. V.-Kabarett«

**1994** Erstes Soloprogramm
»Nuhr am Nörgeln«, seitdem
etwa alle zwei Jahre ein
neues Programm

**1996** »Nuhr weiter so«

**1997** Geburt der Tochter
Louisa

**1998** »Nuhr nach vorn«,
Deutscher Kleinkunstpreis in
der Sparte Kabarett

**2003** Deutscher Comedypreis
für den besten Liveauftritt

**2008** erste Ausstellung seiner
Fotokunst in Hamburg

**2008–2012** Moderation des
Deutschen Comedypreises

**Seit 2011** Moderation des Satire-Gipfel in der ARD

**2012–2013** Quizshow »Null gewinnt« in der ARD

## Helmut Schmidt

**\*23.12.1918** in Hamburg

**1937** Abitur an der Hamburger Lichtwark-Schule

**1937–1939** Reichsarbeitsdienst und Wehrdienst

**1939–1941** Flakhelfer in Bremen

**1941–1942** Versetzung an die Ostfront

**1942** Heirat mit Hannelore (Loki) Glaser

**1942–1944** Referent für Flakausbildung im Reichsluftfahrtministerium in Berlin und Bernau

**1944–1945** Oberleutnant und Batteriechef an der Westfront

**1945** britische Kriegsgefangenschaft

**1946–1949** Studium der Volkswirtschaft und Staatswissenschaft in Hamburg, Abschluss als Diplomvolkswirt

**1946** Eintritt in die SPD

**1947–1948** Bundesvorsitzender des Sozialistischen Deutschen Studentenbundes (SDS)

**1949–1953** Referent, dann Leiter der wirtschaftspolitischen Abteilung, ab 1952 Verkehrsdezernent in der Behörde für Wirtschaft und Verkehr in Hamburg

**1953–1962** Mitglied des Deutschen Bundestages

**1957** Mitglied des Fraktionsvorstands der SPD

**1958** Mitglied im SPD-Bundesvorstand, Gegner der atomaren Bewaffnung der Bundeswehr

**1961** Amtsübernahme als Hamburger Polizeisenator, Anfang 1962 Niederlegung seines Bundestagsmandats

**1962** Flutkatastrophe in

Hamburg; anschließend Ernennung zum Hamburger Innensenator

**1964** Aufnahme in die Regierungsmannschaft Willy Brandts für die Bundestagswahlen 1965

**1965–1987** Mitglied des Bundestages

**1967–1969** Vorsitzender der SPD-Bundestagsfraktion

**1968–1983** Stellvertretender Vorsitzender der SPD

**1969–1972** Bundesverteidigungsminister im sozial-liberalen Kabinett Brandt

**1972** Bundesminister für Wirtschaft und Finanzen

**1974** Wahl zum fünften Bundeskanzler der Bundesrepublik Deutschland

**1975** Unterzeichnung der KSZE-Schlussakte in Helsinki und dort erstmaliges Treffen mit dem Staats- und Parteichef der DDR, Erich Honecker

**1975** Staatsbesuch in China und Treffen mit Mao Zedong

**1976** Wiederwahl als Bundeskanzler

**1977** »Deutscher Herbst«; Schmidt reagiert unnachgiebig gegenüber dem Terrorismus der RAF

**1979** Gipfeltreffen in Guadeloupe mit US-Präsident Carter, dem französischen Staatspräsidenten Giscard d'Estaing und dem britischen Premierminister Callaghan. Schmidt erwirkt politische Entscheidung für den NATO-Doppelbeschluss

**1980** erneute Wiederwahl als Bundeskanzler

**1982** Bruch der sozial-liberalen Koalition, Schmidt wird mit einem konstruktiven Misstrauensvotum als Bundeskanzler abgewählt; sein Nachfolger wird Helmut Kohl (CDU)

**seit 1983** Mitherausgeber der Wochenzeitung Die Zeit

**2010** Ehefrau Loki stirbt im Alter von 91 Jahren

# Matthias Steiner

**\*25.08.1982** in Wien

**1980er Jahre** Kindheit in Obersulz, Niederösterreich

**ab 1994** Jugendabteilung beim AC Woge Bregenz

**1998** Debüt bei den Junioreneuropameisterschaften

**2000** Diabetes-Diagnose, bis heute muss er Diät halten und täglich Insulin spritzen

**2001** Debüt bei den Senioren zur EM in Trencin

**2004** Umzug zur späteren Ehefrau Susann nach Chemnitz

**ab 2005** Chemnitzer AC

**2005** Heirat mit Susann und Umzug nach Leimen (Bundesleistungszentrum für Gewichtheben)

**2007** Unfalltod seiner Frau Susann

**2008** Deutsche Staatsbürgerschaft

**2008** Europameister und Olympiasieger in Peking, Weltgewichtheber des Jahres und Deutschlands Sportler des Jahres

**2010** Weltmeister im Stoßen

**2010** Heirat mit der Fernsehmoderatorin Inge Posmyk, Geburt des Sohnes Felix

**2012** Sturz bei den Olympischen Spielen in London beim Versuch, 196 kg zu reißen. Abbruch der Olympia-Teilnahme

**2013** Geburt des Sohnes Max

**2013** Beendigung der Profilaufbahn

# Sahra Wagenknecht

**\*16.07.1969** in Jena

**1972** Ausreise ihres iranischen Vaters über West-Berlin in den Iran

**1976** Umzug nach Ostberlin

**1988** Abitur

**1989** Eintritt in die SED

**1990–1996** Studium der Philosophie und Neueren Deutschen Literatur in Jena, Berlin und Groningen

**1991–1995** Mitglied im Parteivorstand der PDS

**1991–2010** Mitglied der Kommunistischen Plattform in der PDS / Linkspartei / Die Linke

**1997** Heirat mit dem Journalisten, Filmproduzenten und Unternehmer Ralph-Thomas Niemeyer

**1998** Direktkandidatin der PDS zur Bundestagswahl

**2000–2007** Mitglied im Parteivorstand der Linkspartei / PDS

**2004–2009** Mitglied des Europaparlaments / Ausschuss für Wirtschaft und Währung

**2005–2012** Dissertation in VWL an der TU Chemnitz

**Seit 2007** Mitglied der Programmkommission der Partei Die Linke

**2009** Direktkandidatin der Linken zur Bundestagswahl

**2010** Wahl zur Steilvertretenden Vorsitzenden der Partei Die Linke

**Seit 2012** wohnt sie zusammen mit Oskar Lafontaine in Silwingen (Saarland)

**2013** Spitzenkandidatin der Partei Die Linke in NRW für die Bundestagswahl

## Martin Walser

**\*24.03.1927** in Wasserburg / Bodensee

**1937** Tod des Vaters

**1938–1942** Oberrealschule in Lindau

**1943–1945** Flakhelfer, Arbeitsdienst, Militärzeit bei den Gebirgsjägern, Tod des älteren Bruders

**1945** kurze amerikanische Kriegsgefangenschaft

**1946** Abitur am Bodensee-Gymnasium in Lindau

**1946–1951** Studium der Literaturwissenschaft, Geschichte und Philosophie in Regensburg und Tübingen

**1949–1950** Reporter und Autor beim Süddeutschen Rundfunk

**1950** Heirat mit Katharina Neuner-Jehle, vier Töchter (Franziska, Johanna, Alissa, Theresia)

**ab 1953** regelmäßige Einladungen zu Tagungen der Gruppe 47

**1957** erster Roman-Erfolg mit »Ehen in Philippsburg«, Anfang eines außergewöhnlich umfangreichen literarischen Werkes von Romanen über

Essays bis zu Gedichten, Aufsätzen und Theaterstücken

**1961** Wahlinitiative für die SPD

**1978** Roman »Ein fliehendes Pferd« (zwei Verfilmungen)

**1998** »Ein springender Brunnen«, Kindheitserinnerungen

**1998** Rede in der Paulskirche über »Instrumentalisierung des Holocaust« führt zu öffentlichen Kontroversen

**2002** Roman »Tod eines Kritikers« führt zu öffentlicher Antisemitismus-Debatte

**2004** Verlagswechsel von Suhrkamp zu Rowohlt

**2005** Beginn der Veröffentlichung seiner Tagebücher

**2008** »Ein liebender Mann«, Goethe-Roman

**2009** Jakob Augstein macht Walsers Vaterschaft öffentlich

# Billy Wilder
(bürgerl. Samuel Wilder)

**\*22. 06. 1906** in Sucha Beskidzka

**1916** Umzug der Familie nach Wien

**1920er** Jahre Reporter für die Wiener Boulevardzeitung *Die Stunde,* Ghostwriter für bekannte Drehbuchautoren

**1926/27** Umzug nach Berlin

**1931** mit Erich Kästner Drehbuch für »Emil und die Detektive«

**1933** Emigration nach Paris

**1934** Emigration in die USA, Namensänderung in Billy Wilder

**1936** Vertrag bei Paramount Pictures

**1943** Ermordung seiner Mutter Gitla im KZ Plaszow, sein Stiefvater wird im KZ Belzec umgebracht

**1946** zwei Oscars für Regie und Drehbuch von »Das verlorene Wochenende«

**1947/48** als Colonel der US-Army kehrt er nach Deutschland zurück und dreht in Berlin den Film »Eine auswärtige Affäre« mit Marlene Dietrich über die nationalsozialistische Vergangenheit

**1950er Jahre** Wilder prägt das Genre der Screwball-Comedy mit Klassikern wie »Das verflixte 7. Jahr« (1955), »Manche mögen's heiß« (1959) oder »Eins, Zwei, Drei« (1962)

**1961** drei Oscars für »Das Appartement« (Produktion, Drehbuch, Regie)

**1980er Jahre** Berater bei United Artists

**2002** am 27. März stirbt Wilder in Los Angeles

# Ranga Yogeshwar

**\*18. 05. 1959** in Luxemburg (mit Zwillingsbruder Pierre)

**1960er Jahre** Grundschule in Indien und Luxemburg

**1970er Jahre** Abitur, Physikstudium an der TU Aachen, Abschluss in Experimenteller Elementarteilchen- und Astrophysik

**bis 1983** Forschungstätigkeit im Schweizer Institut für Nuklearforschung, am CERN und im Kernforschungszentrum Jülich

**1983** Beginn journalistischer Arbeiten

**1985** einjährige Auszeit, u. a. Himalaya-Trekking-Tour

**1987–2008** Wissenschaftsredakteur beim WDR:

**1987–1990** »IO – die Wissenschaftsshow«

**1989–1999** »Kopfball«

**seit 1993** »Quarks & Co«

**1993** Opfer rechter Skinheads in Prag

**1999** der Kleinplanet 20 522 wird nach ihm benannt

**1993–2003** »Wissenschaft Live« und »Globus«

**1995–2005** stellv. Leiter und Leiter der Programmgruppe Wissenschaft beim WDR

**2005–2006** Elternzeit

**2006** zum 20. Jahrestags der Reaktorkatastrophe in Tschernobyl Sondersendung von »Quarks & Co«

**2006–2007** »W wie Wissen«

**seit 2006** »Die große Show der Naturwunder« mit Frank Elstner

**seit 2008** freiberuflicher Moderator und Autor